Eberhard von Brauchitsch

Der Preis des Schweigens

Eberhard von Brauchitsch

Der Preis des Schweigens

Erfahrungen eines Unternehmers

Propyläen

In Zusammenarbeit mit Thomas Karlauf

Satz: Utesch GmbH, Hamburg
Druck und Verarbeitung: Graphischer Großbetrieb Pößneck GmbH, Pößneck
ISBN 3 549 05778 4
Printed in Germany 1999

Gedruckt auf alterungsbeständigem Papier
mit chlorfrei gebleichtem Zellstoff

Die deutsche Bibliothek - CIP-Einheitsaufnahme

Brauchitsch, Eberhard von:
Der Preis des Schweigens : Erfahrungen eines Unternehmers /
Eberhard von Brauchitsch. - Berlin : Propyläen, 1999
ISBN 3-549-05778-4

Inhalt

Zu diesem Buch

Bei allem, was ich in diesem Buch berichte, habe ich mich darauf beschränkt, persönliche Erfahrungen wiederzugeben und Urteile nur dort auszusprechen, wo ich sie begründet vertreten kann. Persönliche Schuldzuweisungen wird der Leser in diesen Erinnerungen nicht finden.

Verantwortlich für den verschlechterten Zustand, in dem sich unser Land heute befindet, ist das Ausufern hoheitlicher Reglements und die Herrschaft der Parteien. So ist seit Mitte der siebziger Jahre das Vertrauensverhältnis zwischen Wirtschaft und Staat, eine der Grundlagen unserer Demokratie und unseres Wohlstands, nachhaltig gestört worden. Dieses Buch soll auch Antwort auf die Frage geben, wie es dazu hat kommen können. Es soll zugleich zum Nachdenken darüber anregen, wie die bestehenden Verwerfungen überwunden und Wiederholungen vermieden werden können.

Erfahrungen resultieren aus Erlebnissen. Ich muß deshalb auch deutlich machen, daß ich es für nicht entschuldbar halte, wenn Menschen anderen ohne Not Schaden zufügen – ich meine vor allem jene, die angetreten sind, für das Wohl aller Bürger Sorge zu tragen.

Aus bitteren Erfahrungen resultieren zuweilen überschießende Emotionen. Um Verletzungen anderer zu vermeiden, habe ich bewußt auf die Schilderung bestimmter Ereignisse und Zusammenhänge verzichtet.

Die Freiheit des einzelnen, zu der ich mich uneingeschränkt bekenne, gehört zu den höchsten Gütern unserer Demokratie. Mit ihr muß verantwortlich und diszipliniert umgegangen werden. Wer dieses Recht ohne das notwendige Verantwortungsbewußtsein ausübt, gefährdet es.

Juni 1999 *Eberhard von Brauchitsch*

Die Nachkriegsjahre

Eigentlich hatte ich Journalist werden wollen. Dann hätte ich in jener Affäre, die im November 1981 losgetreten wurde und die fälschlicherweise unter dem Namen Flick-Affäre in die Skandalchronik der Bundesrepublik eingegangen ist, auf der anderen Seite gestanden. Manches wäre mir dann erspart geblieben.

Mit Sicherheit wäre ich als Journalist nicht beim *Spiegel* gelandet. Der sogenannte Enthüllungsjournalismus hätte sich mit den ethischen und moralischen Werten, denen ich mich seit meiner Jugend verpflichtet weiß, wohl kaum in Übereinstimmung bringen lassen. In der umittelbaren Nachkriegszeit gab es diese Art Journalismus noch nicht. Damals, so jedenfalls glaubte ich als junger Anfänger, stand die Recherche im Mittelpunkt. Was nicht hieb- und stichfest war und sich nicht eindeutig belegen ließ, gehörte nicht in einen Artikel.

Eine Generation später, im Zusammenhang mit der Berichterstattung über die sogenannte Parteispendenaffäre, war es mit der Sorgfaltspflicht der Journalisten nicht mehr weit her. Keiner von denen, die Woche für Woche neues Material über den Flick-Konzern verbreiteten, hat den Versuch unternommen, sich mit mir darüber zu unterhalten und meine Sicht der Dinge kennenzulernen. Der *Spiegel* schien sein Thema gefunden zu haben, und von ein paar wenigen Blättern abgesehen, hechelten große Teile der schreibenden Zunft den jeweils neuesten Enthüllungen hinterher. Hätte einer der Kollegen statt dessen mit Nachdruck gefragt, woher der *Spiegel* eigentlich die vertraulichen Akten hatte, wäre aus der Flick-Affäre womöglich ein ganz anderer Skandal geworden.

Mein erster Auftrag als freier Mitarbeiter der in Mainz erscheinenden *Allgemeinen Zeitung* war durchaus ehrenhaft. Und er war brisant – so brisant, daß ich auf der ganzen Linie gescheitert bin und nie wieder einen Versuch in dieser Richtung unternommen habe. In Neustadt an der Weinstraße, wo sich unsere Familie nach dem Krieg sammelte, weil meine älteste Schwester dort verheiratet war, hatte ich den für die Stadt zuständigen französischen Presseoffizier kennengelernt. Es handelte sich um einen kultivierten Textilfabrikanten aus Lyon, der sich angelegentlich nach meinen Berufsabsichten erkundigte. Ich erzählte ihm von meinem Wunsch, Journalist zu werden, und er bot mir an, mich mit Erich Dombrowski zusammenzubringen, dem Herausgeber der *Allgemeinen Zeitung*, die als einziges Blatt der französischen Zone sechsmal pro Woche erscheinen durfte.

Bei der *Allgemeinen* waren damals zahlreiche Redakteure der ehemaligen *Frankfurter Zeitung* untergekommen, die in der amerikanischen Besatzungszone vergeblich auf eine Lizenz gehofft hatten. Für die Amerikaner waren Journalisten, die im Dritten Reich publiziert hatten, in verantwortlichen Stellungen nicht akzeptabel. Dabei machten sie kaum einen Unterschied zwischen den liberalen Redakteuren der bis zu ihrem Verbot 1943 sich weitgehend neutral gebenden *Frankfurter Zeitung* und den Scharfmachern des *Völkischen Beobachters.* Als mit Gründung der Bundesrepublik der Lizenzzwang entfiel, gehörte Dombrowski zusammen mit seinen Mainzer Kollegen Hans Baumgarten, Karl Korn und Paul Sethe zum engsten Kreis um den Gründungsherausgeber der *Frankfurter Allgemeinen Zeitung*, Erich Welter. Im Herbst 1949 zog ein großer Teil der Redaktion von Mainz nach Frankfurt.

Dombrowski empfing mich reichlich kühl: »Journalist ist ein Beruf, der gar nicht zu Ihnen paßt«, erklärte er apodiktisch. »Vergessen Sie das.« Ich fühlte mich ziemlich unwohl und fragte mich, was ihn wohl veranlaßte, einen jungen Mann von zwanzig Jahren so harsch anzugehen. Vielleicht will er mich nur auf die

Probe stellen, dachte ich und gab ihm zu verstehen, daß ich mich von meinem Wunsch so schnell nicht würde abbringen lassen. Es ging eine Weile hin und her, bis Dombrowski schließlich sein Portemonnaie aus der Tasche nahm, einen Hundertmarkschein hervorzog und sagte: »Dann fahren Sie meinetwegen nach Hannover. In einer Woche sind Sie zurück, und ich habe einen erstklassig recherchierten Artikel auf dem Tisch.«

Es war Anfang 1946, die Weihnachtsferien dauerten noch an. Auf der Fahrt durch drei Zonen mußte ich viermal umsteigen. Die Regionalzüge beförderten vor allem Menschen, die sich in ihrer Gegend nach etwas Eßbarem umsahen. Die meisten standen; auf den Sitzen stapelten sich Pappkartons und Kartoffelsäcke. An den Zonengrenzen mußten alle aussteigen, hinter eine auf den Boden gezeichnete weiße Linie treten und ihre Papiere vorzeigen. Mit dem Interzonenpaß, den mir Dombrowski für die Strecke Neustadt–Hannover besorgt hatte, gab es keine Schwierigkeiten.

Es war verboten, Zigaretten bei sich zu führen, aber Zigaretten waren das einzige Zahlungsmittel, das in allen vier Besatzungszonen akzeptiert wurde. Am Rhein stand allerdings auch Wein hoch im Kurs. Mit sechs Flaschen konnte man ein ganzes Semester finanzieren, und wollte man über den Strom setzen, war eine halbe Flasche die adäquate Entlohnung für den Fährmann. Nach Gründung der Mainzer Universität fuhr der BMW des Rektors, der über einen doppelten Boden verfügte, mehrmals täglich nach Wiesbaden, wo Wein gegen Büromaterial getauscht wurde.

Dombrowski hatte mir den Auftrag gegeben, herauszufinden, ob das Welfenhaus aufgrund seiner familiären Verbindungen zum englischen Königshaus besondere Privilegien in der britischen Besatzungszone genoß. Ich ahnte nicht, daß ein Anfänger mit einer solchen Recherche völlig überfordert war. Auch mein Familienname war nicht unbedingt eine Empfehlung bei den Briten; immerhin hatte ein Brauchitsch als Oberbefehlshaber des Heeres den Plan zur Invasion Englands vorbereitet.

In Hannover kam ich mir ziemlich verloren vor, und als nach fünf Tagen der Vorschuß aufgebraucht war, fuhr ich per Anhalter zu meinem Freund Rolf Köhler nach Rinteln an der Weser. Rolf und ich hatten in der gleichen Kompanie der Panzergrenadierdivision »Großdeutschland« gedient. Wir feierten unser Wiedersehen ausgiebig, und bis heute verbindet uns eine besondere Freundschaft.

Zurück in Neustadt, borgte ich mir bei meiner Mutter hundert Mark und betrat am nächsten Morgen kleinlaut Dombrowskis Büro. »Ich habe es Ihnen ja prophezeit«, stellte er trocken fest. »Sie sind kein Journalist. Studieren Sie lieber etwas Vernünftiges, und wenn Sie Geld brauchen, arbeiten Sie nebenher. Aber versuchen Sie um Gottes willen keine Artikel zu schreiben.« Als ich Dombrowski viele Jahre später bei der *Frankfurter Allgemeinen* wiedertraf, gestand er mir, daß er mich seinerzeit mit Absicht vor eine unlösbare Aufgabe gestellt habe. »Ich war überzeugt, daß Sie auf die andere Seite gehören.«

Dombrowski hatte recht. Um mir Klarheit über meine berufliche Zukunft zu verschaffen, war es nützlich, erst einmal ein Brotstudium aufzunehmen. Im Sommer 1944 hatte ich am Maximilianeum in München das Notabitur abgelegt. Unter normalen Umständen hätte ich wohl kaum eine Chance gehabt, zu dieser Eliteeinrichtung zugelassen zu werden, aber die Flakhelferlehrgänge machten es möglich. Wurden wir an den Flak-Stellungen entlassen, fuhren wir zum Maximilianeum und lasen Livius und Cicero. Meinen Abituraufsatz schrieb ich zu dem Thema: »Der erste deutsche Farbfilm. Hans Albers als Münchhausen«. Der totale Krieg verhalf einem mitunter zu den kuriosesten Privilegien.

Wer sich nach dem Krieg immatrikulieren wollte, mußte das Zentralabitur nachholen, da das Notabitur von den meisten deutschen Hochschulen nicht akzeptiert wurde. Also belegte ich einen der Kriegsteilnehmersonderkurse und drückte im Winter 1945/46 in Neustadt noch einmal die Schulbank. In umgefärbten

Wehrmachtsuniformen saßen wir da wie in einer Kadettenanstalt, nur mit dem Unterschied, daß jeder zweite schwerversehrt war. Und alle waren starke Raucher.

Pauken bestimmte den Alltag von Zehntausenden von Kriegsheimkehrern, keiner wollte den Anschluß verpassen. Da viele gleichzeitig für den Lebensunterhalt ihrer Familien aufkommen mußten, erlangten Fortbildung und Studium eine merkwürdige Intensität, eine geradezu sportliche Dimension, die zweifellos zu den prägenden Erfahrungen meiner Generation zählte. Länger als sechs oder acht Semester zu studieren wäre wohl keinem in den Sinn gekommen, abgesehen davon, daß es sich kaum jemand hätte leisten können.

Am 22. Mai 1946 wurde in den Gebäuden einer ehemaligen Kaserne die Johannes-Gutenberg-Universität feierlich eröffnet. Die Mainzer Universität, eine Gründung des Jahres 1477, war 1798 unter der Herrschaft der Franzosen aufgehoben worden. Seither hatte die Region keine Universität mehr. Die nächste Möglichkeit zum Studium bot sich in Heidelberg, Frankfurt oder Bonn, aber alle drei Universitäten lagen nach dem Krieg in der amerikanischen beziehungsweise britischen Besatzungszone. Diesen Zustand wollten die Franzosen, für die die Kulturhoheit immer eine große Rolle gespielt hat, so schnell wie möglich beenden.

General Raymond Schmittlein, der Verantwortliche für die Universitätsneugründung, requirierte aus den umliegenden Gefangenenlagern kurzerhand ein paar hundert deutsche Kriegsgefangene und befahl ihnen, die schwer beschädigten Gebäude der ehemaligen Flakkaserne in Mainz für den Lehrbetrieb herzurichten. Wenn sie alles pünktlich zur Eröffnung fertigstellten, würden sie noch am selben Tag entlassen. Das brauchte man ihnen nicht zweimal zu sagen. Die Festlichkeiten am 22. Mai gingen über den Rahmen einer akademischen Feier dann auch weit hinaus: Der Stolz der Kriegsgefangenen, in kürzester Zeit eine funktionstüchtige Universität für sechshundert Studenten aufgebaut zu haben, mischte sich mit ihrer Freude über die wiedererlangte Freiheit. Wohl alle Anwesenden erlebten diesen Tag als einen bewegenden historischen Augenblick.

Schwieriger als geeignete Gebäude waren geeignete Professoren zu finden. Wen sollte man berufen, vor allem, wen durfte man berufen, wer hatte sich in den Jahren des Nationalsozialismus nicht diskreditiert? Die Franzosen machten es sich in diesem Punkt bedauerlicherweise sehr leicht. Nach der Besetzung Frankreichs im Juni 1940 hatten die Deutschen Elsaß-Lothringen de facto eingegliedert und zur Festigung deutschen Volkstums, wie das damals hieß, in Straßburg eine »Reichsuniversität« gegründet. Professoren, die dort unterrichteten, etwa der Historiker Hermann Heimpel oder der Anatom August Hirt, waren mit Sicherheit keine Regimegegner gewesen. Ohne daß irgendwelche Überprüfungen stattgefunden hätten, wurde ein Großteil dieser Hochschullehrer von den Franzosen im Frühjahr 1946 gleichsam en bloc nach Mainz geschafft. Mit den Professoren, bei denen ich hörte, habe ich allerdings keine negativen Erfahrungen gemacht.

Die Besatzungspolitik der Franzosen erinnerte in manchem an ihre Kolonialverwaltung. Deutsche mußten vom Bürgersteig treten, wenn ihnen ein französischer Soldat entgegenkam. Wenn es sich dabei um einen Afrikaner handelte, empfand man die Schmach der Niederlage als besonders schmerzlich. Alles in allem aber war die französische Besatzungspolitik pragmatischer, weniger ideologisch geprägt als die der Amerikaner, die das Prinzip der Non-fraternization allerdings nicht lange aufrechterhielten und schon bald zu einer gemütlicheren Form der Zusammenarbeit mit den Deutschen übergingen. Am schwierigsten war für mich der Umgang mit den kühlen und kaltschnäuzigen Engländern.

Ich hatte mich für ein Jurastudium entschieden, und vierzehn Tage vor Eröffnung der Universität ließ ich mich einschreiben. Neben den juristischen Vorlesungen belegte ich auch Seminare in Volks- und Betriebswirtschaft. Ein junger Mann, der sich heute für eine solche Fächerkombination entscheidet, tut dies in aller Regel mit Blick auf eine spätere Karriere in der gewerblichen Wirtschaft. Ich habe meine Studienfächer jedoch nicht gewählt, um anschließend in die Wirtschaft zu gehen, sondern mit der Absicht, mich als Rechtsanwalt niederzulassen.

Heute entscheiden sich viele junge Leute für eine juristische Ausbildung, ohne daß sie den Wunsch haben, später einen juristischen Beruf auszuüben. Sie sind überzeugt, daß das Jurastudium ihre Chancen auf eine Karriere in der Privatwirtschaft erhöht. Zweifellos stellt der Juraabschluß ein zusätzliches Qualitätsmerkmal dar. Eine gute juristische Ausbildung erzieht zu systematischem Denken; ein Jurist sollte in der Lage sein, Sachverhalte in ihre Bestandteile zu zerlegen, neu zu ordnen und anschaulich zu machen.

Trotzdem wird es nur der zu einer Führungsposition in der gewerblichen Wirtschaft bringen, der die ganze Juristerei eine Zeitlang vergessen kann. Eine gute Schule ist der Vertrieb. Hier kann ein Jurist am ehesten entdecken, daß möglicherweise noch andere Talente in ihm schlummern. Hier werden aus Akademikern Vertriebsleute gemacht, die sich durchschlagen müssen und am Ende Spaß daran finden, den Bewohnern der Sahelzone Skistiefel zu verkaufen.

Die juristische Ausbildung in Deutschland ist lang und beschwerlich und orientiert sich mitnichten an den praktischen Belangen der gewerblichen Wirtschaft. Der Studiengang bis zur Großen Juristischen Staatsprüfung dauert durchschnittlich acht Jahre und richtet sich ausschließlich nach den Erfordernissen des Staates. Die Anforderungen an einen Juristen in der Wirtschaft sind jedoch in nichts mit denen zu vergleichen, die an einen Richter oder Staatsanwalt gestellt werden.

Die Großbanken haben das Dilemma als erste erkannt. Junge Leute mit juristischer Ausbildung waren für das mittlere Bankmanagement schon früh von großer Bedeutung, weil die Internationalisierung des Kapitalmarkts und die Beschaffung von

Finanzmitteln zunehmend juristischen Charakter annahmen. Da der Staat nicht daran dachte, den Studiengang nach ein paar Semestern zu spalten und auch Bankjuristen auszubilden, nahmen die Personalabteilungen der Großbanken die Initiative in die Hand und lockten Juristen nach dem ersten Staatsexamen mit dem Berufsbild des zukünftigen Bankiers. Nichts spricht sich bei jungen Leuten so schnell herum wie gute Berufsaussichten und ein gutes Salär.

Noch in den zwanziger Jahren war die akademisch ausgebildete Führungskraft eher die Ausnahme. Nur in der Chemie war ein Nichtpromovierter an der Spitze schon immer undenkbar gewesen. Auch nach dem Krieg mußte man nicht unbedingt studiert haben, um in der Wirtschaft etwas zu werden. In der Regel genügte das Abitur in Verbindung mit einem erstklassigen Praktikum. Wer von der Pike auf im Unternehmen gelernt hatte, in verschiedenen Bereichen praktisch tätig gewesen war, nicht zuletzt in der Vertriebs- und Finanzabteilung, und obendrein eine Fremdsprache beherrschte, hatte in den frühen Jahren des Wirtschaftswunders gute Chancen auf einen Führungsposten.

Der Irrglaube, daß ein attraktives Studium die Voraussetzung für späteren beruflichen Erfolg sei, ist eine Modekrankheit, die aus den USA importiert wurde und mit dem amerikanischen Bildungssystem zusammenhängt. Für amerikanische Universitäten ist die Belegungsquote Grundlage ihrer Wirtschaftlichkeit. Sie tun daher alles, um junge Leute für ein Studium zu gewinnen. Werden die Absolventen dann gut in der Wirtschaft positioniert, dient dies als Beweis für die gute Ausbildung und sorgt zugleich für neuen Spendenfluß an die Universität.

Die Situation im Frühjahr 1946 versprach alles andere als eine Karriere im Zeichen prosperierender Wirtschaft. Es gab weder einen Markt noch eine Währung; der einzige Markt, der funktionierte, war der Schwarzmarkt. Mit Hilfe von Lebensmittelkarten und Bezugsscheinen sollte die Grundversorgung der deutschen Bevölkerung sichergestellt werden. Das aus den Jahren der nationalsozialistischen Zwangswirtschaft übernommene System war jedoch bürokratisch und ineffizient. Nirgendwo in Deutschland wurde die für einen Erwachsenen erforderliche Mindestmenge von 2000 Kalorien pro Tag auch nur annähernd erreicht, mit 900 Kalorien pro Kopf bildete die französische Zone das traurige Schlußlicht der Westzonen.

Da in der französischen Zone kaum Industrieanlagen standen, die für die Demontage geeignet waren, hielten sich die Franzosen an die Kohle von der Saar und an die Ernte. Frankreich selbst lag wirtschaftlich am Boden, und dies schlug sich natürlich in der Besatzungspolitik nieder. Im berüchtigten Hungerwinter 1946/47 war die linksrheinische Bevölkerung besonders hart betroffen. Außer nassem Brot und Hülsenfrüchten gab es kaum etwas zu essen. Eine deutliche Verbesserung der Versorgungssituation trat erst Ende 1948 ein, als der Marshallplan wirksam wurde, den die Franzosen, die ihren Einfluß schwinden sahen, widerwillig akzeptierten.

Wir hatten den Krieg verloren, und wir hatten die Konsequenzen zu tragen. Ein paar Verrückte hatten sich gegen den Rest der Welt verschworen, und jetzt mußten wir die Suppe eben auslöffeln. Von Anfang an habe ich die kollektive Verantwortung aller Deutschen für die von ihnen in Europa angerichteten Greuel empfunden. Noch heute würde ich keinen Deutschen, der die Zeit des Nationalsozialismus bewußt erlebt hat, von dieser Gesamtverantwortung ausnehmen. Die Unterscheidung zwischen Deutschen und Nazis, zwischen einer großen schweigenden Mehrheit und einem Häuflein fanatisierter Ideologen, kam mir immer ein wenig künstlich vor.

Ich war Teil des Volkes, das die alleinige Verantwortung für unerhörte Verbrechen trug. Aus dieser Verantwortung konnte ich mich nicht einfach hinwegstehlen, indem ich betonte, daß ich nicht persönlich schuldhaft geworden war. Statt dessen sagte ich mir: Du bist kein besserer Deutscher, du hast nur Glück gehabt, daß du da nicht hineingeraten bist. Diese Einstellung führte zwangsläufig dazu, daß zwischen denen, die verstrickt waren, und denen, die weniger verstrickt waren, in meinen Augen kein Unterschied bestand. Für mich waren alle Deutschen in gleicher Weise verantwortlich.

Dieser Meinung bin ich noch heute. Um so weniger konnte ich mich mit der schon bald nach dem Krieg vor allem in Kreisen der evangelischen Kirche verbreiteten Kollektivschuldthese anfreunden. Als Jurist habe ich gelernt, nach der persönlichen Schuldhaftigkeit im strafrechtlichen Sinn zu fragen. Schuldig macht sich nur, wer die Folgen seines Tuns überschauen und frei entscheiden kann, dieses zu tun oder jenes zu unterlassen. Bestraft wird derjenige, der wider besseres Wissen handelt. Aber kann man einen Deutschen bestrafen, der 1938 einem SS-Mann, der auf der Straße einen Juden mißhandelte, nicht in den Arm gefallen ist? Immer wieder kam es zu diesen häßlichen Szenen, in denen Zivilcourage und persönlicher Mut gefordert gewesen wären, und möglicherweise hat sich der eine oder andere im Vorübergehen nicht einmal geschämt. Deshalb ist aber das deutsche Volk insgesamt noch lange kein Volk von Verbrechern gewesen.

Auch wenn man den Einmarsch der Alliierten historisch korrekt mit dem Ende eines verbrecherischen Regimes gleichsetzt, dem am 8. Mai 1945 nur ein paar Versprengte nachtrauerten, so ist doch sorgfältig zu unterscheiden, wo an diesem Tag Freude und Trauer lagen. Sobald fremde Truppen durch das eigene Land marschieren, stellt sich sofort ein anderes Empfinden ein, das ich die Solidarität der Besiegten nennen möchte. Was auch immer bis zum 8. Mai 1945 geschehen war und wie nah oder fern der einzelne zum Nationalsozialismus gestanden haben mochte: von diesem Tag an war der Großteil der Deutschen in dem Gefühl eines verlorengegangenen Krieges vereint. Ein Tag der Befreiung jedenfalls, wie ein späterer Bundespräsident zum vierzigsten Jahrestag des Kriegsendes postulierte, war dieser Tag für mich nicht.

Spätestens 1935/36, so liest man heute vielfach, hätte jedem klar sein müssen, daß an der Spitze des Staates eine verbrecherische Clique stand. Nur frage ich mich, warum sich diese Erkenntnis im Sommer 1936, bei den Olympischen Spielen, im Ausland noch nicht herumgesprochen hatte? Im Berliner Olympiastadion defilierten die Delegationen sämtlicher Teilnehmerstaaten an Hitler vorbei, und sogar die Franzosen entboten den »Deutschen Gruß«. Die Welt lag Hitler zu Füßen. Auf die Deutschen selbst, insbesondere auf uns, die heranwachsende Generation, übte das Spektakel eine gewaltige Faszination aus. Ich bin sicher, daß die Entwicklung in Deutschland einen anderen Verlauf genommen hätte, wenn die führenden Nationen den Spielen im Sommer 1936 demonstrativ ferngeblieben wären. Es ist Unsinn, zu behaupten, der Sport sei wertfrei und der olympische Gedanke könne von politischen Ambitionen freigehalten werden.

Zwar hatten wir nach Kriegsende im Grunde gar keine Zeit, uns lang und breit mit der nationalsozialistischen Gewaltherrschaft zu befassen. Aber die Frage, wie es zu Hitler hatte kommen können und warum ihm nicht rechtzeitig Einhalt geboten worden war, interessierte mich brennend. Am liebsten hätte ich sie eingehend mit meinem Vater erörtert, der Ende 1944 schwerkrank aus dem Lazarett in Sankt Blasien nach Neustadt entlassen worden war. Warum habt ihr euch 1933 nicht anders verhalten, warum habt ihr, solange noch Zeit war, nichts gegen diese Verbrecher unternommen, warum habt ihr das alles geschehen lassen? Die Gespräche mit meinem Vater waren jedoch nicht ergiebig. Als Angehöriger der Generation, auf der die Hauptverantwortung lastete, fühlte er sich mir gegenüber befangen. 1947 ist er gestorben.

Aber wer, wenn nicht der eigene Vater, konnte uns Aufklärung verschaffen, wen sollten wir fragen? Unsere eigenen Eindrücke waren viel zu diffus, bruchstückhaft. Zu den wenigen Personen, die differenziert über die Zeit des Nationalsozialismus sprachen und denen wir deshalb unser Vertrauen schenkten, gehörte Carlo Schmid, der damals an der Spitze der deutschen Verwaltung von Württemberg-Hohenzollern stand und gelegentlich zu Vorträgen nach Mainz herüberkam. Bei vielen anderen hörte man schnell heraus, daß ihre Ansichten über die Vergangenheit stärker von ihren politischen Hoffnungen auf die Zukunft geprägt waren als von dem Wunsch, den Jungen Rede und Antwort zu stehen. Kaum war der Krieg vorbei, drohten wir erneut zum Spielball politischer Interessen zu werden.

Ich erinnere mich genau an die ersten Wochenschauaufnahmen aus den im Frühjahr 1945 befreiten Konzentrationslagern. Es war ein Schock. Die grauenhaften Bilder aus Bergen-Belsen, Dachau und Buchenwald, die Berichte der Überlebenden von Auschwitz verbreiteten lähmendes Entsetzen. Wie war das möglich gewesen? Aber ich kam mit niemandem zusammen, der mir das alles hätte erklären können, der mehr gewußt hätte als ich, und ich wußte nichts.

Eine der drei Flak-Stellungen rund um München, in denen ich 1943/44 als Schüler Dienst tat, lag in unmittelbarer Nähe des Konzentrationslagers Dachau, und zwar auf der Seite des Kriegsgefangenenlagers. Ich erinnere mich an Kontakte mit französischen, vor allem aber mit russischen Gefangenen. Die Russen waren sehr geschickt in kleinen Schnitzarbeiten. Die Vögel und andere Tiere, die sie aus einem Stück Holz fertigten, waren bei uns Sechzehn- und Siebzehnjährigen sehr beliebt, und wir tauschten sie gegen Lebensmittel; die Russen ihrerseits schätzten vor allem Kunsthonig, der auf geröstetem Schwarzbrot besonders gut schmeckte.

Aber es gibt auch dunklere Erinnerungen. Zum Beispiel an jenen Klassenkameraden, der 1935, als wir in der dritten Klasse der Volksschule saßen, vom Lehrer den Hintern voll bekam, weil er sich im Religionsunterricht über die Wunder Christi mokiert hatte: »Was heißt hier Wunder? Wo Blut ist, schmieren die doch bloß Marmelade hin.« Nach der Tracht Prügel wurde er des Zimmers verwiesen, und als er die Tür hinter sich geschlossen hatte, meinte der Lehrer mitleidig: »Nun, er ist ja auch kein Christ.« Ein Jahr später wanderte dieser Junge mit seinen Eltern nach Palästina aus, was ich sehr traurig fand, denn wir waren Freunde gewesen.

Ich kam aufs Gymnasium. Nachdem ich die Aufnahmeprüfung am Steglitzer Gymnasium bestanden hatte, drängten Freunde meine Eltern, ihre Entscheidung noch einmal zu überdenken. Eine humanistische Ausbildung entspreche doch nicht dem Geist der Zeit, möglicherweise werde sie mir im neuen Deutschland sogar schaden. Also legte ich eine zweite Aufnahmeprüfung ab, diesmal am Paulsen-Ober-Realgymnasium.

Am Morgen des 10. November 1938, einem Mittwoch, lief ich wie jeden Morgen die Kieler Straße in Berlin-Steglitz hinunter. Es war der Weg von unserer Wohnung am Lauenburger Platz zur Paulsen-Schule, ein Weg, den ich mit verbundenen Augen hätte gehen können. An diesem Tag bot die Kieler Straße ein gespenstisches Bild: Viele Schaufenster waren leergeräumt, die Scheiben zerbrochen, und auf dem Bürgersteig suchten verunsichert wirkende Ladenbesitzer die Reste ihrer Habe zusammen. Es war kurz vor meinem zwölften Geburtstag, und ich begriff, daß es sich um jüdische Geschäfte handelte. In der Schule verlor niemand ein Wort über das, was er gesehen hatte, und auch zu Hause erfuhr ich keine Einzelheiten. Ich wuchs in einer Hugenottenfamilie auf, und wenn Dinge zur Sprache kamen, die uns Kinder nichts angingen, wechselten meine Eltern ins Französische.

Mit der sogenannten Reichskristallnacht im November 1938 eskalierte die Ausgrenzung und Entrechtung der deutschen Juden, aber noch machte sich niemand eine Vorstellung von den Ausmaßen, die das alles wenige Jahre später annehmen sollte. Im Haus meiner Großeltern in der Hohenstaufenstraße, bei denen ich mir samstags mein Taschengeld abholte, wohnten mehrere jüdische Familien, die, wie mein Großvater sich ausdrückte, »von den Proleten auf der Straße« schlecht behandelt wurden. Das war die Perspektive des mittleren und gehobenen Bürgertums. Keinerlei Aufhebens wurde davon gemacht, daß meine Großeltern und mein Vater einen jüdischen Augenarzt hatten, den sie bis zu dessen Tod 1942 aufsuchten; für sie war das selbstverständlich, aber es hätte ihnen eine Menge Ärger einbringen können.

Als ich im Sommer 1941 aus der Kinderlandverschickung in Kärnten nach Berlin zurückkam, holte mich meine Mutter am Anhalter Bahnhof ab. Entlang der S-Bahn-Strecke nach Steglitz arbeiteten die üblichen Bautrupps. Mir fiel auf, daß einige der Männer einen gelben Stern auf der Brust trugen, und ich fragte meine Mutter, was das zu bedeuten habe. Sie gab mir eine ausweichende Antwort. Als wir an der Feuerbachstraße ausstiegen, kam uns ein älteres Paar entgegen, das ebenfalls den Stern trug. Wieder fragte ich meine Mutter. »Die Juden müssen sich besonders registrieren lassen«, sagte sie ziemlich unwirsch, »das ist jetzt so.« Damit war das Gespräch beendet.

Ich glaube nicht, daß ich nach dem Krieg irgend etwas verdrängt habe. Ich war groß geworden in einer heilen Welt, in der Unangenehmes einfach nicht wahrgenommen wurde. Nie war ich gezwungen gewesen, Menschen, die mir persönlich nichts getan hatten, zu hassen. Das scheint mir im nachhinein entscheidend. Das vielzitierte Wort von der verführten Generation traf auf mich nicht zu; weder war ich politisch übermäßig indoktriniert worden, noch hatte ich irgendwelchen Idealen nachgehangen, deren Untergang es nun zu beweinen galt. Bei Kriegsende war ich achtzehn und hatte eine alles in allem glückliche Jugend verlebt.

Bei der Hitlerjugend wurden in erster Linie die Geländespiele für das nächste Wochenende im Grunewald vorbereitet, und später war man stolz auf seine blaugraue Flakhelferuniform, die eindeutig das Flair der Luftwaffe trug. Als Sechzehnjähriger fühlte man sich wohl in dieser Wandervogelatmosphäre, in der Sport getrieben und Musik und Theater gepflegt wurden. Wenn dann gelegentlich der Geist der Volksgemeinschaft seinen Tribut forderte und ideologischer Eintopf serviert wurde, sagten wir uns, unsere Eltern haben die Daten der Hohenzollern auswendig lernen müssen, warum sollen wir nicht die Daten der »nationalen Erhebung« herunterbeten können.

An die weniger angenehmen Episoden erinnert man sich nur ungern. So empfand ich es, solange ich in Berlin war, als besondere Tortur, allabendlich in den Luftschutzkeller hinuntersteigen und mir dort auf harten Bänken die Nacht um die Ohren schlagen zu müssen. Kaum wiegte ich mich in den ersten Träumen, holte mich die Mutter aus dem Bett, streifte mir Hosen über, ermahnte mich, auch Schuhe anzuziehen, und brachte mich in den Keller. Schulfrei gab's fast nie, meist fielen auch gar keine Bomben, und so saß ich am nächsten Tag ziemlich unausgeschlafen in der Klasse.

1945 hatten wir den Krieg verloren und lebten in dem Gefühl, nie wieder Anschluß an die zivilisierte Welt zu finden; zu ungeheuerlich waren die Verbrechen, die von Deutschen in ganz Europa begangen worden waren. Aber auch wenn wir uns intensiv mit der Frage der Schuld auseinandersetzten, so war doch die Bewältigung der Vergangenheit nicht unser zentrales Thema. Die Zwischengeneration, die mehr oder weniger unversehrt aus dem Krieg gekommen war, beschäftigte eine andere Frage viel mehr: Wie können wir sicherstellen, daß wir in Europa nicht wieder aufeinander schießen? So engagiert wir die Neugründung der politischen Parteien, die Diskussionen über den Aufbau eines neuen Staates und die Erarbeitung des Grundgesetzes auch verfolgten, im Herzen fühlten sich viele bereits zu Europa hingezogen. Europa verkörperte für viele von uns die Zukunft.

Nach dem Ersten Weltkrieg hatte sich europaweit schon einmal ein ganz ähnliches Lebensgefühl unter der Jugend breitgemacht. In Organisationen wie der Paneuropa-Bewegung des Grafen Coudenhove-Kalergi sammelten sich Enthusiasmus und Naivität einer ganzen Generation. Der Pazifismus, den sich damals viele zu eigen machten, wurde allerdings schnell von den Radikalen der Linken und Rechten unterwandert, und bald herrschten wieder unverhohlen nationalistische Töne vor. In zweierlei Hinsicht unterschied sich die Situation von 1918 grundlegend von der des Jahres 1945: Zum einen gab es wohl niemanden in Deutschland, der die Niederlage am 8. Mai 1945 als »Dolchstoß« empfunden hätte. Zum anderen war die sogenannte Kriegsschuldfrage, die Frage, wer diesen Krieg vom Zaun gebrochen hatte, von vornherein so eindeutig beantwortet, daß sie gar nicht erst gestellt zu werden brauchte. Viele Deutsche fürchteten deshalb, auf lange Zeit aus der Völkergemeinschaft ausgestoßen zu sein.

Daß Deutschland auf Dauer ein Vakuum in der Mitte des Kontinents bilden würde, war allerdings schon mit Blick auf den Dauerzwist zwischen den Westalliierten und der Sowjetunion ziemlich unwahrscheinlich. Im Juni 1948, als die Russen in Reaktion auf die Einführung der D-Mark in den Westsektoren Berlins die Zufahrtswege dorthin abschnitten, spitzte sich der Zwist dramatisch zu. Um diese Zeit liefen bereits alle Pläne auf die Gründung eines westdeutschen Separatstaates hinaus. Im August tagte in Herrenchiemsee ein Verfassungskonvent zur Erarbeitung des Grundgesetzentwurfs, der anschließend eifrig im Parlamentarischen Rat, der Ländervertretung der Westzonen, diskutiert wurde. In diesem Zusammenhang schien plötzlich auch die Frage der Wiederbewaffnung aktuell zu werden.

Zum Jahreswechsel 1948/49 organisierte der Ring Demokratischer Jugend im Mainzer Rathaus eine Veranstaltung zu diesem Thema, bei der ich unter dem Titel »Brauchen wir eine neue Wehrmacht?« einen vielbeachteten Vortrag hielt, der sogar Erwähnung in *Le Monde* fand. Ich sprach mich zwar eindeutig dafür aus, daß ein Land in der Lage sein müsse, sich aus eigenen Mitteln zu verteidigen. Zugleich war ich aber der Meinung, daß es für die Deutschen besser sei, mit der Neueinrichtung einer Armee erst einmal ein paar Jahre zu warten. Da Franzosen, Briten und Amerikaner die Sieger des Krieges seien, hätten sie auch die Pflicht, vorerst die Verteidigung Deutschlands zu übernehmen.

Die Befehlsstrukturen der Wehrmacht und nicht zuletzt das persönliche Treuegelöbnis der Soldaten auf den »Führer Adolf Hitler« waren in meinen Augen denkbar ungeeignet für jeden Neuanfang. Kein Unteroffizier und kein General war in der Lage, sich innerhalb weniger Jahre um 180 Grad zu drehen und seine Männer demokratisch zu erziehen. Persönlich hatte ich keinerlei negative Erfahrungen mit der Wehrmacht gemacht und fand, daß sie aus dem Krieg insgesamt moralisch unangreifbar herausgekommen war. Trotzdem paßte für meinen Geschmack eine Armee mit dieser Vergangenheit nicht in die neuen freiheitlich-demokratischen Strukturen. Wegen des transatlantischen Engagements der USA habe ich mich später mit der Gründung der Bundeswehr abgefunden. Lieber wäre es mir allerdings gewesen, wir hätten eine Generation gewartet.

Im Wintersemester 1948/49 war an der Universität Mainz ein neuer Lehrstuhl eingerichtet worden, Ökonometrie. Es handelte sich dabei um einen völlig neuen Zweig der Wirtschaftswissenschaften, der ökonomische Modelle mit Hilfe mathematisch-statistischer Methoden überprüfte, ein Thema, das mich reizte. Berufen hatte man auf diesen Lehrstuhl einen jungen Professor aus Amsterdam, Loed Zimmerman, der seine Antrittsvorlesung unter dem Titel »Die Auswahl einer neuen Elite in Deutschland« ankündigte.

Ich war empört. Zeugte es nicht von ungeheurer Arroganz, jungen Deutschen erzählen zu wollen, nach welchen Kriterien ihre Führungsschicht in Zukunft rekrutiert werden sollte? Wir waren zwölf Jahre gegängelt worden und verwahrten uns dagegen, nun schon wieder bevormundet zu werden, noch dazu von einem niederländischen Ökonomen, den wir in diesen Dingen nicht eben für kompetent hielten. Viele Kommilitonen empfanden ähnlich, und der Allgemeine Studentenausschuß (ASTA) stellte eine Delegation zusammen, der auch ich angehörte, um Zimmermann einen Besuch abzustatten und ihm unseren Protest zu übermitteln.

Leider hatte der Professor nicht nur eine reizende Frau und drei hübsche Kinder, sondern erwies sich auch selber als ausgesprochen freundlich und verständnisvoll. Er könne sich gut in unsere Lage versetzen, meinte er, und er sei bereit, über unsere Forderung, die Vorlesung aufzugeben, nachzudenken. Wir sollten am nächsten Tag zum Tee wiederkommen. Zimmermans Vorschlag nahm uns dann allen Wind aus den Segeln: Er müsse den Vortrag schon deshalb halten, weil er angekündigt sei, aber wenn er die Antrittsvorlesung durchführen könne, ohne von uns gestört zu werden, werde er gern eine Woche später am gleichen Ort eine öffentliche Diskussion zum Thema veranstalten. Wir erklärten uns einverstanden.

Das Tribunal, das wir uns erhofft hatten, erwies sich freilich als ein einziges Fiasko, denn Loed Zimmerman war uns in allen Punkten haushoch überlegen. Schon seine Antrittsvorlesung war so brillant gewesen, daß die meisten von uns es bereuten, ihn überhaupt herausgefordert zu haben. Bald schon himmelten wir ihn an, und als ich wenig später von ihm für ein einjähriges Stipendium nach Amsterdam vorgeschlagen wurde, war aus dem Lehrer ein Freund geworden.

Im September 1949 legte ich mein erstes Staatsexamen ab, drei Monate später fuhr ich nach Amsterdam. Es gibt keine Statistiken, aber aller Wahrscheinlichkeit nach war ich der erste deutsche Nachkriegsstudent, der die Universität von Amsterdam besuchte. Eigentlich hat die Stadt zwei Universitäten, eine städtische und eine gegen Ende des 19. Jahrhunderts gegründete calvinistische, die in dauerndem Wettbewerb miteinander stehen. Ich besuchte die reformierte Vrije Universiteit und belegte Vorlesungen und Seminare im Fach Politische Wissenschaften.

Der eigentliche Zweck des Aufenthaltes war natürlich nicht das Studium. Wie in vielen europäischen Ländern gab es unmittelbar nach dem Krieg auch in den Niederlanden verschiedene private Initiativen, deutsche Schüler und Studenten aus der geistigen und materiellen Enge der Besatzungszonen herauszuholen und ihnen durch einen Auslandsaufenthalt Perspektiven einer europäischen Zukunft zu eröffnen. Eine der engagierten Förderinnen dieser Idee war die ehemalige Englischlehrerin von Königin Wilhelmina, Frau Reesink, die in Zutphen in der Nähe von Arnheim ein großes Haus führte und vielfältige kulturelle Aktivitäten organisierte.

Bei einer Veranstaltung der Volkshochschule in Kleve hatte sie Klaus von Bismarck kennengelernt, den Gründer des Jugendhofs Vlotho, der damals ein Zentrum der Jugendarbeit in der britischen Besatzungszone bildete. Frau Reesink und Klaus von Bismarck gründeten einen holländisch-deutschen Arbeitskreis, und dieser setzte das Stipendium aus, dessen erster Nutznießer ich dank der Vermittlung von Professor Zimmerman geworden war.

Die Familie van Hulst, bei der ich Aufnahme fand, hatte unter der deutschen Besatzung schmerzliche Verluste erlitten. Der Großvater war im Konzentrationslager umgekommen, und auch die Mutter hatte längere Zeit im KZ gesessen. Es war die erklärte Absicht von Frau Reesink gewesen, den Stipendiaten in seiner Gastfamilie mit all dem Leid zu konfrontieren, das die Deutschen den Holländern zugefügt hatten. Die Familie van Hulst – der Vater war Redakteur bei der renommierten sozialistischen Zeitung *Het vrije volk* – ging jedoch gnädig mit mir ins Gericht. Zur Begrüßung neckten mich die beiden Söhne, die etwas jünger waren als ich und mit denen ich das Zimmer teilte, indem sie den einzigen vollständigen Satz zitierten, den sie von ihren einstigen Besatzern übernommen hatten: »Bei uns ist alles besser«.

Kaum ein Haus, das während des Krieges von den Deutschen verschont geblieben war, wenig Familien, die keine Opfer zu beklagen hatten. Von den 107 000 ab Sommer 1942 nach Osten deportierten Juden waren gerade einmal 5 200 zurückgekommen. Das alles lastete schwer auf jedem Kontakt zu den Holländern, und meist kam es gar nicht erst zu einem Gespräch. Wenn der im Seminar links neben mir sitzende Student von meinem Nachbarn zur Rechten einen Bleistift leihen wollte, stand er auf und ging um die Bank herum, um mich nur nicht anreden zu müssen. Als ich einmal in der Straßenbahn zu einem Kommilitonen einige Sätze auf Deutsch sprach, hielt der Fahrer abrupt an und forderte uns zum Aussteigen auf. Es war eine harte Schule; wo immer ich hinkam, schlug mir Feindseligkeit entgegen. Völlig verzweifelt wandte ich mich schließlich an Frau Reesink und bat darum, das Stipendium zurückgeben zu dürfen.

Hilfe kam von unerwarteter Seite. Siegfried Kurt Baschwitz, der bis zu seiner Emigration 1933 Redakteur in Hamburg und Berlin gewesen war, hatte nach dem Krieg den Lehrstuhl für Publizistik und Zeitungswissenschaft an der Vrije Universiteit übernommen. Baschwitz war gläubiger Jude; er hatte seine Frau in Auschwitz verloren und keinerlei Veranlassung, Deutschen gegenüber besonders freundlich zu sein. Als er von Loed Zimmerman hörte, daß man einen deutschen Gaststudenten wie einen Aussätzigen behandelte, wollte er mich kennenlernen. Ob ich einverstanden sei, mich in privater Runde einmal mit anderen über dieses Thema zu unterhalten. Dann lud Baschwitz per Aushang am Schwarzen Brett zu einem abendlichen Gesprächskreis ein. Die Vrije Universiteit, so stand da zu lesen, stehe neuerdings in dem Verdacht, deutsche Studenten zu diskriminieren; dem müsse Einhalt geboten werden.

So brach allmählich das Eis, und bald schon wurde ich von dem einen oder anderen auch einmal privat eingeladen. Ein besonders wohlgesinnter Kommilitone verschaffte mir sogar Zugang zu einem der Amsterdamer Studentenkorps. Nun hatte ich mich in Mainz strikt geweigert, einer Verbindung beizutreten, weil der Komment, das gesellige Saufen ebenso wie der Hang, sich zu schlagen, meiner Natur widerstrebte. In den Amsterdamer Korps dagegen war jede Form der körperlichen Auseinandersetzung verpönt. Statt dessen wurde die Kunst der Rhetorik geübt; Sieger war, wer seinen Kontrahenten solange zu provozieren vermochte, bis dieser die Contenance verlor.

Argumente statt Fäuste, so war ich erzogen worden. Wäre es nach meinem Vater gegangen, hätte ich allerdings wohl noch während der Pubertät hin und wieder Prügel bezogen. Aber eines Tages, als ich mich stark genug fühlte, stellte ich mich vor ihn hin und erklärte, von nun an keine Schläge mehr zu akzeptieren. Mein Vater wollte sich seine Erziehungsmethoden jedoch nur ungern vorschreiben lassen und machte den Vorschlag, daß ich ab sofort zurückschlagen dürfe. Das war nicht ganz fair, denn mein Vater war ein exzellenter Sportler, der besonders das Geräteturnen liebte und die Riesenwelle an der Reckstange an einem Arm beherrschte. Ich nahm sein Angebot trotzdem an, und eines Tages gelang es mir tatsächlich, ihn zu schultern. Zum Zeichen meines Sieges nahm ich ihm die Zigarre aus dem Mund – mein Vater tat nie etwas ohne Zigarre im Mund –, und er gab sich geschlagen: »Ab sofort nur noch verbale Auseinandersetzung.«

Nach drei Monaten fühlte ich mich wohl in Amsterdam: Ich hatte Freunde gefunden und konnte mich nun ganz auf die Vorlesungen konzentrieren. Gelehrt wurden die Politischen Wissenschaften nach den Klassikern der englischen, amerikanischen und französischen Literatur. Im Frühjahr 1950 nahm ich an einem sechswöchigen Kongreß der Akademie für internationales Recht in Den Haag teil, auf dem höchst kontrovers über die Frage diskutiert wurde, ob im besetzten Deutschland die Haager Landkriegsordnung anzuwenden sei oder nicht. Die Besatzungsmächte vertraten mehrheitlich die Auffassung, daß die Regeln der Landkriegsordnung in Deutschland keine Gültigkeit hätten, während die Deutschen vielfache Anstrengungen unternahmen, den auf der Haager Friedenskonferenz 1907 gewährten Schutz der Zivilbevölkerung auch für sich zu beanspruchen.

Bevor ich Ende 1950 wieder nach Deutschland zurückkehrte, belegte ich noch einen von der Vrije Universiteit vermittelten sechswöchigen Ferienkurs an der London School of Economics. Die berühmte Hochschule stand damals unter der Leitung des ebenso brillanten wie berüchtigten Harold Laski. In seinen Vorlesungen über internationale Volkswirtschaft widmete er sich besonders dem neuen Weltwährungssystem von Bretton Woods, das die Wechselkurse sämtlicher Währungen im Verhältnis zum Dollar festlegte. Laski polemisierte gegen den freien Markt und empfahl statt dessen Rezepte, die sich in nichts von der sozialistischen Planwirtschaft unterschieden. Die London School of Economics war in meinen Augen damals nichts anderes als eine kommunistische Kaderschmiede. Im Laufe der Zeit habe ich mich davon überzeugen können, daß dieses Urteil so nicht richtig war, und heute verstehe ich, warum die London School of Economics auch politisch eine so hohe Reputation genießt.

Mich in Deutschland wieder einzuleben fiel mir nicht leicht. Ich hatte die Luft der freien Welt geschnuppert. Obwohl ich, was den Fortgang meines Studiums anging, auf dem Papier ein Jahr zurücklag, fühlte ich mich meinen Kommilitonen doch um vieles voraus. Die Erfahrungen, die ich im Ausland gesammelt, die Freunde, die ich gefunden hatte, waren für mich wichtiger als ein verlorenes Jahr. Was ich in Holland an Bereicherung erfahren und an Toleranz gelernt habe, hätte mir kein Studium der Welt verschaffen können.

Der Vogel fliegt

Nachdem ich mein Studium beendet und am Amtsgericht in Edenkoben – auf halbem Wege zwischen Neustadt und Landau – mein Referendariat gemacht hatte, war es an der Zeit zu heiraten. Mein Frau hatte ich während des Krieges kennengelernt, genaugenommen in der Tanzstunde. Sie hatte in Mainz Medizin studiert und etwa gleichzeitig mit mir ihre Prüfungen bestanden. 1952 heirateten wir und beschlossen, uns in Berlin niederzulassen, sie als Ärztin, ich als Anwalt. Voraussetzung war das zweite Staatsexamen, das ich im Juli 1954 am Berliner Kammergericht ablegte.

Jetzt konnten wir Pläne schmieden. Wir zeichneten uns ein Haus, das über zwei Seitenflügel verfügte: einen für die Praxis meiner Frau, einen für meine Anwaltskanzlei. Der Mittelteil war der gemeinsame Wohnbereich. Davor lag eine große grüne Wiese, auf der Kinder spielten, die von Vater und Mutter gleichzeitig beobachtet werden konnten. Unsere erste Tochter war gerade geboren. Doch dann kam alles ganz anders.

Im Herbst besuchte mich ein Studienkollege aus Neustadt, Herbert Culmann, der Leiter der Rechtsabteilung und spätere Vorstandsvorsitzende der im Januar 1953 neugegründeten Lufthansa. Die AG für Luftverkehrsbedarf in Köln, wie das Unternehmen damals hieß, stand noch ganz am Anfang. Culmann suchte einen Juristen, der sich im internationalen Recht auskannte und in der Lage war, die Verhandlungen der Lufthansa über Streckenrechte juristisch zu begleiten. Die Aufgabe war zeitlich überschaubar, und so zögerten meine Frau und ich nicht lange. Wir waren noch keine 28 Jahre alt, und es reizte uns, ein bißchen in der Welt herumzukommen. Kanzlei und Praxis, so glaubten wir, könnten wir hinterher immer noch eröffnen.

Im November 1954 wurde ich Assistent von Hans M. Bongers, der sich seit Kriegsende bei den Alliierten um eine Wiederzulassung der alten Luft Hansa bemüht hatte. Den Deutschen war nicht nur jeder Flugverkehr verboten worden, man hatte auch sämtliche Flugzeuge als Kriegsbeute beschlagnahmt. Als der Luftverkehr über Deutschland allmählich wieder auf Touren kam, machten Fluggesellschaften wie Swiss Air oder SAS hier ihr großes Geschäft. Deutschland drohte den Anschluß zu verlieren.

Als die Alliierten Stuttgart und München als erste Flughäfen wieder unter deutsche Verwaltung stellten, erkannte Bongers seine Chance. Er begann mit dem Aufbau einer Bodenorganisation, aus der später die Arbeitsgemeinschaft Deutscher Verkehrsflughafen hervorging. 1951 war er von Bundesverkehrsminister Seebohm beauftragt worden, Pläne für eine Wiederaufnahme des innerdeutschen Flugbetriebs auszuarbeiten.

Hans M. Bongers gehört, neben Friedrich Flick und Axel Springer, zu den Männern, denen ich, was meinen beruflichen Werdegang betrifft, am meisten verdanke. Eine bessere Ausbildung als die Assistentenstelle bei ihm ließ sich kaum denken. Das praktische Wissen, das ich in Bongers' Büro in der Alten Universität von Köln sammeln konnte, kam mir bei vielen späteren Entscheidungen zugute. Dazu zähle ich auch meine ersten Erfahrungen im Umgang mit verschiedenen Bundesministerien sowie mit dem Verkehrs- und Haushaltsausschuß des Deutschen Bundestages. Bongers war ein Meister der Diplomatie. Indem er Wohlverhalten gegenüber allen beteiligten Instanzen an den Tag legte, gelang es ihm stets, seine Pläne ohne größere Abstriche durchzusetzen.

Bongers' systematische Informationspolitik gegenüber Exekutive und Legislative war eine der wesentlichen Grundlagen des Erfolgs der Lufthansa. Er wußte, daß schriftliche Vorlagen in Behörden und Ministerien in der Regel mit großer Verzögerung bearbeitet werden und persönliche Gespräche viel eher zum Ziel führen. Deshalb organisierte er sogenannte parlamentarische Abende, um bei Würstchen und Bier den Abgeordneten klarzumachen, daß es für die Bundesregierung nichts Wichtigeres gab als den Aufbau der Lufthansa. Damals wurde der Begriff »Pflege der Bonner Landschaft« geprägt, den später in der Kampagne gegen Flick und mich einige Journalisten böse verfälschten.

Bedauerlicherweise saßen gerade im Verkehrsausschuß recht unbedarfte Abgeordnete. Die große Ausnahme war der Verkehrsexperte der SPD-Fraktion, Helmut Schmidt. Er fiel allerdings nicht nur durch seine hervorragenden Fachkenntnisse auf, sondern ebenso durch die Art, in der er sie vortrug: laut und in barschem Ton. Wichtige Unterstützung fanden Bongers' Pläne im Finanzministerium von Fritz Schäffer.

Da Deutschland nach wie vor nicht über die Lufthoheit verfügte und zudem alle unsere Tätigkeiten von einer Dreimächtekommission überwacht wurden, betrieben wir im Grunde Sandkastenspiele. Es gab zwei Möglichkeiten, nach denen der Ausbau des Streckennetzes erfolgen konnte. Entweder konnte man den innerdeutschen Verkehr als Schwerpunkt betrachten und von Deutschland aus einige wichtige europäische Metropolen bedienen, um so allmählich in ein weltweites Netz hineinzuwachsen. Das war die kleine Lösung. Oder man ging aufs Ganze und begann gleich ein internationales Streckennetz zu knüpfen.

Bongers machte sich für die große Lösung stark. Er ließ zahllose Studien anfertigen, in denen die einzelnen Streckenführungen untersucht wurden. Die stark vom Export abhängige deutsche Wirtschaft, so sein Hauptargument, sei angewiesen auf Direktverbindungen der Lufthansa in alle fünf Kontinente. Das sahen weder die anderen Bewerber so – niemand im internationalen Luftverkehr war daran interessiert, daß es wieder einen deutschen Konkurrenten gab –, noch fand sich dafür eine Mehrheit im Parlament. Zunächst jedenfalls nicht.

Das zweite große Thema war die Anschaffung des Fluggeräts. Die Frage, welche Maschinen gekauft werden sollten, war unendlich kompliziert, die Entscheidung wurde immer wieder verschoben. Neben den technischen Details waren vor allem politische Interessen zu klären. Die Briten, die über eine wirkungsvolle Lobby im Verkehrsministerium verfügten, drängten auf den Ankauf von Vickers-Maschinen, die Amerikaner machten sich für ihre Firmen stark, Lockheed und Douglas. Für den Kurz- und Mittelstreckenbereich bot sich Convair an.

Soviel stand fest: Der Tag würde kommen, an dem Deutschland die Lufthoheit zurückerhielt, und dann würde jedermann fragen, wo denn die Lufthansa-Maschinen seien und welche Ziele sie anflögen. Alle Pläne waren deshalb auf den Tag X abgestellt. Es war zu klären, wer den Treibstoff lieferte und wer überhaupt die Maschinen flog. Da in Deutschland keine Ausbildungsmöglichkeiten für Flugkapitäne zur Verfügung standen und Ex-Piloten der Luftwaffe zunächst nicht eingesetzt werden durften, nahm Bongers Verhandlungen mit ausländischen Fluggesellschaften auf. Sie erklärten sich bereit, bei Bedarf einige ihrer Piloten für die Lufthansa abzustellen.

Mit politischer Rückendeckung aus Bonn, aber unter Umgehung der alliierten Bestimmungen leiteten wir alles in die Wege. Am 26. März 1955 trafen die ersten beiden von uns bestellten Maschinen, zwei Lockheed Super Constellation, in Hamburg ein. Fünf Tage später, am 1. April um 7.40 Uhr, startete die erste Convair 340. Sie flog Hamburg – Düsseldorf – Frankfurt – München und kehrte am Abend nach Hamburg zurück. Geflogen wurde sie von einem Piloten der amerikanischen Trans World Airlines.

Am 5. Mai erlangte die Bundesrepublik Deutschland mit der Ratifizierung der Pariser Verträge ihre Souveränität. Zehn Jahre nach Kriegsende war der freie Teil des Landes als gleichberechtigter Partner in das westeuropäische Staatensystem aufgenommen. Jetzt konnte sich die Lufthansa ohne jede Beschränkung um internationale Verkehrsrechte bemühen. Ich war am 1. Mai zum

Leiter der verkehrspolitischen Abteilung ernannt worden und sollte den Aufbau der internationalen Organisation der Lufthansa vorantreiben.

Die Lufthansa, die sich in der Zeit des Nationalsozialismus ähnlich wie die deutsche Hochseeschiffahrt von politischen Infiltrationen weitgehend hatte freihalten können, genoß in der Welt einen guten Ruf. Wenn ich bei meinen Erkundungsflügen irgendwo auf politischen Widerstand stieß, war das in der Regel auf kommerzielle Interessen konkurrierender Fluggesellschaften zurückzuführen. Den Jungfernflug Hamburg – New York am 8. Juni 1955, den Verkehrsminister Seebohm nutzte, um anschließend Eisenhower in Washington einen Besuch abzustatten, kommentierte die *New York Times* mit der Schlagzeile: »Nazi Seebohm presents flowers from Adenauer to Eisenhower«. Solche Seitenhiebe waren jedoch die Ausnahme.

Das Hineinwachsen der Deutschen in die internationale Staatengemeinschaft vollzog sich im Bereich der Wirtschaft ganz unspektakulär, frei von allem Politischen. Ein Mann der Wirtschaft erweist seinem Gesprächspartner grundsätzlich den Respekt, der ihm entsprechend der Größe und Leistung des Unternehmens zukommt, das er vertritt. Bei Geschäftsverhandlungen interessiert sich keiner dafür, welcher politischen Richtung der andere zuneigt und ob er einer Partei angehört. In der Regel kommt das Gespräch erst nach Vertragsunterzeichnung auf Privates, auf Familie und Hobbies, und bei der dritten Flasche Champagner kann auch schon einmal die Frage auftauchen: »Was haben Sie eigentlich im Krieg gemacht?« Diese Frage war Teil des Schicksals meiner Generation.

Was das Auftreten im Ausland erleichterte, war der enorme Schub, der von der Wirtschaft der Bundesrepublik in den ersten zehn, fünfzehn Jahren ausging. Fast schien es, als sei die Marktwirtschaft eigens für den schnellen Wiederaufbau des Landes konzipiert worden. Dabei gehorchte der wirtschaftliche Neuanfang im wesentlichen der Not. Die in der Konferenz von Jalta beschlossenen Gebietsteilungen und -abtretungen hatten notwendigerweise erhebliche strukturelle Veränderungen in den westlichen Besatzungszonen zur Folge.

Die Wirtschaftspolitiker der ersten Stunde zogen daraus mit Recht den Schluß, daß Wachstum und Vollbeschäftigung in der Bundesrepublik nur über eine ungewöhnlich hohe Exportquote zu erreichen wären. In den fünfziger Jahren hat sich die deutsche Wirtschaft bei einem Exportanteil von 26 bis 29 Prozent eingependelt, in einzelnen Branchen, wie etwa der Automobilindustrie, wurden Quoten von über 50 Prozent erzielt. Von 1961 an führten dann veränderte Währungsrelationen und mehrere Aufwertungen der D-Mark im Verhältnis zu den Wettbewerbsländern zu einem Abflachen dieser Erfolgskurve; in den siebziger Jahren kam das stetige Ansteigen der Arbeitskosten als zusätzliches Hemmnis hinzu.

Für die Westdeutschen, die bis dahin nur Planwirtschaft und Zuteilungen kannten, bedeutete Erhards Marktwirtschaft eine Revolution. Das entscheidende Kriterium dieser Revolution war das Vertrauen der Bevölkerung in die gesetzgeberischen Maßnahmen. Dieses Vertrauen wurde belohnt. Der Gesetzgeber vermied jede Form von Experimenten und erwies sich als absolut zuverlässig. Wie schon die Währungsreform vom Juni 1948 wurden auch alle weiteren gesetzgeberischen Maßnahmen systematisch vorbereitet und rechtzeitig angekündigt. Die Teilnehmer am Wirtschaftsleben konnten sich darauf einstellen. Noch bis weit in die sechziger Jahre waren viele Eingriffe des Staates ins Wirtschaftsleben substantieller Natur. Anders als heute kam es jedoch niemals zu Verunsicherungen. Denn die Ideen waren ausgereift, und die Regierung hatte sich bereits im Vorfeld der parlamentarischen Mehrheit vergewissert. Heute ist weder die Steuer- noch die Energie- noch die Ordnungspolitik kalkulierbar.

Als Anfang der neunziger Jahre die deutsche Wiedervereinigung wirtschafts- und finanzpolitisch aus dem Ruder lief, wurde von verschiedenen Seiten an den Pioniergeist der Nachkriegsjahre appelliert. So wie wir im Westen nach dem Krieg radikal umdenken mußten, mußte sich auch die Bevölkerung der ehemaligen DDR völlig neu einstellen. Aber es gab einen gravierenden Unterschied. Die deutsche Bevölkerung hatte unter der Mangelwirtschaft des Krieges nur etwa vier bis fünf Jahre zu leiden gehabt. Als der Krieg vorbei war, wollte man ihn so schnell wie möglich vergessen. Bei aller Skepsis gegenüber den Siegermächten bestand in weiten Kreisen der Bevölkerung doch die Überzeugung, daß es nur besser werden konnte.

In der DDR hatte die Bevölkerung über zwei Generationen nichts anderes kennengelernt als die Segnungen der sozialistischen Staatswirtschaft. Als ihr dann 1990 ohne jede Sensibilität die Ordnung der Marktwirtschaft übergestülpt wurde, konnten nur wenige verstehen, warum die neue Ordnung besser sein sollte als die alte. Immerhin war die Versorgungslage der DDR seit den fünfziger Jahren kontinuierlich verbessert worden. Daß der relative Wohlstand auf einer desaströsen Finanzpolitik basierte, die schließlich auch den Ruin des Staates herbeiführte, konnte den Menschen der ehemaligen DDR kaum jemand erklären. Für mich ist dies eines der wesentlichen Versäumnisse der Bundesregierung beim Aufbau Ost.

Erhard setzte auf eine moderne angebotsorientierte Volkswirtschaft. Je umfassender das Angebot war, so seine Überzeugung, desto eher würde die Konjunktur in Schwung kommen. Waren die Deutschen erst einmal veranlaßt worden, die Waren zu kaufen und die Dienstleistungen in Anspruch zu nehmen, sollte die Nachfrage durch neue Angebote aktiviert werden. Der Zwang, durch immer neue Angebote wettbewerbsfähig zu bleiben, spornte zugleich die Kreativität der Wirtschaft an. Eine Stagnation des Marktes durch Befriedigung der Nachfrage war bei diesem Modell von vornherein ausgeschlossen. Zu realisieren war eine solche Wirtschaftspolitik natürlich nur, wenn es keine Verteilungsbeschränkungen gab und die Ressourcen unbegrenzt zur Verfügung standen. Erhard mußte sich hier gegen den Widerstand der Alliierten durchsetzen, die eine totale Freigabe der Waren und Dienstleistungen zunächst abgelehnt hatten.

Es ist leicht, von heute aus zu urteilen, daß bei der Einführung dieser Wirtschaftsordnung 1948/49 Fehler gemacht wurden. Die Priorität des Materiellen hat zweifellos dazu geführt, daß anderes auf der Strecke blieb. Vor allem das Bildungswesen wurde stark vernachlässigt. Schulen und Universitäten standen ebensowenig im Mittelpunkt des öffentlichen Interesses wie Kindergärten; die Sorge um die nachwachsende Generation schien niemanden ernsthaft umzutreiben. Es war daher kein Wunder, daß die massive Kritik am Gesellschaftssystem Ende der sechziger Jahre aus den Reihen der Studenten kam.

Mit dieser Kritik war meine Generation allerdings ein wenig überfordert. Unsere Sympathie für die 68er konnte schon deshalb nicht besonders ausgeprägt sein, weil ihnen im Faulbett des Wohlstands offenbar nichts Besseres einfiel, als denjenigen, denen sie die weichen Kissen zu verdanken hatten, eine mangelhafte kritische Aufarbeitung der Vergangenheit vorzuhalten. Sattheit macht müde.

1945 kümmerten sich die Menschen in Deutschland erst einmal um das Nötigste – ein Dach über dem Kopf und eine warme Mahlzeit. Die Deutschen waren ausgepowert und hatten weder Ersparnisse noch sonstige Reserven. Dank Erhards Zauberformel »Wohlstand für alle« bekamen sie allmählich wieder ein Gefühl für den Wert des Geldes. Verlockt durch ständig neue Angebote, lernten sie wieder zu sparen, mit Krediten umzugehen und Schulden im Verhältnis zu ihrem Einkommen zu machen. So kam der Kapitalmarkt in Bewegung.

Großen Wert legten die Deutschen auf Mobilität. Auf den Bahnhof gehen und am Schalter eine Fahrkarte lösen zu können, ohne irgend jemanden fragen zu müssen, gehörte zu den Grundfreiheiten, die während des Krieges und in den Jahren danach besonders schmerzlich vermißt worden waren. Bald tauchten in den Katalogen der Reiseunternehmen die ersten Urlaubsorte in Spanien und Italien auf. Ganz oben auf der Wunschliste der meisten Deutschen stand das eigene Auto. Alle diese Wünsche kosteten Geld. Geld gewann eine herausragende Bedeutung, Erfolg und soziales Prestige wurden fast ausschließlich über das Zahlungsmittel D-Mark definiert. In den sechziger Jahren war eine Schachtel Zigaretten als Trinkgeld für den Handwerker eigentlich schon verpönt.

Der Markt ist ein Tummelplatz, der sich selber ordnet. Zwischen Nachfrage und Angebot sucht sich das Kapital den Platz, an dem es am besten gedeiht. Wer den Kräften der Wirtschaft freien Lauf läßt, muß jedoch wissen, daß er auch denen die Türen öffnet, die es auf Mißbrauch anlegen. Der Begriff freie Marktwirtschaft ist strenggenommen tautologisch, denn Marktwirtschaft ist eo ipso frei. Funktionieren kann sie aber nur, wenn die Teilnehmer am Markt gewissen Spielregeln unterworfen sind, wenn sie sozial eingebunden werden. Um die sozialen Merkmale zu kodifizieren und die Möglichkeiten des Mißbrauchs einzuschränken, wurde unter anderem das Marktordnungsgesetz geschaffen, das später im Kartellgesetz aufging.

Indem der Staat den Teilnehmern am Markt in der Ausübung ihrer Freiheit Grenzen setzte, definierte er zugleich deren soziales Verhalten. Erhard erfand dafür den Begriff der sozialen Marktwirtschaft. Gemeint war damit nichts anderes als das freie Spiel der konkurrierenden Kräfte, in dem allen Partnern, sofern sie ihre soziale Verpflichtung respektieren, faire und gleiche Chancen einzuräumen sind.

In dem, was die Mehrheit der Bevölkerung heute unter sozialer Marktwirtschaft versteht, ist die ursprüngliche Intention kaum noch wiederzufinden. Mitte der siebziger Jahre kam unter der sozialliberalen Koalition das Schlagwort von der »Sozialpflicht des Kapitals« auf. Engagierte, weltfremde Sozialdemokraten verstanden darunter die Forderung, die Unternehmen stärker für die Belange der Sozialpolitik heranzuziehen. Der Öffentlichkeit wurde suggeriert, daß die hohe Arbeitslosigkeit auf die Vernachlässigung der sozialen Verpflichtung des Kapitals zurückzuführen sei und mithin ein Versagen der sozialen Marktwirtschaft darstelle. Man müsse nicht nur den sozialen Aspekt unseres Wirtschaftssystems wieder stärker in den Mittelpunkt rücken, sondern auch über Möglichkeiten staatlicher Investitionslenkung nachdenken.

Ich habe mich damals wiederholt auch öffentlich gegen die demagogische Gefährlichkeit solcher Heilslehren ausgesprochen. Auch heute tun wieder viele so, als seien für das ordnungspolitische Fundament der sozialen Marktwirtschaft ausschließlich die Unternehmer verantwortlich. Das Prinzip der sozialen Marktwirtschaft beruht jedoch auf Gegenseitigkeit, Pflichten und Lasten sind gemeinsam zu tragen. Das Schlagwort von der »Sozialpflicht des Kapitals« stellte deshalb in meinen Augen die soziale Marktwirtschaft insgesamt in Frage.

Die soziale Verantwortung der Unternehmer stand für mich immer außer Zweifel. Voraussetzung ist jedoch, daß der unternehmerischen Verantwortung die Verantwortung der Gewerkschaften und des Staates entsprechen muß. Im Falle wirtschaftlicher und sozialer Probleme darf eine Lösung nur im Rahmen des Ordnungssystems der Markwirtschaft angestrebt werden. Die Tendenz starker Kräfte innerhalb der sozialliberalen Koalition der siebziger Jahre ging jedoch dahin, durch dirigistische oder gar systemverändernde Maßnahmen in das bestehende System einzugreifen. Je mehr Obrigkeit, desto mehr werden Freiheit und Wohlstand eingeschränkt. Korrekturen von Fehlentwicklungen müssen dort ansetzen, wo die Ursachen dieser Fehlentwicklungen liegen, aber diese liegen ganz gewiß nicht im System unserer sozialen Marktwirtschaft.

Die soziale Komponente muß im Verantwortungsbereich eines Unternehmers einen hohen Stellenwert einnehmen, sie darf aber nicht dominieren. Wenn der Unternehmer nicht in erster Linie die Erhaltung, Fortführung und Ausweitung seiner Geschäfte vor Augen hätte, würde seine Funktion im System der Marktwirtschaft außer Kraft gesetzt werden. Das System stünde auf dem Kopf, wenn er, statt die Ertragslage seines Unternehmens mittel- und langfristig zu sichern, seine soziale Verantwortung an die erste Stelle setzen wollte. Statt diese Aufgabe auf die Unternehmen abzuwälzen, sollten Staat und Gewerkschaften für die Rahmenbedingungen sorgen, die unternehmerisches Handeln ermöglichen. So helfen sie, den Beitrag der Wirtschaft zum Gemeinwohl auf Dauer zu sichern.

Natürlich gibt es Ausnahmen. So ist etwa die Schaffung zusätzlicher Ausbildungsplätze für Jugendliche eine Anstrengung, die die Arbeitgeber von sich aus leisten. Diese Aufgabe liegt jedoch außerhalb ihres eigentlichen Verantwortungsgebietes und muß eine Ausnahme bleiben. Und natürlich haben Unternehmen über ihre gesellschaftspolitische Verantwortung hinaus eine besondere Verantwortung gegenüber ihren Mitarbeitern. Dieses Engagement zahlt sich in aller Regel auch unmittelbar aus: Ein zufriedener, durch zusätzliche unternehmenseigene Leistungen auch im Alter abgesicherter Arbeitnehmer setzt sich erfahrungsgemäß stärker ein und identifiziert sich gern mit seinem Betrieb.

Unternehmerische Verantwortung besteht für mich in der Bereitschaft, für die Folgen seines Handelns und Unterlassens im Rahmen der anerkannten sozialen Ordnung und Ethik persönlich einzustehen. Diese Definition schließt das persönliche Risiko mit ein, das ein Unternehmer trägt, ohne daß dabei der gesellschaftspolitische und ethische Kontext, in dem seine Entscheidungen stehen, vernachlässigt wird.

Statt die soziale Komponente der Marktwirtschaft zu schützen, versuchen Politik und Gewerkschaften immer häufiger, die Belange ihrer jeweils eigenen Klientel durchzusetzen. Parteipolitik ist immer Interessenpolitik gegen die Kräfte des Marktes. Ein gutes Beispiel sind die Tarifverhandlungen der letzten Jahre. Die Rücksichtslosigkeit und der Egoismus der Tarifpartner gegenüber Dritten haben dazu geführt, daß Kompromisse ausgehandelt werden, die das Gemeinwohl beschädigen. Als der Gesetzgeber die Tarifautonomie verankerte, ging er davon aus, daß die Interessen der Tarifpartner so konträr sind, daß jeder Kompromiß, auf den sie sich verständigen, nur ein Kompromiß im Interesse der Allgemeinheit sein könne. Das hat sich als Trugschluß erwiesen.

Zwar konnten ganze Bereiche des Arbeitslebens wie zum Beispiel Fragen der Arbeitszeit oder die humanitäre Gestaltung des Arbeitsplatzes im Laufe der Jahre konsensfähig gemacht werden. Bei einer Reihe von Lösungen sind aus Gegnern jedoch Verbündete geworden, die sich gegenseitig Vorteile einräumen – auf dem Rücken der Allgemeinheit. Ich erinnere an Regelungen wie Lohnfortzahlung im Krankheitsfall, an das Ladenschlußgesetz oder auch an die Unehrlichkeit, mit der seit Jahren das Thema Arbeitslosigkeit behandelt wird.

Über die Aufbaujahre der deutschen Wirtschaft kann man nicht reden, ohne an jene Persönlichkeiten zu erinnern, in denen sich das Wirtschaftswunder gleichsam verkörperte. Aus der langen Reihe der Unternehmer, die den Aufschwung in Deutschland maßgeblich mitgestalteten, will ich zwei Männer herausgreifen, deren Weg ich über viele Jahre begleiten durfte: Max Grundig und Josef Neckermann. Beider Name wurde für die Verbraucher sichtbar und greifbar in den Produkten, die sie herstellten beziehungsweise vertrieben. Das Grundig-Radio und der Neckermann-Katalog sprachen den Verbraucher unmittelbar an und können in vielem als exemplarisch für den Pioniergeist der fünfziger Jahre gelten.

Grundig besaß zweifellos die Gabe, mit geringstem Aufwand ein Produkt herzustellen, von dem er wußte, daß es für jedermann entscheidende Bedeutung hatte. Die Idee wurde, wie so vieles in der ersten Stunde, eigentlich aus der Not geboren, aus dem Dilemma nämlich, daß der sogenannte Volksempfänger aus der NS-Zeit ein unbrauchbarer Kasten war, fast so groß wie heute ein Fernsehgerät. Mit Mühe konnte man zwei oder drei Frequenzen einstellen, die ununterbrochen pfiffen. Noch vor der Währungsreform schaffte es Grundig, aus recyceltem Material ein Rundfunkgerät herzustellen, auf dem BBC und Beromünster, Hilversum und Luxemburg zu hören waren. Exotische Stimmen drangen aus dem Äther, die Deutschen waren wieder auf Empfang, und das magische Auge leuchtete.

Grundig befolgte den Grundsatz eines Unternehmers in der Aufbauphase, sich um nichts anderes zu kümmern als um die Qualität seiner Produkte, die er fortwährend verbesserte und zu einem ordentlichen Preis unter die Leute brachte. Weil er den ganzen Tag durch die Werkhallen lief, war es für sein Management und seine Geschäftspartner allerdings äußerst mühevoll, ihn am Telefon zu erreichen. Den engen Kontakt zu seinen Arbeitern und Angestellten suchte er auch deshalb, weil er ausgesprochen sozial eingestellt war und immer bestrebt, die Arbeitsbedingungen zu verbessern.

Gescheitert ist Grundig, weil er sein Kerngeschäft verließ. Nachdem er Mitte der fünfziger Jahre höchst erfolgreich ins Geschäft mit Fernsehgeräten eingestiegen war, versuchte er sich später auf allen möglichen Gebieten, unter anderem in der Hotellerie. Dabei spielte gewiß eine Rolle, daß er sich als ein universaler Kommunikator verstand und überall dabeisein wollte. Auch hat Grundig immer großen Wert auf persönlichen Wohlstand gelegt, bei wichtigen Kunstauktionen war er ein gern gesehener Kunde. Er verzettelte sich und verpaßte den Anschluß, als in den siebziger Jahren die Japaner mit schnelleren und billigeren Produktionstechniken den europäischen Markt aufzurollen begannen.

Grundig war die Verkörperung des sozial verpflichteten Innovationsgeists der Fünfziger und hat wie kein zweiter Erhards Leitmotiv »Wohlstand für alle« in die Tat umgesetzt. Vielleicht fehlte ihm am Ende ein wenig die unternehmerische Disziplin. Ich mochte ihn. Wir saßen viele Jahre nebeneinander im Aufsichtsrat von Krupp – bei Krupp saß man nach dem Alphabet –, und es gab nur ein einziges Problem: Grundig nuschelte so fränkisch, daß ich kaum ein Wort verstand.

Einer der wichtigsten Garanten für den Erfolg des Erhardschen Wirtschaftsprogramms war Josef Neckermann. Erhards Kalkül, den Markt durch Angebote zu stimulieren, konnte nämlich nur aufgehen, wenn eine gewisse Preisstabilität sichergestellt war. Wenn die Preise davonlaufen, läßt sich eine angebotsorientierte Wirtschaftspolitik nicht durchhalten. Zu deren Grundsätzen gehört nämlich auch die freie Preisgestaltung, und in einer freien Wirtschaft kann niemand die Preise anordnen. Der Versandkatalog von Neckermann war deshalb ein wirksamer Stabilisierungsfaktor. Vorbereitung und Herstellung des Katalogs nahmen mindestens acht Wochen in Anspruch. Dann ging er auf die Post. Die Preise waren für sechs Monate garantiert. Rechnet man noch die Übergangszeit zur nächsten Ausgabe hinzu, dann war der Neckermann-Katalog für ein Dreivierteljahr der Gradmesser für sämtliche Preise der Konsumgüterindustrie. So gesehen war Neckermann der engste Verbündete von Ludwig Erhard.

Für Neckermann war die Preisstabilität ein zweischneidiges Schwert. Um zu verhindern, daß die Kaufhäuser am Ort nach Erscheinen seines Katalogs die gleichen Produkte billiger anboten, mußte er scharf kalkulieren. Böse Zungen nannten ihn den »billigen Jakob«. Der flotte Werbespruch »Neckermann macht's möglich« versprach in erster Linie Versorgungssicherheit für alle. Die flächendeckende Grundversorgung der Bevölkerung war eines der vorrangigen Ziele des Versandhändlers, der im Krieg als Wehrwirtschaftsführer für Bekleidung zuständig gewesen war.

Niemand außerhalb der Familie hat Neckermann je in die Bücher geschaut, aber seine Umsatzrendite dürfte kaum mehr als ein oder zwei Prozent betragen haben. Damit konnte er auf Dauer nicht überleben. Der geringste Einbruch an irgendeiner Stelle, etwa durch Qualitätsmängel und Regreßansprüche, mußte zu Problemen führen. Hinzu kam, daß Neckermann keine Reserven bilden konnte, weil er keinen cash flow außerhalb des Handels hatte. Da er anfangs keine eigenen Warenhäuser besaß, war es ihm auch nicht möglich, über Investitionen zu Abschreibungen zu kommen. Neckermann lebte von Halbjahr zu Halbjahr, von der Hand in den Mund, und als er 1976 verkaufte, ist wohl nicht viel übriggeblieben.

Neckermann war bekanntlich einer der erfolgreichsten Dressurreiter Deutschlands. 1968 wurde ich auf seinen Wunsch stellvertretender Vorsitzender der Deutschen Sporthilfe. Da meine Frau und meine Töchter pferdebegeistert sind und selber viele Turniere ritten, ergaben sich auch familiäre Kontakte. Als besonders ungerecht empfand ich es, daß man die Reitleidenschaft dieses honorigen Mannes später ins Lächerliche zog und ihn zum Typ des anachronistischen Herrenreiters stempelte. Diese Kampagne hat ihn persönlich zutiefst verletzt.

Ich komme zurück auf meine Zeit bei der Lufthansa. Mitte der fünfziger Jahre hatte der deutsche Außenhandel Zuwachsraten erreicht, die es lukrativ erscheinen ließen, in das Luftfrachtgeschäft einzusteigen. Es waren vor allem die Schiffahrtsgesellschaften, die auf die Einrichtung des sogenannten Bedarfsluftverkehrs drängten. Da sie Eilaufträge nicht selber ausführen konnten, mußten sie diese an die Linienfluggesellschaften weitergeben, die enorm hohe Frachtkosten berechneten. Wie alle Linienfluggesellschaften war auch die Lufthansa Mitglied in der IATA, dem internationalen Dachverband, und damit dessen strengen Tarifbestimmungen unterworfen. Nur Chartergesellschaften gehörten nicht dem IATA-Kartell an; sie waren frei in ihrer Preisgestaltung und flogen nach Bedarf.

Der Norddeutsche Lloyd, die Hapag und die Deutsche Dampfschiffahrtsgesellschaft Hansa faßten nun gemeinsam den Entschluß, eine solche Chartergesellschaft zu gründen. Als Bongers davon hörte, griff er den Plan sofort auf und erweiterte ihn. Aus der Tourismusbranche wußte man, daß viele Deutsche, die Ferien in Rimini und Mallorca machten, auf günstige Angebote der Fluggesellschaften warteten. Bongers schlug vor, Frachttransport und Ferienverkehr einer einzigen Bedarfsfluggesellschaft zu übertragen. Das wiederum rief die Bundesbahn auf den Plan, deren 1948 gegründetes Reiseunternehmen Touropa die Konkurrenz einer Chartergesellschaft fürchtete. Es gelang Bongers, die Bahn mit ins Boot zu nehmen. Am 23. Dezember 1955 kam es zur Gründung der Bedarfsfluggesellschaft Deutsche Flugdienst GmbH mit Sitz in Frankfurt.

Erster Geschäftsführer der Flugdienst wurde Hermann Wolf, der Hauptgeschäftsführer des gemeinsamen Reisebüros von Hapag und Lloyd, die als Schiffahrtsgesellschaften damals noch selbständig waren. Sie hatten auf einem Mann ihrer Wahl bestanden. Dabei beriefen sie sich nicht nur auf ihre traditionellen Erfahrungen im Frachttransport, sondern auch darauf, daß sie einen Großteil der Aufträge selbst erteilen würden. Aufgrund der hohen Heuer war es für die Schiffahrtsgesellschaften bei langen Löschzeiten in fremden Häfen günstiger, die Schiffsmannschaft zwischenzeitlich nach Hause zu fliegen. Für diese Flüge wollten Hapag und Lloyd die Flugdienst in Anspruch nehmen.

Hermann Wolf verbrannte sich jedoch fast täglich die Finger, und für Bongers war klar, daß er sobald wie möglich ausgetauscht werden mußte. Bei einem Abendessen im Winter 1956/57 überzeugte er Richard Bertram vom Norddeutschen Lloyd und Werner Traber von der Hapag, daß der einzig richtige Mann für diesen Posten der Leiter der verkehrspolitischen Abteilung der Lufthansa sei. So wurde ich im Sommer 1957 alleiniger Geschäftsführer der Deutschen Flugdienst.

Mit dem Umzug von Köln nach Frankfurt begann für mich eine Zeit der besonderen Herausforderungen. Mit dreißig Jahren stand ich nun direkt in der Verantwortung, und der Erfolgsdruck war enorm. Zu nachtschlafender Zeit fuhr ich hinaus zum Flughafen, um mit den Mechanikern und Piloten den Früheinsatz zu besprechen. Meine Frau hatte Freude daran, mich gelegentlich zum Hangar zu begleiten. Das Büro war in einer Baracke am Rand des Flughafens untergebracht, und aus dem Fenster konnte ich einen Blick auf die traurigen zweimotorigen Vickers Viking der Flugdienst werfen. Es handelte sich um umgerüstete englische Bomber aus dem Zweiten Weltkrieg, nicht gerade das ideale Fluggerät für ein aufstrebendes Unternehmen.

Mehr Kopfzerbrechen aber bereitete mir die Konkurrenz. Allerorten schossen damals die Chartergesellschaften aus dem Boden, so mancher witterte das schnelle Geschäft. Alte Kriegsmaschinen waren billig zu haben, und auch an Piloten fehlte es nicht. Nur der Treibstoff war teuer, und so konnte es vorkommen, daß der eine oder andere Billigflieger am Morgen einen Flug stornieren mußte, weil er das Flugbenzin nicht zahlen konnte. Ende 1957 stürzte eine DC 4 des Charterunternehmens Herfurtner, die kein Benzin mehr im Tank hatte, über Düsseldorf ab.

Das Thema Sicherheit spielt in einem Verkehrsunternehmen eine zentrale Rolle. Unter Aspekten der Wirtschaftlichkeit kann es jedoch zu Interessenkonflikten kommen. Bongers bekam das Problem in den Griff, weil er ein Mann der Lufthansa war und die Prioritäten des Hauses kannte. Bei der Privatisierung der Bahn in den neunziger Jahren ist es aufgrund mangelnden Sachverstands erkennbar nicht gelungen, Wirtschaftlichkeit und Sicherheit in einer für das Unternehmen förderlichen Weise zu kombinieren.

Große Aufregung entstand, als 1958 eine neue Chartergesellschaft am Flughimmel auftauchte, die den Namen Condor trug. Condor war vor dem Krieg der Name der brasilianischen Tochtergesellschaft der Luft Hansa gewesen, und in Köln hatte man es verschlafen, den Namen schützen zu lassen. Jetzt gehörte er der Schiffahrtsgesellschaft Hamburg Süd, die Teil der Oetker-Gruppe war. Da die Hamburg Süd nicht zu den Gesellschaftern der Flugdienst zählte, hatte sie ihr eigenes Charterunternehmen gegründet. Es drohte ein fürchterlicher Konkurrenzkampf. In Abstimmung mit Bongers setzte ich alles daran, den Namen Condor auf dem Verhandlungsweg zurückzugewinnen.

Am Ende stand eine völlige Neuordnung des Charterbetriebs der Lufthansa. Die Schiffahrtsgesellschaften schieden als Gesellschafter aus, die Lufthansa übernahm sämtliche Anteile der Flugdienst GmbH und kaufte dem Oetker-Konzern die Condor ab. Neben sechs neuen Maschinen des Typs Convair erwarb sie damit vor allem den Namen ihrer einstigen Tochter, und unter diesem Namen flog das Unternehmen dann goldenen Zeiten entgegen.

Die schwierige Phase der Konsolidierung war überschattet von einem Unglück, das mich persönlich traf. Hans Bongers, der mir trotz meines jugendlichen Alters den Posten bei der Flugdienst zugetraut hatte, wurde bei einem Autounfall so schwer verletzt, daß er seine Geschäfte nicht wieder aufnehmen konnte. In der Kölner Lufthansa-Zentrale hatte ich von diesem Tag an einen vertrauten Ansprechpartner weniger.

Richard Bertram, der Vorstandsvorsitzende des Norddeutschen Lloyd, muß dies gespürt haben. Und er hatte sehr genau meine Verhandlungen mit der Oetker-Gruppe über die Rückführung der Condor verfolgt. Im Frühjahr 1959 jedenfalls machte er mir das Angebot, in den Vorstand des Norddeutschen Lloyd einzutreten. Ich sollte den gesamten internationalen Verkehrsbetrieb des Lloyd, Fracht und Passage, auf Wirtschaftlichkeit und Qualität durchforsten. Das bedeutete, auf den Schiffen des Lloyd über die Meere zu fahren und in den Häfen der Welt Erkundigungen einzuziehen. Nach drei Jahren als Vorstandsmitglied mit besonderen Aufgaben sollte ich, so die Planung Bertrams, die Reedereiabteilung von ihm übernehmen und dann, nach einem Jahr gemeinsamen Übergangs, sein Nachfolger werden.

Zu Hause hatte ich Frau und drei Kinder. Ich hatte bereits einiges gesehen von der Welt, vielleicht ein bißchen ungeordnet, aber doch genug, um zu wissen, daß Bremen für Nichthanseaten prekär war. Die alteingesessenen Familien gaben sich gegenüber Zugereisten noch zugeknöpfter als die Hamburger; sie machten ihr Geschäft seit Generationen mit Kaffee und Rotwein. Zugegeben, die internationale Seefahrt hatte viel Allüre. Die Offiziere schritten mit wehendem weißem Schal auf leuchtend blauer Uniform über die Kais und sahen allesamt aus wie Curd Jürgens. Auch gab es diesen Schuß Jagdfliegermentalität, der mich an die Wochenschauberichte über Udet und Mölders erinnerte. Aber alles in allem schien mir das elitäre Gehabe doch sehr aufgesetzt. Bremer Kaffeeröster, Jagdflieger, Seereisen – war das meine Zukunft, die Zukunft meiner Kinder?

Karriere hat ihren Preis, heißt es. Ich war jedoch nicht bereit, um des beruflichen Fortkommens willen mein Leben und das meiner Familie solchen Unwägbarkeiten auszusetzen. In einer von Natur unsolidarischen Gesellschaft stellt die Familie den einzigen Verbund dar, in dem Solidarität eine Chance hat. Ich habe mich deshalb immer bemüht, in Übereinstimmung mit den Interessen der Familie zu handeln. 1954 waren meine Frau und ich nach Köln gegangen, weil wir etwas von der Welt sehen wollten. Eigentlich hätte der Job bei der Lufthansa ein vorübergehendes Engagement sein sollen. Nun war daraus eine Karriere geworden. Ich war gerade 32 Jahre alt, als man mir einen Vorstandsposten in einem Traditionsunternehmen der deutschen Hochseeschiffahrt anbot.

Womöglich war es in jenen Gründerjahren einfacher als heute, Karriere zu machen. Was Alter und Ausbildung anging, gab es weniger Barrieren, die Hierarchie innerhalb der gewerblichen Wirtschaft war nicht so starr. Lediglich der Bundesrechnungshof hat 1955 moniert, daß einem so jungen Mann die Verantwortung für die Flugdienst übertragen wurde. Die Chancen für meine Generation standen wohl auch deshalb gut, weil die Jahrgänge, die eigentlich an der Reihe gewesen wären, beim Wiederaufbau das Steuer in die Hand zu nehmen, durch den Krieg stark dezimiert worden waren. Hinzu kam, daß es infolge des verlorenen Krieges keinerlei überkommene Privilegien gab. Niemand hätte es gewagt, sich etwa auf Privilegien aus der Zeit des Dritten Reichs zu berufen. Nur wer den Nachweis eigener herausragender Leistungen erbringen konnte, wurde ernst genommen. Um so mehr hat es mich irritiert, daß sich schon bald nach Gründung der Bundesrepublik eine selbsternannte Elite herauszubilden begann, die keinerlei Verdienste vorzuweisen hatte: die Elite des richtigen Parteibuchs.

Nachdem mir Hans Bongers zu einem geglückten Start verholfen hatte, entwickelte ich einen natürlichen Ehrgeiz, die mir gebotene Chance auch für mein weiteres Fortkommen zu nutzen. Ich halte Ehrgeiz so lange für legitim, als er allgemein bleibt. Der Wunsch, in seinem Leben etwas zu erreichen, scheint mir eine gesunde Regung. Sobald der Ehrgeiz jedoch konkret wird und sich darauf richtet, innerhalb einer bestimmten Zeit eine bestimmte Position zu erreichen, kann er zerstörerisch wirken. Der Karrierist fängt alsbald an, eine Schleimspur zu hinterlassen. Der Antrieb, eine Sache um ihrer selbst willen gut zu machen und sich dadurch zu beweisen, reicht vollkommen aus. Die konkreten Herausforderungen stellen sich dann von selbst ein. Allerdings sollte man dafür sorgen, so nah an den Entscheidungsträgern dran zu sein, daß sie über einen stolpern müssen. Das habe ich mir immer zugetraut.

Ich stamme aus einer preußischen Familie, und von den Tugenden, die den Preußen zugeschrieben werden, würde ich für mich in Anspruch nehmen wollen: Verläßlichkeit, Standhaftigkeit, Prinzipientreue. Opportunismus jedenfalls ist mir fremd.

Auf die Frage, ob mir mein Name geholfen hat, wüßte ich keine eindeutige Antwort zu geben. Sicher ist er nicht ohne Bedeutung, und jeder, der einen bekannten Namen trägt, muß darauf eingestellt sein, daß sein jeweiliges Gegenüber bestimmte Vorstellungen damit verbindet. Auf zwei berühmte Träger meines Namens wurde ich regelmäßig angesprochen – auf den Generalfeldmarschall Walther und den Rennfahrer Manfred. Manchmal glaubte ich fast eine gewisse Enttäuschung zu verspüren, wenn ich antworten mußte, das seien Onkel und Vetter.

Abgesehen von denen, die dem Adel generell skeptisch gegenüberstehen, weil sie eine falsche Vorstellung von dessen Rolle in der Geschichte mitbringen, ist die Mehrheit wohl der Auffassung, daß der Name so gut oder so schlecht ist wie sein Träger. Bei der Brautwerbung war mir mein Name eher hinderlich, weil meine Frau, die aus dem selbstbewußten norddeutschen Bürgertum stammt, gewarnt wurde, sich mit einem Adeligen einzulassen. Im Hinblick auf meine berufliche Laufbahn will ich nicht ausschließen, daß es den einen oder anderen gegeben hat, der sich durch den Umgang mit mir und durch meinen Namen geschmückt hat.

Insgesamt habe ich die Beobachtung gemacht, daß Adelige dort überproportional vertreten sind, wo man sich von dem Namen an sich etwas verspricht, im Vetriebsbereich etwa oder bei reinen Repräsentationsaufgaben. Um auf den Chefsessel zu gelangen, genügt ein Adelstitel allein sicher nicht. Auch hält die Wirkung, die von ihm ausgeht, in der Regel nicht lange an. Früher mag das anders gewesen sein. Weil aber die Bedeutung des Adels insgesamt nachgelassen hat und er sich und seine historischen Verdienste zu wenig präsentiert, zählt auch hier nur der individuelle Erfolg. Überzeugt die eigene Leistung, sind Aversion und Mißtrauen bald verschwunden, so wie im gegenteiligen Fall der Kredit schnell verspielt ist.

Mindestens die gleiche Rolle, die der Name spielt, spielen Körpergröße und Auftreten. Ein Zwei-Meter-Mann mit zwei Zentnern kann auch Müller heißen. Allein aufgrund seiner Statur wird er möglicherweise die gesammelte Aufmerksamkeit aller auf sich ziehen und jeden zum Verstummen bringen, sobald er einen Raum betritt. Ich kenne Leute, die das auch von mir behaupten. Schon früh gab mir ein wohlmeinender älterer Freund deshalb den Rat, nach Betreten eines Raumes schnell die Tür freizugeben.

Die Anwesenden bekämen sonst leicht das Gefühl, den Raum nicht mehr verlassen zu können. Wäre ich einen Kopf kleiner, wäre manches vielleicht auch einfacher gewesen.

Ich war lange Zeit unschlüssig, ob ich das Angebot des Norddeutschen Lloyd annehmen sollte. Die Aufstiegschancen waren verlockend, andererseits eröffnete auch die Fusion der Flugdienst mit der Condor vielfältige unternehmerische Möglichkeiten. Immer wieder wogen meine Frau und ich die Vor- und Nachteile. Da erreichte mich der Anruf eines Freundes aus den Tagen der Kindheit und Jugend: Ob ich nicht Lust hätte, als sein persönlicher Mitarbeiter in die Leitung des väterlichen Unternehmens einzusteigen?

Der Anrufer war Friedrich Karl Flick.

Das Haus Flick

Meine Mutter, die aus einer alten Berliner Hugenottenfamilie stammte, de la Barre, war gut befreundet gewesen mit Marie Flick, der Mutter von Friedrich Karl. Die beiden spielten leidenschaftlich gern Bridge und trafen sich regelmäßig, meist in unserer Wohnung am Lauenburger Platz in Berlin-Steglitz. Auch mein Vater nahm gelegentlich, wenn seine Zeit es zuließ, an diesen Bridge-Runden teil, obwohl er einen ordentlichen Skat bevorzugte.

In den Gesprächen zwischen Marie Flick und meiner Mutter dürfte die Erziehung von Friedrich Karl und mir ein vielfach erörtertes Thema gewesen sein. Friedrich Karl war der jüngste der drei Flick-Söhne, und ich genoß als Nesthäkchen gegenüber meinen beiden älteren Schwestern die natürlichen Vorteile, die eine solche Konstellation wohl zu allen Zeiten mit sich bringt. Da ältere Schwestern sich auf ihre Weise an dem Kleinen zu rächen wissen, ist die Bilanz am Ende meist ausgeglichen. Meine Schwestern zum Beispiel profitierten davon, daß mein Vater den Grundsatz vertrat und in meine Erziehung eingebracht hatte: »Frauen schlägt man nicht.« Also verhauten sie mich nach Kräften, ohne Gegenwehr befürchten zu müssen.

Friedrich Karl und ich sind gleichaltrig, wir liegen nur drei Monate auseinander. Meine ersten Erinnerungen an ihn verbinden sich mit gemeinsamen Geburtstagsfeiern Anfang der dreißiger Jahre. Die Flicks gehörten zu den Villenbesitzern im vornehmen Grunewald, und zwei Dinge machten mir als Kind ganz besonderen Eindruck: das Schwimmbad im Garten und der wunderbar gepflegte Kiesweg, der innerhalb des Zauns rund um das gesamte Grundstück lief. Diesen herrlichen Spazierweg des Vaters nutzten Friedrich Karl und ich als Fahrradrennstrecke und fühlten uns dabei wie im Stadion.

Die Unterschiede zwischen einer Grunewaldvilla und einer großbürgerlichen Mietwohnung in Steglitz waren in der Wahrnehmung des Kindes ansonsten nicht bedeutsam. Man zählte weder die Zimmer noch das Personal, und daß es für einen so großen Garten einen Gärtner geben mußte, war doch klar. Niemals jedoch hätte es Vater Flick zugelassen, daß sein Sohn vom Chauffeur in die Schule gebracht wurde; wie alle anderen radelte Friedrich Karl ins Grunewaldgymnasium. Sozialneid, wie er heute schnell entsteht, wenn Kinder auf dem Schulhof die Marken ihrer Sportschuhe vergleichen, war uns fremd.

Ende der zwanziger Jahre hatte Friedrich Flick sein persönliches Büro von Düsseldorf, dem Sitz des Unternehmens, in die Hauptstadt verlegt. Er wußte, daß es für einen Mann wie ihn wichtig war, den Finger am Puls der Zeit zu haben und sich dort zu etablieren, wo sich die Vorstände der Banken und Versicherungen, der großen Unternehmen und nicht zuletzt die Regierungsvertreter zum Frühstück verabredeten. Zweifellos zählte er damals schon zu den wohlhabendsten Männern des Landes. Ich habe jedoch nie erlebt, auch in späteren Jahren nicht, daß Flick über die Frage nachgedacht, geschweige denn geredet hätte, wieviel Vermögen er hat, wie groß sein Besitz ist. Dank seiner Stellung im Siegerland und im oberschlesischen Revier, über Beteiligungen an verschiedenen mitteldeutschen Industriewerken, vor allem aber über seine Beteiligung an der Rhein-Elbe-Union, die ihm einen Sitz im Aufsichtsrat der Vereinigten Stahlwerke sicherte, hatte er in den zwanziger Jahren eine bedeutende Montangruppe aufgebaut, die sämtliche Bereiche von der Rohstofförderung bis zur Verarbeitung umfaßte. In den späten dreißiger Jahren zählte die Flick-Gruppe zu den größten Stahlproduzenten in Deutschland.

Anfang 1943 erzählte Marie Flick meiner Mutter, daß sie entschieden habe, Friedrich Karl wegen der zunehmenden Bombenangriffe auf Berlin nach Bad Tölz zu schicken. Es sei sein Wunsch, daß ich ihn dorthin begleite, ob meine Mutter einverstanden sei. Nun war ich erst Ende Sommer 1941 aus der einjährigen Kinderlandverschickung in Kärnten zurückgekehrt, und meine Mutter war glücklich, mich wieder um sich zu haben. Mit meinen stolzen sechzehn Jahren fühlte ich mich der mütterlichen Obhut allerdings längst entwachsen. Da mein Vater als Seeoffizier des Ersten Weltkriegs reaktiviert worden war und in einer Hilfseinheit der rumänischen Armee Dienst am Schwarzen Meer tat, stimmte meine Mutter erst nach langem Zögern zu, daß ich mit Friedrich Karl nach Bad Tölz gehen dürfe.

Flicks hatten in der Nähe von Bad Tölz ein Landgut, Hof Sauersberg. Wenn wir morgens zur Haltestelle an der Landstraße von Walchensee nach Bad Tölz liefen, erreichten wir den Bus meist in allerletzter Minute. Kurz vor der Post stiegen wir aus. Das Tölzer Gymnasium war eine gemischte Schule, was für Friedrich Karl und mich eine Reihe neuer, bis dahin unbekannter Aufregungen brachte. Vorsorglich hatte man uns der Aufsicht einer älteren Hausdame unterstellt.

Die Eltern von Friedrich Karl besuchten uns häufig, und wenn sie länger blieben, kam es vor, daß der Vater sein Sekretariat mitbrachte, um zu arbeiten. In dieser Zeit lernte ich ihn ein wenig kennen. Bei den Mahlzeiten, die wir gemeinsam einnahmen, fragte er mich, was es Neues von den Eltern gebe, und hin und wieder durfte ich nach Berlin telefonieren. Als ich ihm am 24. August 1943 berichtete, daß meine Mutter in der Nacht ausgebombt worden war, ließ er mich mit dem Wagen, der bereits auf Holzkohle fuhr, nach München bringen, damit ich den Nachtzug nach Berlin erreichte.

Mein Elternhaus am Lauenburger Platz habe ich nicht mehr gesehen, es war dem Erdboden gleichgemacht. Das Haus hatte von oben und unten gleichzeitig gebrannt, und nur über den Balkon war es möglich gewesen, ein paar Habseligkeiten aus der Wohnung im ersten Stock zu retten. Eine Schwester meiner Mutter, die in der Nähe von Berlin verheiratet war, hatte am nächsten Tag geholfen, alles mit einem Handkarren nach Hoppegarten zu fahren. Während meine Mutter gern das Familiensilber in Sicherheit gebracht hätte, das sie vorsorglich verpackt und im Keller deponiert hatte, zog es meine Schwester vor, die Speisekammertür aufzubrechen und die Preziosen der Kriegsbewirtschaftung über den Balkon nach unten zu befördern. Das Eingemachte und die Schinken schienen ihr mit Recht wertvoller als Möbel und Teppiche. Da der Keller nach dem Krieg einfach zubetoniert wurde, dürfte das Silber, falls es in der Hitze der Brandbomben nicht eingeschmolzen ist, noch heute am Lauenburger Platz liegen – unter den Fundamenten einer Garage.

Im Herbst 1943 wurde ich zur Heimatflak nach München einberufen. Als ich mich von Friedrich Flick verabschiedete, gab er mir ein paar väterliche Ratschläge mit auf den Weg und zog dann aus seiner Brieftasche einen Hundertmarkschein hervor: »Steck den ganz tief weg, für den Notfall.« Ich hatte bis dahin noch nie einen Hundertmarkschein in der Hand gehabt, es war für einen Sechzehnjährigen in den damaligen Verhältnissen eine Menge Geld.

Nach dem Krieg hörte ich den Namen Flick zum ersten Mal in Kommilitonenkreisen im Zusammenhang mit den Enteignungen der Grundstoffindustrie in Sachsen und Thüringen. Als Flick im März 1946 von den Amerikanern verhaftet und in Nürnberg auf die Anklagebank gesetzt wurde, galten er und Alfried Krupp, der ebenfalls vor dem Internationalen Militärgerichtshof angeklagt wurde, vielen im Lande auch jenseits marxistischer Agitation als Inbegriff jener angeblich skrupellosen »Industriebarone«, die an Hitlers furchtbarem Krieg auch noch verdient hatten.

Zusammen mit fünf leitenden Angestellten seines Unternehmens – darunter Otto Steinbrinck, der als Absolvent der Marineschule in Flensburg ein Crewkamerad meines Vaters gewesen war – hatte Friedrich Flick Rechenschaft abzulegen über die

Tätigkeit seiner Unternehmungen im Dritten Reich. Er war sich von Anfang an darüber im klaren, daß er stellvertretend für die deutsche Wirtschaft in Nürnberg angeklagt war. Die Alliierten hätten ebensogut einen anderen nehmen können. Von der IG Farben abgesehen, wurden die meisten Unternehmen an Rhein und Ruhr nicht belangt, und da die Alliierten auf die Kontinuität der Unternehmensführung setzten, hüteten sie sich in aller Regel auch, die Konzernspitzen auszutauschen.

Im Dezember 1947 wurde Flick verurteilt. Obwohl er in wesentlichen Punkten der Anklage für nicht schuldig befunden wurde, erhielt er sieben Jahre Haft. Sein Stolz hätte es niemals zugelassen, sich hierüber öffentlich zu verbreiten. Seine Empörung brachte er dadurch zum Ausdruck, daß er es stets ablehnte, ein Visum für die Vereinigten Staaten zu beantragen, obwohl er in den fünfziger und sechziger Jahren zahlreiche Geschäftsverbindungen in die USA hatte und auch sein jüngster Sohn viele Jahre dort verbrachte. Andererseits war er nicht der Typ, den der Groll über die Amerikaner zu einem verbitterten alten Mann gemacht hätte. Friedrich Flick wußte die Dinge zu trennen. Er war eben ein Siegerländer, wie er im Buche steht: kantig, knorrig, holzgeschnitzt, aber ungeheuer verläßlich.

Im August 1950 wurde Flick vorzeitig aus der Haftanstalt Landsberg entlassen. Schon wenige Tage später saß er in einem kleinen Büro, das sein Vetter Konrad Kaletsch, der Generalbevollmächtigte des Hauses, der in Nürnberg freigesprochen worden war, in der Düsseldorfer Schadowstraße angemietet hatte. Durch Krieg und Kriegsfolgen waren etwa zwei Drittel der Flickschen Unternehmenssubstanz verlorengegangen. Im Bereich der Hütten-, Stahl- und Walzwerke lag der Verlust durch Demontage und aufgrund der Enteignungen in der sowjetischen Besatzungszone bei etwa achtzig Prozent der früheren Kapazitäten. Auch die Braunkohlebergwerke und Brikettfabriken sowie die Unternehmen der verarbeitenden Industrie hatten einen enormen Aderlaß hinter sich.

Aufgrund des von der Alliierten Hohen Kommission im Mai 1950 erlassenen Gesetzes zur Entflechtung der deutschen Montanindustrie, in dem festgelegt worden war, daß Kohle und Stahl nicht in einer Hand sein durften, mußten Anfang der fünfziger Jahre weitere große Teile des Unternehmens verkauft werden. Flick trennte sich von der Harpener Bergbau AG und den Essener Steinkohlebergwerken, konnte dafür aber seine Anteile am Hochofenwerk Lübeck und an der bayerischen Maximilianhütte halten.

Die aus den Verkäufen frei werdenden Geldmittel beliefen sich 1954 auf etwa 280 Millionen DM. Sie bildeten die Grundlage für Friedrich Flicks Wiederaufbauwerk. Binnen kurzer Zeit schaffte er, was keinem anderen vor ihm oder nach ihm gelang: Er war nicht nur einer der letzten aus der alten Generation großer Unternehmerpersönlichkeiten, die ein eigenes Industrieimperium aufgebaut hatten, er war auch der einzige, der dieses Werk ein zweites Mal vollbrachte. Als er aus Landsberg entlassen wurde, war er immerhin 67 Jahre alt.

In Wirtschaftskreisen ebenso wie in der Öffentlichkeit wurde immer wieder darüber spekuliert, was am Ende wohl das entscheidende Kriterium für diesen enormen Erfolg gewesen sein mag. Ich will gern mein Teil beitragen, soweit ich aus eigener Erfahrung dazu in der Lage bin, dieses Geheimnis zu enträtseln. Es ist sicher richtig, auf die strategische Weitsicht Friedrich Flicks zu verweisen oder auch seinen unternehmerischen Instinkt hervorzuheben, aber was heißt das?

Konfrontiert mit den Bestimmungen der Siegermächte, daß die deutsche Montanindustrie zu zerschlagen sei, stand Flick vor der Frage, auf welche Säule er setzen sollte: auf die Grundstoffindustrie, also Bergbau und Kohle, oder auf die verarbeitende Industrie, in erster Linie also den Stahl. Flick entschied sich für das Stahlgeschäft, nicht nur, weil er von Haus aus und mit ganzem Herzen Eisenhüttenmann war – es war immer sein Ehrgeiz gewesen, einen Hochofen besser zu fahren als jeder andere –, sondern weil er erkannte, daß der verarbeitenden Industrie in Deutschland die Zukunft gehörte. Er wußte – und die Europäisierung der Kohle im Rahmen der Montanunion hat dies schon wenige Jahre später vollauf bestätigt –, daß die Grundstoffindustrie auf Dauer nicht autark würde bleiben können. Bildete das Erz im eigenen Land auch über Jahrzehnte die Grundlage der deutschen Volkswirtschaft, so war doch absehbar, daß die schon bald nach dem Krieg einsetzende Internationalisierung des Handels eine Verschärfung des Wettbewerbs für den deutschen Bergbau und die heimische Kohle bringen würde.

Friedrich Flick war ein Pragmatiker, er hat nie aus Prinzip an einer Sache festgehalten. Wenn er es für zweckmäßig hielt, ein Unternehmen anders zu strukturieren, weil der Markt es erforderte, tat er das. Anfang der fünfziger Jahre mußte er sich freilich nicht nur mit der Zukunft einzelner Unternehmen beschäftigen, sondern seine gesamten Aktivitäten neu strukturieren. Jeder einzelnen Entscheidung gingen lange Prozesse des Nachdenkens voraus – Flick war in allem äußerst sorgfältig –, und zehn Jahre später, zur Zeit meines Eintritts in die Firma, hatte die Gruppe etwa 120 Gesellschaften konsolidiert in der Bilanz. Vor dem Hintergrund der gewaltigen Verluste, die Flick 1945 zu verzeichnen gehabt hatte, eine zweifellos gigantische Aufbauleistung.

In den sechziger Jahren stützte sich der Konzern im wesentlichen auf drei Säulen: Papier- und Kunststoffherstellung, Metallverarbeitung und Fahrzeugbau. Die Flick-Gruppe hielt 100 Prozent an dem Papierkonzern Feldmühle, der auf dem Sektor des maschinengestrichenen oder Magazinpapiers bis Mitte der siebziger Jahre einen Marktanteil von mehr als 50 Prozent eroberte. Über die Feldmühle war Flick mit 84 Prozent am Kunststoffkonzern Dynamit Nobel beteiligt.

Der spannende Kampf um die vollständige Übernahme der Feldmühle und damit auch von Dynamit Nobel fiel in die Zeit meines Eintritts in den Konzern. Hier erfuhr ich zum ersten Mal, welchen Einfluß Politik und Gesetzgebung auf Entscheidungen der Privatwirtschaft haben. Seine Anteile an der Feldmühle hatte Flick Ende der fünfziger Jahre – etwa zeitgleich mit dem Erwerb seiner Anteile an Dynamit Nobel von dem Schweizer Emil G. Bührle – zum größten Teil von dem Düsseldorfer Holzkaufmann Hermann D. Krages übernommen. Angesichts der Größenordnung dieser Investition drängte Flick im Interesse des Unternehmens und seiner Mitarbeiter darauf, die Gesellschaft vollständig in seinen Besitz zu bringen, um frei und unabhängig von Mitgesellschaftern die Entscheidungswege verkürzen zu können. Dazu machte er Gebrauch vom sogenannten Umwandlungssteuergesetz, das es ermöglicht, Splitterbesitz aufzulösen und eine Aktiengesellschaft auf den Hauptgesellschafter umzuwandeln.

Krages, der seine restlichen Anteile um keinen Preis abgeben wollte, hatte sich vor dem Oberlandesgericht Düsseldorf vergeblich gegen eine Umwandlung zur Wehr gesetzt. Als jedoch die Eintragung im Handelsregister erfolgen sollte, meinte der zuständige Richter am Amtsgericht, seiner Meinung nach verstoße das Umwandlungssteuergesetz gegen die Verfassung, und schaltete das Bundesverfassungsgericht in Karlsruhe ein. Die Prüfung nahm nahezu zwei Jahre in Anspruch. Während dieser Zeit mußten wir beide Unternehmen, die Feldmühle und Dynamit Nobel, mit alternativen Bilanzen führen. Jeder Leser, der ein wenig von Buchhaltung versteht, wird ermessen können, was das bei Unternehmen dieser Größenordnung bedeutet.

Einem Außenstehenden mag das Umwandlungssteuergesetz auf den ersten Blick ungerecht erscheinen. Aber zum einen mußte der Hauptgesellschafter, der eine solche Umwandlung beantragte, nach damaliger Gesetzeslage mindestens neunzig Prozent der Aktien des Unternehmens in seinem Besitz haben, zum andern haben Kleinaktionäre die Möglichkeit, über ein Spruchstellenverfahren eine deutlich über dem Börsenwert liegende Bewertung ihrer Aktien zu erzielen. Im übrigen muß jeder Kleinaktionär eines Unternehmens wissen – und ich sage dies bewußt auch im Hinblick auf die seit einigen Jahren zu beobachtende

Selbstüberschätzung vieler sogenannter kritischer Aktionäre –, daß er niemals die gleichen Rechte haben wird wie die Hauptgesellschafter. Wer glaubt, daß er Einfluß auf die Gestaltung der Unternehmensführung ausüben könne, nur weil er ein paar Aktien besitzt, hat schlechte Ratgeber. Da ist es weit besser, auf die Großaktionäre zu setzen und darauf zu vertrauen, daß sie es schon richten. Der Berliner Bankier Fürstenberg soll Kleinaktionäre dumm und frech genannt haben: dumm, weil sie Aktien kaufen, und frech, weil sie auch noch Dividende haben wollen.

Die zweite Säule des Konzerns war die Metallverarbeitung. Aus seinem Altbesitz brachte Friedrich Flick die Maximilianhütte und das Hochofenwerk Lübeck ein, und er hielt eine fünfundneunzigprozentige Beteiligung an der Buderus-Gruppe, zu der ebenfalls einige Metallhütten gehörten sowie der Lokomotivenbauer Krauss-Maffei. Bei der Übernahme der Buderus-Gruppe von der Commerzbank waren einige Probleme aufgetaucht, die Wirtschaft und Politik damals ziemlich schnell und einvernehmlich regelten. An solchen vertrauensvollen und im gegenseitigen Interesse liegenden Lösungen habe ich mich im Verlauf meiner Tätigkeit für den Konzern immer wieder orientiert.

Aufgrund der hessischen Landesverfassung, die bestimmte, daß die Grundstoffindustrie im »Besitz des Volkes« sein müsse, hatte Flick Anfang der fünfziger Jahre die hessischen Berg- und Hüttenwerke Wetzlar von Buderus abtrennen und an das Land Hessen verkaufen müssen. Diese Trennung erwies sich für beide als ausgesprochen nachteilig, nicht zuletzt im Hinblick auf die Erhaltung der Arbeitsplätze, und so wurde 1965 mit verfassungsändernder Mehrheit des Hessischen Landtags und unter tätiger Mithilfe des sozialdemokratischen Ministerpräsidenten Zinn entschieden, daß Flick die Hüttenwerke zurückkaufen durfte. Ähnlich verlief es übrigens auch bei der Maxhütte.

Das für das Land Hessen viel gravierendere Problem aber bestand darin, daß nach dem Abschluß der Umwandlung der Buderus-Gruppe auf den Hauptgesellschafter Flick die körperschaftsteuerliche Selbständigkeit von Buderus de facto beendet war. Die Steuern der Gruppe wären von da an nicht mehr am Sitz des Unternehmens in Wetzlar, also in Hessen gezahlt worden, sondern über die Flick-Spitze in Nordrhein-Westfalen, was für den hessischen Finanzminister einen hohen jährlichen Ausfall bedeutet hätte. Da Hessen uns beim Rückkauf der Hüttenwerke entgegenkam, kamen wir den Interessen der Regierung in Wiesbaden entgegen und gründeten die HGI, die Hessische Gesellschaft für industrielle Unternehmungen Friedrich Flick GmbH mit Sitz in Wetzlar als Zwischenholding. Es wäre unser gutes Recht gewesen, den Konzern ausschließlich nach konzerneigenen Kriterien zu organisieren; statt dessen haben wir die traditionell guten Beziehungen des Hauses zur Politik auch in diesem Fall gepflegt.

Wenn ich hier und an anderen Stellen von »wir« spreche, meine ich die »Friedrich Flick Industrieverwaltung Kommanditgesellschaft auf Aktien«, die bis Ende der siebziger Jahre »Verwaltungsgesellschaft für industrielle Unternehmungen Friedrich Flick GmbH« hieß, abgekürzt VG. In dieser Holding wurden sämtliche unternehmerischen Entscheidungen getroffen. Zum engsten Führungszirkel gehörten neben Friedrich Flick und seinen beiden Söhnen sowie Konrad Kaletsch während der sechziger Jahre als persönlich haftende geschäftsführende Gesellschafter Wolfgang Pohle, Otto A. Friedrich, der spätere Präsident der Bundesvereinigung der deutschen Arbeitgeberverbände (BdA), und ich. In der zweiten Phase meiner Tätigkeit für das Haus von 1973 an zählte Günter Max Paefgen zu den persönlich Haftenden. Gegen Ende traten Hanns Arnt Vogels und Klaus Götte in den Kreis der Gesellschafter; der eine wurde anschließend Vorstandsvorsitzender von MBB, der andere übernahm 1983 den MAN-Vorstand. Bei weitreichenden Entscheidungen wurden die jeweiligen Spezialisten hinzugezogen, etwa der Hausjurist oder der Steuerexperte.

Im Fahrzeugbereich besaß Flick einen vierzigprozentigen Anteil an der Daimer-Benz AG und war damit, vor der Deutschen Bank und Herbert Quandt, die Nummer eins beim führenden deutschen Automobilkonzern. Die Beteiligung war in der zweiten Hälfte der fünfziger Jahre zustande gekommen, zu einer Zeit, als das Nominalkapital von Daimler 72 Millionen DM betrug.

Bei seinen Investitionen hatte Flick nicht in erster Linie die Rendite im Blick. Ein Begriff wie Shareholder value war ihm völlig fremd. Nicht die Vorteile des Aktionärs, hohe Börsenkurse und Dividenden bestimmten in seinen Augen den Wert eines Unternehmens; das Börsenfieber war ihm im Grunde ein Greuel, weil überhitzte Kurse zugleich die Vermögensteuer nach oben trieben. Als Industrieller hat er langfristig gedacht und stets darauf geachtet, wie die einzelnen Konzernsäulen untereinander verflochten waren. So gehörten etwa im Stahlbereich auch einige wichtige Zulieferwerke der Automobilindustrie zum Konzern. Man könnte die Flick-Gruppe als eine diagonale Gruppierung bezeichnen, in der nicht nur produktverschiedene, sondern auch branchenverschiedene Unternehmen unter einer zielgerichteten industriellen Gesamtkonzeption zusammengefaßt waren. Manche Bereiche wurden dabei von mehreren Unternehmen der Gruppe abgedeckt. Die Wasser- und Abwassertechnik etwa wurde sowohl von Buderus als auch von Dynamit Nobel bedient; das eine Unternehmen lieferte klassischen Metallguß, das andere die neue Kunststofftechnik. Auf dem Markt standen die beiden in Konkurrenz zueinander.

Flicks Tüchtigkeit war es zu verdanken, daß jeder der drei großen Teilbereiche aus sich selbst heraus gewachsen ist, wobei Daimler aufgrund der Beteiligungsverhältnisse allerdings eine Sonderrolle zukam. Hier konnte Flick seine unternehmerischen Ziele nur mit Einschränkungen umsetzen, und auch die Rendite nach Abzug von Steuern entsprach bei weitem nicht der Höhe des bei Daimler gebundenen Kapitals, ein Umstand, der später mit zum Verkauf des Daimler-Pakets beitrug. Im übrigen strebte Flick wie alle Unternehmen nach Bilanzkontinuität. Ergebnisse wurden innerhalb des gesetzlichen Rahmens so dargestellt, daß nicht Zufälligkeiten zu Ausreißern führten. Auf diese Weise entzieht man sich auch der genauen Beobachtung durch die Konkurrenz.

Flick hat mit seinen Pfunden gewuchert, aber er hat nie aus der Sucht nach schierer Größe gehandelt, er reüssierte nicht durch Zukäufe. Es ist eine Mär, zu behaupten, Flick habe sich durch geschickte Börsenmanöver reichgekauft. Er war kein Pakethändler, sondern Unternehmer, und als solcher hat er unter seinem Dach Firmen zusammengefügt, von denen er glaubte, daß sie von ihrer Struktur zusammenpassen. Dabei mußte es sich nicht unbedingt um die gleiche Branche handeln. Andererseits hielt es Flick für gefährlich, sich auf Gebiete zu wagen, von denen keiner von uns etwas verstand – und das in einem durchaus handwerklichen Sinn. Wenn Flick hier und da zur Abrundung etwas zukaufte, dann stets im Rahmen der Kompetenz des Vorhandenen.

Was Friedrich Flick trieb, war der Ehrgeiz, mit den vorhandenen Unternehmen so erfolgreich wie möglich zu sein. Allein nach diesem Prinzip wuchs der Konzern, und einzelne Unternehmen wie die Feldmühle konnten ihren Umsatz verdrei- und vervierfachen. In der großen Baisse der siebziger Jahre war die Flick-Gruppe das einzige Großunternehmen in Nordrhein-Westfalen, das noch Körperschaftsteuer zahlte, was den sozialdemokratischen Finanzminister des Landes, Friedrich Halstenberg, zu der Feststellung veranlaßte, das Steuerverhalten des Konzerns sei stets mustergültig gewesen.

Vielleicht ist es angebracht, am Ende dieses Kapitels noch ein Wort über den Begriff Größe zu verlieren. Gewiß war Flick in der Bilanz eines der größten Industrieunternehmen der Bundesrepublik. Aber Größe ist ein relativer Wert. Die verschiedenen Unternehmen der Gruppe wurden von den jeweiligen Vorständen klassisch dezentral geführt, jede Form von Dirigismus oder Zentralismus widersprach der Philosophie des Hauses. Das Bild einer allgewaltigen Konzernzentrale in Düsseldorf, wo man frei nach Orwells »1984« nur auf einen Knopf drückte, um einen Blick in die Fabrikhallen in Flensburg oder Sulzbach-Rosenberg zu werfen, hatte mit der Wirklichkeit der Flickschen Unternehmensführung nicht das geringste zu tun. Mit der Veränderung der politischen Landschaft in Deutschland während der siebziger Jahre geriet das System Flick jedoch zunehmend ins Kreuzfeuer linker Kritik und wurde am Ende nicht zufällig zum Dreh- und Angelpunkt der sogenannten Parteispendenaffäre.

Das Streben nach schierer Größe war Friedrich Flick zeitlebens fremd gewesen. Niemals hätte er Zukäufe, Fusionen, strategische Allianzen als unternehmerisches Ziel gesehen. Es fällt mir deshalb auch nicht ganz leicht, die in letzter Zeit zu beobachtende globale Konzentration von Großunternehmen objektiv zu beurteilen. Ich bin nicht sicher, ob im Zusammenschluß multinationaler Konzerne wirklich eine befriedigende Lösung liegt. »Globalisierung« fängt an, zur scheinbaren Lösung für alle möglichen Probleme und damit zu einem Alibi zu werden.

Dabei ist zu beobachten, daß die vermeintliche Zauberformel »Globalisierung« von der gewerblichen Wirtschaft weniger häufig benutzt wird als von der Politik. Wenn es konjunkturell oder finanzpolitisch eng wird und Regierungsvertreter sich scheuen, der Bevölkerung unpopuläre Maßnahmen begreiflich zu machen, beschwören sie neuerdings die »Globalisierung«. An fernen Enden der Welt, so heißt es dann, werde über unser Schicksal entschieden, wir, die Deutschen, hätten auf die Entwicklungen in Südostasien oder Südamerika gar keinen Einfluß. Nur Erfolge werden grundsätzlich der deutschen Tüchtigkeit zugute geschrieben. Auf diese Weise gelingt es vielen Verantwortlichen, von Standortproblemen und hausgemachten Fehlern abzulenken. Weil Strukturmängel nicht als eigenes Versagen begriffen werden, ist es ungeheuer schwer, die politische Klasse dazu zu bewegen, ihre Position wenigstens zu überprüfen.

Im Grunde ist Globalisierung nichts anderes als die Fortschreibung der Internationaliserung, wie wir sie spätestens seit den sechziger Jahren kennen. Wer von Exporten abhängig ist, muß eben ab einer bestimmten Größe in den Ländern, in denen er verkauft, auch investieren. Beschleunigt wurde die Entwicklung allerdings nicht nur durch den grenzüberschreitenden Handel, sondern in den letzten Jahren zunehmend auch durch die Verkürzung der Informationswege.

Mit dieser gleichsam natürlichen Form der Globalisierung hat die in letzter Zeit zu beobachtende Fusionshysterie nicht das geringste zu tun. Für mich ist es fast eine Art Krankheit, die mit dem Hinweis auf die Erfordernisse des internationalen Wettbewerbs nur notdürftig kaschiert wird. Aber der Erfolg eines Unternehmens hängt nicht von seiner Größe ab, allein aufgrund dessen ist ein Unternehmen noch lange nicht erfolgreich. Über die optimale Größe eines Unternehmens wurden bereits in den Jugendjahren der Nationalökonomie verschiedene makroökonomische Theorien entwickelt. Jede Branche, jedes Marktsegment, jedes Produkt folgt hier eigenen Gesetzen. Wer heute argumentiert, in nächster Zukunft gäbe es weltweit höchstens noch ein Dutzend Automobilkonzerne, sollte sich einmal fragen, warum Porsche eine deutlich höhere Umsatzrendite erzielt als alle anderen deutschen Automobilbauer.

Das beinhaltet keine Kritik an einer betriebswirtschaftlich durchaus vernünftigen Fusion. Es ist eben etwas anderes, wenn mit einer Fusion eine Verbesserung der Marktstrukturen oder die Erweiterung der Produktpalette erreicht werden kann, aber beides ist unabhängig von der Unternehmensgröße zu sehen. Und noch ein weiterer Aspekt scheint mir interessant. Während der Daimler-Chrysler-Deal auf allen Seiten begeisterte Zustimmung fand, wurde der nur wenige Tage später bekanntgegebene Zusammenschluß von Hoechst mit Rhône-Poulenc vom Publikum höchst kritisch begleitet. Dahinter steckt die stark von Emotionen geleitete Frage, wer hier eigentlich wen schluckt und ob das eigene Unternehmen am Ende überlebt. Der Lokalpatriotismus rebelliert, wenn, wie im Fall Hoechst-Rhône-Poulenc, gewachsene Unternehmensstrukturen verschwinden sollen und der Ausverkauf droht. In Stuttgart hingegen ist man stolz: schwäbisches Know-how für Chicago, zusätzliches Potential aus den USA für Untertürkheim.

In den zwanziger Jahren hat die deutsche Wirtschaft schon einmal ihr Heil in Fusionen gesucht. Die Produktions- und Absatzprobleme in den ökonomischen und sozialen Wirren der Nachkriegszeit hoffte man mit Rationalisierung, Konzentration und Kartellierung in den Griff zu bekommen. 1925 schloßen sich die Chemieriesen Bayer, Hoechst und BASF sowie einige kleinere Fabriken zur Interessengemeinschaft Farbenindustrie zusammen; die Chemieindustrie in Deutschland war damit so gut wie monopolisiert. Ein Jahr später entstanden die Vereinigten Stahlwerke, deren 250 000 Beschäftigte knapp die Hälfte der deutschen Stahlproduktion lieferten. Daimler und Benz fusionierten zur Daimler-Benz Aktiengesellschaft, Opel schlüpfte unter das Dach von General Motors. Die deutsche Wirtschaft, stellte Josef Schumpeter damals fest, habe sich vom Prinzip der freien Konkurrenz verabschiedet.

»Die Fusionswelle hat weder die davon betroffenen Unternehmen betriebswirtschaftlich weitergebracht noch der deutschen Wirtschaft erkennbar genutzt«, urteilt der Wirtschafts- und Sozialhistoriker Volker Hentschel. »In wettbewerbstheoretischer Perspektive spricht manches dafür, daß sie ihr sogar geschadet hat.« Alles in allem sei die Sucht nach Fusionen – damals wie heute – eher eine Krisenerscheinung als ein Mittel gegen Krisen.

Gleichwohl finden die Zusammenschlüsse der jüngsten Zeit vielfach enthusiastischen Beifall. »Marx wäre fasziniert von diesem neuerlichen Triumph des Kapitalismus, der immer größere Unternehmensgebilde und weltumspannende Konzerne entstehen läßt«, schrieb Jürgen Jeske kürzlich in der *Frankfurter Allgemeinen.* »Er hatte die Schwungkraft unternehmerischer Wirtschaft schon erkannt, als im vorigen Jahrhundert die Industrialisierung Europa nach vorn brachte, auch wenn seine Schlußfolgerungen falsch und sein Geschichtsdeterminismus Unfug waren.« Ich kann diese Begeisterung für den vermeintlichen Fusionszwang in der Weltwirtschaft nicht ganz teilen. Vielleicht sollten wir alle noch einmal gründlich Karl Marx lesen.

Väter und Söhne

Am 1. Juli 1960 nahm ich meine Tätigkeit im Hause Flick auf. Ich saß in einem kleinen Zimmer von sechs Quadratmetern in der Düsseldorfer Friedrichstraße, meine Sekretärin, die ich von der Lufthansa mitgebracht hatte, mußte sich das Vorzimmer mit anderen Sekretärinnen teilen. Das Haus, in dem die Flick Verwaltungsgesellschaft im Laufe der fünfziger Jahre zunächst zwei, dann drei und am Ende vier Etagen gemietet hatte, gehörte der Provinzialversicherung und strahlte den unverwechselbaren spießigen Charme vieler öffentlicher Bauten dieser Jahre aus. Allerorten herrschte Raummangel, aber Friedrich Flick war nicht dazu zu bewegen, ein eigenes Verwaltungsgebäude zu errichten.

In diesem Punkt hatte Flick einen ehernen Grundsatz, den auch Daimler-Benz zu spüren bekam. Als Entwicklungschef Nallinger im Aufsichtsrat ein eigenes Gebäude für die Entwicklungsabteilung beantragte, beschied ihn Flick ziemlich kühl: Wenn alle notwendigen produktiven Investitionen im Entwicklungsbereich getätigt seien, kein produktiver Entwicklungsbedarf mehr bestehe und man dann noch Geld in der Kasse habe, dann solle Nallinger wiederkommen. Ich habe mich später in allen Aufsichtsräten, in denen ich saß, an diese Devise gehalten: Es wird in keine administrative Immobilie investiert, solange nicht alle Bedürfnisse in der produktiven Investition befriedigt sind. Heute ist es oft umgekehrt: Eine schicke Fassade an einer schicken Adresse gilt vielen als erster Ausweis für die Seriosität eines Unternehmens. Es wäre interessant, zu erfahren, welches die Motive für diesen Trend sind und ob es den Unternehmen in jedem Fall gut tut, soviel Wert auf Äußerlichkeiten zu legen.

1966 hat sich Flick von Herbert Rohrer, dem Generaldirektor der Feldmühle, dann doch noch überzeugen lassen, auf dem Grund und Boden der Feldmühle ein dreistöckiges Verwaltungsgebäude zu errichten. Das Areal lag an der Mönchenwerther Straße in Oberkassel, dem fast schon ländlichen Düsseldorfer Vorort auf der linken Rheinseite. Das Gebäude wurde bewußt klein gehalten, um in den einzelnen Abteilungen keine Begehrlichkeiten zu wecken; mancher wäre sonst versucht gewesen, aufgrund großzügiger Büroflächen mehr Personal zu beschäftigen. Weil das vorhandene Personal auf zwei Etagen unterzubringen war, haben wir eine Etage gar nicht erst ausgestattet und nicht einmal einen Estrich gelegt. Gespart wurde auch durch den Bau eines Verbindungstraktes zwischen dem vorhandenen Verwaltungsgebäude der Feldmühle und dem neu errichteten Haus der Flick-Verwaltung. Dort wurden Konferenzzimmer eingerichtet, die von beiden Parteien genutzt wurden, sowie eine gemeinsame Kantine.

Das Büro, das sich Friedrich Flick in der Mönchenwerther Straße einrichten ließ, war nach damaligen Vorstellungen fast luxuriös. Es verfügte über einen eigenen Ruheraum – in jedem besseren Vorstandsbüro ist das heute eine Selbstverständlichkeit –, und es gab einen eigenen Wasseranschluß, so daß sich der alte Herr die Hände waschen konnte, ohne die Gemeinschaftstoilette aufsuchen zu müssen. Friedrich Flick hat dieses Büro jedoch nicht mehr genutzt. Geschwächt durch seine Bronchialkrankheit regierte er im Alter vom Konstanzer Inselhotel beziehungsweise von Kreuzlingen aus, dem schweizerischen Nachbarort von Konstanz.

Auf Wunsch des Präsidenten der BdA, der in Köln sein Büro hatte und in Singen wohnte, war in den fünfziger Jahren an die Bahnstrecke Dortmund – Basel ein Schlafwagen angehängt worden, der in Offenburg abgekoppelt wurde, quer durch den Schwarzwald fuhr und morgens in Konstanz eintraf. Wenn Friedrich Flick anrief und mit diesem oder jenem aus der Zentrale ein

Gespräch wünschte, nahmen wir diesen Schlafwagen, trafen uns mit ihm und fuhren am nächsten Abend mit dem gleichen Schlafwagen zurück nach Düsseldorf. Der Grundsatz, nachts zu reisen und tags zu arbeiten, hatte in den zwanziger Jahren an der Ruhr Schule gemacht. Damals reiste man in der Nacht von Dortmund oder Düsseldorf nach Berlin, erledigte seine Geschäfte und fuhr in der Nacht darauf wieder zurück. Der auf diese Weise entstehende Produktivitätszuwachs wird in den Führungsetagen heutzutage sträflich vernachlässigt.

In dem kleinen Dorf Metzkausen in der Nähe von Mettmann, auf halber Strecke zwischen Düsseldorf und Wuppertal, hatten sich meine Frau und ich 1960 ein Haus gebaut. Entgegen dem Rat vieler Freunde entschieden wir uns damals nicht für Meerbusch oder das Düsseldorfer Zooviertel, die renommierten Quartiere der »besseren Gesellschaft«, sondern für die ländliche Gegend. Dies geschah in erster Linie der Kinder wegen – inzwischen hatten wir drei, Christiane, Hanno und Claudia, eine dritte Tochter, Bettina, kam sieben Jahre später. Die Kinder sollten Landluft schnuppern und lieber Mitglied der Landjugend werden, statt auf den Bällen der Düsseldorfer Schickeria herumzutanzen. Gelegentlich rochen sie nach Pferd, Reiten wurde zum leidenschaftlichen Hobby der ganzen Familie. Wenn abends eines unserer Kinder überfällig war, wußten wir, bei welchen Bauern wir anzurufen hatten, und mußten nicht die Diskotheken der Düsseldorfer Altstadt abklappern. Auch später, als meine Einkünfte stiegen, blieben wir in Metzkausen wohnen und behielten unseren einfachen Lebensstil bei.

In gewissen späteren Presseveröffentlichungen wurde gelegentlich kolportiert, ich hätte mich in meinem ganzen Lebenszuschnitt eher am alten Flick orientiert als am jungen und in späteren Jahren die angeblich zu hohen privaten Ausgaben von Friedrich Karl bemängelt. Abgesehen davon, daß mir eine solche Kritik gar nicht zugestanden hätte, scheinen mir die Ähnlichkeiten in der Lebensführung von Vater und Sohn viel größer, als

Äußerlichkeiten vermuten lassen. Die Freude des Alten, sich mit seinen Leuten im »Treppchen« in Düsseldorf beim Altbier zu treffen, entspricht exakt den Neigungen des Sohnes, sich lieber im Bratwurst-Glöckl oder beim Franziskaner zu verabreden als beim Boettner oder bei Käfer.

Friedrich Karl fühlte sich immer stark in Bayern verwurzelt. Da er passionierter Jäger ist und schon der Vater eine große Jagd in der Steiermark besaß, betrachtete er Österreich als seine zweite Heimat und erwarb früh die österreichische Staatsbürgerschaft. Während der letzten Jahre ist Friedrich Karl ganz in Österreich heimisch geworden. Darüber hinaus hat er seit jeher einen großen internationalen Freundeskreis, vor allem in Amerika. Das führt zwangsläufig zu einem gewissen Repräsentationsaufwand, aber ob das eine etwas teurer ist als das andere, ist eine müßige Frage.

Friedrich Karl und ich hatten uns im Herbst 1943 ein wenig aus den Augen verloren. Nach dem Krieg hatte er in München Betriebswirtschaft studiert – dort besuchte ich ihn zwei- oder dreimal mit meiner späteren Frau, die ihn aus der gleichen Berliner Tanzschule kannte wie mich – und war dann zur Vorbereitung auf künftige Aufgaben im Konzern viele Jahre in den USA tätig gewesen. Anläßlich des Eröffnungsflugs der Lufthansa nach New York waren wir uns 1955 dort zufällig wiederbegegnet. Friedrich Karl machte damals gerade Station bei Grace Banking, und immer wenn ich in New York war, trafen wir uns. Dabei stellten wir schnell eine Reihe gemeinsamer Interessen fest, insbesondere was die wirtschaftliche Zukunft der noch jungen Bundesrepublik betraf. Als Friedrich Karl nach einer weiteren Zwischenstation beim Finanzvorstand bei Buderus 1959 in die Flick-Konzernverwaltung eintrat, fragte er mich nach Rücksprache mit seinem Vater, ob ich nicht Lust hätte, ihm nach Düsseldorf zu folgen.

Ich bin verschiedentlich gefragt worden, ob ich meine persönlichen Beziehungen zur Familie Flick nicht als ein Hindernis für meinen Eintritt in die Firma betrachtet hätte. Bei der Berufung von Bekannten, Freunden, Familienmitgliedern in die Leitung eines Unternehmens, so hört man immer wieder, entstünden Abhängigkeiten, Streit sei programmiert. Bisweilen fällt sogar das böse Wort von der Vetternwirtschaft. Ich bin da anderer Meinung. Bei der Besetzung von Führungspositionen darf sich ein Unternehmen keinen Fehlgriff erlauben. Was liegt da näher, als einen Mann oder eine Frau einzustellen, deren persönliches Umfeld ich seit langem kenne und mit denen ich auch im Privaten harmoniere. Das gilt in gleicher Weise für denjenigen, der den Posten antritt; er weiß, auf wen er sich einläßt, und dies verschafft ihm eine zusätzliche Sicherheit. In meinen Augen stellt ein langjähriges persönliches Verhältnis für beide Seiten einen Bonus dar.

Friedrich Karl hatte mich geholt, weil er spürte, daß es angesichts der Strukturen des Hauses zweckmäßig war, sich zu verstärken. Da gab es den allmächtigen Vater, der unangefochten auf dem Bock saß; den Majordomus des Hauses, Konrad Kaletsch; die mächtigen Ressortchefs, die eine starke Stellung einnahmen; und natürlich Otto-Ernst, den zehn Jahre älteren Bruder, der seit einiger Zeit vernehmlich mit den Hufen scharrte. Bei den sich abzeichnenden Auseinandersetzungen wollte Friedrich Karl einen Vertrauten an seiner Seite haben.

Ich bekam weder ein Ressort zugeteilt, noch wurde mein Aufgabenfeld näher beschrieben; ohne Rang und Ehrenzeichen trat ich meinen Posten an. Als ich einige Monate später meinen alten Aufsichtsratsvorsitzenden von der Flugdienst, Richard Bertram, traf und er sich nach meiner neuen Tätigkeit erkundigte, gab ich ihm scherzhaft zur Antwort: »Morgens lese ich Zeitung, mittags alte Akten, und ansonsten gehe ich viel spazieren.«

In Wirklichkeit saßen wir auf einer Bombe. Der Streit war da, seit Otto-Ernst bei seinem Vater zwei Postulate in die Welt gesetzt hatte. Erstens: ein Schiff könne nur einen Kapitän haben; zweitens: die Familie solle sich doch glücklich schätzen, daß es in ihren Reihen jemanden wie Friedrich Karl gebe, der soviel Auslandserfahrung besitze. Der jüngere Bruder sei genau der richtige für Amerika, wo man in Zukunft doch eine Menge vorhabe. Solche Reden im Familienkreis haben bei Friedrich Karl natürlich eine gewisse Sensibilität geweckt. Er hat nie den Versuch unternommen, den Bruder zu überspielen, aber er wollte vermeiden, daß er den kürzeren zog. Ich kannte diese Hintergründe und bin im Januar 1960 bewußt in die Situation hineingegangen.

Friedrich Flick empfand meine Tätigkeit offenbar als hilfreich. Er sah deutlich, daß Friedrich Karl in einem Spannungsverhältnis zwischen Vater und älterem Bruder lebte, und verknüpfte mit meiner Einbindung wohl den Wunsch, daß sich sein Jüngster in seiner eigenen Generation stabilisierte.

Im Dezember 1959 hatte der Alte ein erstes Machtwort gesprochen und Friedrich Karl zum Generalbevollmächtigten ernannt. Ein Jahr später bestellte er ihn am älteren Bruder vorbei zum persönlich haftenden geschäftsführenden Gesellschafter der Friedrich Flick KG. Bis dahin waren beide Brüder gleichberechtigte Kommanditisten gewesen, jetzt, mit Friedrich Karls Ernennung zum Komplementär, war Otto-Ernst ins zweite Glied gerückt. Er hatte gekämpft wie ein Löwe, und nun diese Degradierung.

Es gab sicher mehrere Gründe, die Friedrich Flick veranlaßt haben, die künftige Führung des Unternehmens in dieser Phase dem jüngeren seiner beiden Söhne zu übertragen. Während der Haft des Vaters hatte sich Otto-Ernst mit Erfolg um einige Teilbereiche des Konzerns gekümmert und besonders im Stahlgeschäft und bei der Kokerei in Lübeck das eine und andere bewegt. Als Friedrich Flick 1950 entlassen wurde und gemeinsam mit seinem Adlatus Kaletsch wieder die Gesamtverantwortung übernahm, mußte sich Otto-Ernst mit nachgeordneten Positionen begnügen, und dies schmeckte ihm ganz und gar nicht. Er grollte und rüttelte immer wieder an den Ketten. Friedrich Flick hat wohl gespürt, daß von Otto-Ernst eine große Unruhe ausging, die für die Gesamtentwicklung des Hauses auf Dauer abträglich war. Dennoch glaube ich, daß Otto-Ernst 1960 noch Chancen gehabt hätte, im persönlichen Gespräch mit dem Alten eine für ihn befriedigende Lösung herbeizuführen.

Statt dessen wuchs sich der Streit aus zu einem der langwierigsten und aufwendigsten Prozesse der sechziger Jahre, der auch in der Öffentlichkeit für beträchtliches Aufsehen sorgte. Immerhin belief sich der Vermögensteuerwert des Unternehmens damals bereits auf über zwei Milliarden D-Mark, und in der Wirtschaftsgeschichte der Bundesrepublik hatte es noch nie einen Prozeß mit so hohem Streitwert gegeben.

Friedrich Flick wurde von einem Kreis erprobter Anwälte und Notare beraten, denen er seit vielen Jahren vertraute, und natürlich von seinem Vetter Kaletsch. Die zentrale Rolle in der ganzen Angelegenheit aber spielte der ehemalige Flottenrichter Otto Kranzbühler, der als einer der fähigsten Verteidiger bei den Nürnberger Prozessen Admiral Dönitz vertreten hatte. Flick hielt große Stücke auf Kranzbühler. Wenn Otto-Ernst Kranzbühler vertraut hätte, wäre eine Eskalation wohl vermieden worden. Aber er spürte, daß es sich Kranzbühler mit dem Alten nicht verderben wollte, und glaubte seine Interessen deshalb nicht deutlich genug vertreten. Kranzbühler war zweifellos eine schillernde Figur, aber in diesem Fall verstand er sich als ehrlicher Makler zwischen Vater und Sohn. Als er erkennen mußte, daß Otto-Ernst lieber den Säbel als das Florett benutzte, empfahl er ihm den Düsseldorfer Rechtsanwalt Wenderoth.

Wenderoth, Mitbegründer und erster Lizenzträger der *Rheinischen Post*, war allerdings nicht am Landgericht, sondern nur am Oberlandesgericht Düsseldorf zugelassen, und so verfiel man auf den Anwalt Liertz, der den Fall behandelte, wie man Flurstreitigkeiten zwischen Bauern austrägt, nämlich ohne jede Sensibilität für die Größe des Unternehmens und die damit zusammenhängende gesamtgesellschaftliche Verantwortung. Angesichts der Beträge, um die es ging, mußten einem regionalen Anwalt beim

Blick in die Gebührenordnung die Augen übergehen, und so reichte Liertz kurzerhand Klage ein, die Friedrich Flick KG aufzulösen.

Der sich daran anschließende jahrelange Prozeß dürfte heute nur noch Fachjuristen interessieren, und ich will die Details hier nicht ausbreiten. Was über allen Gutachten, Klagen und Gegenklagen aber nicht vergessen werden sollte, ist der Umstand, daß die Lösung, auf die man sich 1966 einigte, indirekt auf Barbara Flick zurückging, die Frau von Otto-Ernst. Barbara Flick stammte aus den höchsten Kreisen der Montanunion, ihr Vater Karl Raabe war der erste Generaldirektor der Maxhütte gewesen. Sie spielte eine wichtige Rolle in der Gesellschaft, und sie hatte das Ohr von Friedrich Flick. Während Friedrich Karl noch immer als Junggeselle lebte, stand sie als Mutter dreier Kinder für die Kontinuität des Hauses. Zwar pflegte Friedrich Karl immer einen netten Umgang mit der Familie und war entgegenkommend in allen familiären Belangen, aber den drei kleinen Enkeln vermochte er nichts Vergleichbares entgegenzusetzen.

Barbara Flick malte dem Alten immer wieder aus, welche Gefahren es für das Unternehmen mit sich bringe, wenn Friedrich Karl zur Unzeit sterbe und keine Kinder hinterlasse. Dann würden gewaltige Steuern anfallen. In zwei großen Schenkungen hatte Friedrich Flick seinen beiden Söhnen, sobald sie die Volljährigkeit erreichten, jeweils 45 Prozent seines Vermögens überschrieben; ein dritter Sohn, Rudolf, war 1941 in den ersten Tagen des Rußlandfeldzugs gefallen. Die Volljährigkeit war Voraussetzung einer solchen Schenkung, wenn man die Einsetzung sogenannter Minderjährigenpfleger vermeiden wollte. Flick hat sich jedoch in beiden Fällen das Verwaltungs- und Verfügungsrecht vorbehalten, das ihm die alleinige Geschäftsführung sicherte, und, was viel wichtiger war, er verschaffte sich den Nutzungsvorbehalt, um die Schenkungssteuer zu drücken.

Bei einer Schenkung wird nur das versteuert, was tatsächlich in den Besitz des Beschenkten übergeht. Wenn ich einem meiner

Kinder ein Unternehmen überschreibe und mir zugleich den Nutzungsvorbehalt sichere, das heißt das Recht, daß die Erträge des Unternehmens weiterhin ausschließlich mir selber zukommen, wird mit Hilfe des Bewertungsgesetzes der Geldwert festgelegt, den dieser Vorbehalt, gerechnet auf meine Lebenserwartung, ausmacht. Dieser Wert, der bis hart an die Grenze der Substanz gehen kann, wird dann vom Gesamtwert des Unternehmens abgezogen; der Rest unterliegt der Schenkungssteuer. Der Nutzungsvorbehalt gehört zu den wesentlichen Instrumenten unserer täglichen Steuerpraxis.

Im Prozeß hatte Otto-Ernst zunächst versucht, den Nutzungsvorbehalt des Vaters auszuhebeln. Dabei kam ihm zugute, daß der Konzern auf dem Prinzip der absoluten Thesaurierung aufgebaut war; alle Gewinne blieben in den Unternehmen und wurden dort neu angelegt, es fanden keine Gewinnausschüttungen statt. Das bedeutete, daß die Kommanditgesellschaft trotz prächtiger Gewinne über Jahre in der Bilanz ohne Ergebnis abschloß. Das Gesellschaftsrecht besagt aber, daß eine Kommanditgesellschaft aufgelöst werden kann, wenn sie auf Dauer ergebnislos bleibt. Durch die von ihm angestrebte Zerschlagung der Friedrich Flick KG hoffte Otto-Ernst, sich aus dem Status des einfachen Kommanditisten ohne Geschäftsführungsbefugnis befreien und eine ungebundene Beteiligung erreichen zu können. Der Vater reagierte auf die Auflösungsklage des Sohnes mit einer Gegenklage, in der er die Schenkung der dreißiger Jahre wegen groben Undanks widerrief.

Der Prozeß stellte eine erhebliche Gefährdung der gesamten Gruppe dar, Gesellschafterversammlungen fanden nur noch in Gegenwart von Anwälten statt. Weil Friedrich Flick einerseits keine Familienfremden zu Gesellschaftern ernennen wollte und andererseits möglichst viele Getreue mit am Tisch sitzen sollten, nutzte er die von ihm um 1960 gegründeten Stiftungen – die wichtigste war die Friedrich und Marie Flick-Stiftung –, um sich über deren Organe mit Personen seines Vertrauens zu verstärken.

Auf diese Weise rückten Wolfgang Pohle und ich in den Vorstand dieser Stiftungen – Kaletsch war bereits persönlich geschäftsführender Gesellschafter –, und da die Stiftungen Komplementäre der Kommanditgesellschaft waren, saßen wir plötzlich als Gesellschafter mit am Tisch – was die Dinge nicht erleichtert hat.

In dieser verfahrenen Situation wurde die Lösung von allen wie ein Befreiungsschlag empfunden. Unter familiären Aspekten war sie allerdings fast anstößig zu nennen. Friedrich Karl brachte seinen Besitz in eine Familienstiftung ein, deren Bezugsberechtigte, solange er kinderlos blieb, die drei Kinder von Otto-Ernst und Barbara Flick waren. Versteuert wurde die Schenkung, wie schon im Fall der Schenkungen des Vaters an die Söhne, mit Nutzungsvorbehalt – diesmal für Friedrich Karl.

Otto-Ernst hatte das Spiel verloren, sein Interesse konnte nur noch darin bestehen, den Schaden möglichst gering zu halten. Am 14. September 1966 kam es mit einem Notariatsakt in Konstanz zum Friedensschluß. 33 Prozent des Flickschen Vermögens wurden den Kindern von Otto-Ernst vermacht, und für Barbara Flick fand sich eine großzügige Altersversorgung. Auch wenn Otto-Ernst vermutlich heilfroh war, daß seine Kinder überhaupt etwas abbekamen, so ist doch der Schlüssel erstaunlich, nach dem der alte Flick seine Enkelkinder bedachte: 2:2:1. Daß die Enkelin, Dagmar Flick, schlicht die Hälfte von dem erhielt, was ihren Brüdern Gert-Rudolf und Friedrich Christian zugesprochen wurde, hat zum Familienfrieden im Stamme Otto-Ernst nicht eben beigetragen. Es war die einzige Entscheidung von Friedrich Flick, die ich nicht verstanden habe.

Otto-Ernst schied als Gesellschafter aus dem Konzern aus, seine Kinder wurden als Kommanditisten aufgenommen. Geregelt wurde im Vertrag von Konstanz auch das Anwartschaftsrecht für die Kinder, die von einem bestimmten Lebensalter an in die Geschäftsführung der Kommanditgesellschaft eintreten durften. Als es 1972 soweit war, entstanden freilich schon bald neue Streitigkeiten, und es kam zu erheblichen Reibungsverlusten. Dabei handelte es sich, über alle Familienquerelen hinaus, auch um ein Generationsproblem. Die Schlüsselfigur war meines Erachtens Konrad Kaletsch.

Seit 1922, noch bevor das Unternehmen vom Siegerland nach Düsseldorf verlegt wurde, war Vetter Konrad der Vertraute, der Friedrich Flick in kongenialer Weise ergänzte. Über ein halbes Jahrhundert hat er als Finanz- und Verwaltungsfachmann das Unternehmen begleitet und mit großem politischen Gespür an der Seite von Friedrich Flick durch alle Unbilden hindurchgeführt. Der Konzern war sein Leben. Als treuer Diener der Familie wußte er seine eigenen Interessen stets hintanzustellen. Seine einzige Leidenschaft außerhalb der Firma galt seiner alten Turnerverbindung. Der Preis, den er dafür verlangte, war die vorbehaltlose Anerkennung als die Nummer zwei.

Nun hatten Otto-Ernst und Friedrich Karl eine sehr unterschiedliche Art, ihm zu begegnen. Friedrich Karl hat sich nie etwas dabei vergeben, Kaletsch als die rechte Hand des Vaters zu akzeptieren und ihn nach dem Tod Friedrich Flicks als Senior gelten zu lassen. Er wußte, daß er von Kaletsch etwas lernen konnte. Sowohl die Entscheidung des alten Flick, Friedrich Karl 1960 zum persönlich haftenden Gesellschafter zu bestellen, als auch das spätere Ausscheiden des Stammes Otto-Ernst ist auch auf das zeitlebens freundliche Verhältnis zwischen Kaletsch und Friedrich Karl zurückzuführen.

Es war vielleicht ein Manko, daß zwischen der noch im 19. Jahrhundert geborenen Generation des alten Flick, zu der auch Kaletsch zählte, und der Generation von Friedrich Karl eine große Lücke klaffte und es mithin keinen gleitenden Übergang im Unternehmen gab. Wir hatten in der Führung niemanden vom Jahrgang 1910 oder 1920.

Es war jedoch nicht nur der Altersunterschied, der beim Eintritt von Gert-Rudolf und Friedrich Christian Flick – Dagmar Flick hatte auf die Geschäftsführung verzichtet – sofort zu Spannungen führte. Statt sich an der Art des Umgangs ihres Onkels mit Kaletsch zu orientieren, begegneten sie ihm mit dem ganzen Mißtrauen, das schon ihrem Vater so geschadet hatte. Beide waren promovierte Juristen und hatten eine gute Ausbildung genossen, auch wenn ihnen die praktische Erfahrung in fremden Unternehmen fehlte. Es wäre sicher Platz für alle gewesen. So aber drängte Friedrich Karl schon bald nach dem Tod des Alten im Juli 1972 aus Sorge um die Kontinuität der Unternehmensführung auf eine endgültige Lösung.

Und es kam noch etwas hinzu. Im Hause von Otto-Ernst war immer schon ein gewisser Pessimismus vorherrschend gewesen, eine fatalistische Grundhaltung, die zur Führung eines Unternehmens nicht von Vorteil ist. Bei jeder weltpolitischen Krise sah Otto-Ernst die Russen schon am Rhein. Die Gelassenheit fehlte ihm auch während der hitzigen innenpolitischen Debatte um die Ostverträge im Sommer 1972. Nach dem Scheitern des Mißtrauensvotums gegen Willy Brandt und seiner Wiederwahl nach dem Wahlsieg der SPD im November – Franz Josef Strauß warnte damals, dies seien möglicherweise die »letzten freien Wahlen« in Westdeutschland – kam es im Hause Otto-Ernst zu nachhaltigen politischen Besorgnissen.

Dies war der Hintergrund, vor dem Karl Raabe, der Bruder von Barbara Flick, als geschickter Vermittler den Handel über die Abfindung der Neffen sehr schnell zustande brachte. Ich führte die Verhandlungen im Auftrag von Friedrich Karl, der mir einen Spielraum genannt hatte. Im Januar 1975 wurde unterzeichnet: Flick zahlte 300 Millionen DM netto und übernahm die Steuerpflicht für die Abgefundenen. Hierauf hatten wir von Anfang an Wert gelegt, damit der Name Flick steuerlich nicht ins Gerede kam.

Abfindung und Steuern zahlte der Konzern aus liquiden Reserven, er brauchte dazu keine einzige Aktie von Daimler-Benz zu verkaufen. Im übrigen hätten die Neffen einem Verkauf des Daimler-Pakets niemals zugestimmt, schon gar nicht, wenn es darum gegangen wäre, aus dem Erlös ihre Steuern zu zahlen. Bei allen Gesprächen haben sie jede Überlegung, Daimler zu reduzieren, stets abgelehnt; Daimler sei eine traditionelle Beteiligung des Hauses, die niemals aufgegeben werden dürfe. Erst nach dem Ausscheiden der Neffen hatten wir in dieser Richtung freie Hand. Dennoch wurde die Abfindung von Mick und Muck, wie die Neffen in der Familie genannt wurden, von einigen politischen Wirrköpfen später bewußt mit der Abgabe des Daimler-Pakets und der damit verbundenen steuerlichen Vergünstigung nach § 6b in Verbindung gebracht. Aber das war politische Stimmungsmache und steht auf einem anderen Blatt.

Flicks Erfolgsgeheimnis

Um bei Flick zu arbeiten, mußte man viel Selbstdisziplin und ebensoviel Bescheidenheit mitbringen. Zur Befriedigung von Eitelkeiten war an der Konzernspitze kein Platz. Bescheidenheit und Disziplin waren die Tugenden, die der alte Flick uns allen vorlebte, sowohl in seinem Unternehmen als auch in seinem Privatleben. Sie prägten den Geist des Hauses und gehörten zweifellos zu Flicks Erfolgsgeheimnis. Wenn der Chef des Hauses Dreißig-Pfennig-Zigarren rauchte, dann konnten seine Generaldirektoren schlecht Zigarren anbieten, die eine Mark pro Stück kosteten. Und wenn Flick sich abends auf dem Nachhauseweg von seinem Chauffeur in eine der Düsseldorfer Altstadtkneipen fahren ließ und dort – zusammen mit dem Chauffeur – ein Düssel trank und einen »halven Hahn« bestellte, dann konnten seine Vorstände nicht ein paar Straßen weiter im Nobelrestaurant Champagner ordern. Das waren Selbstverständlichkeiten, an denen es heute mitunter mangelt.

Kommt das Gespräch auf Unternehmerpersönlichkeiten wie Friedrich Flick, fällt schnell das Wort vom »Patriarchen«. Was auch immer der einzelne mit diesem Begriff verbinden mag, eine patriarchale Unternehmensführung gilt heute vielen als nicht mehr zeitgemäß. Ich selbst wüßte allerdings nicht, was es daran auszusetzen gibt, daß ein Unternehmer sich für seine Mitarbeiter auch über deren engeren Arbeitsbereich hinaus verantwortlich fühlt und sich ihr persönliches Wohl angelegen sein läßt. Wenn es dem einzelnen Arbeiter und Angestellten gut geht, geht es auch dem Unternehmen gut.

Es dürfte weiten Kreisen unbekannt sein, daß zu den Aufständischen vom 17. Juni 1953 in der DDR auch 6000 Stahlarbeiter des volkseigenen Stahl- und Walzwerks Henningsdorf im Norden Berlins gehörten und daß diese durchaus ihre eigene Forderung mitbrachten. Als sie am Morgen Richtung Innenstadt marschierten, taten sie dies nicht nur aus Solidarität mit den Bauarbeitern der Stalinallee, die gegen die Normerhöhungen in den Streik getreten waren. Sie wollten auch eine Reform retten, die Friedrich Flick in den zwanziger Jahren eingeführt hatte. Als er damals das Werk übernahm, bestimmte er, daß die Waschzeit künftig als Arbeitszeit gezählt werden sollte. Diese soziale Leistung hatten die Kommunisten im Juni 1953 zurückgenommen, und dagegen wehrte sich die Belegschaft.

Aus Henningsdorf wird auch die Anekdote überliefert, daß Friedrich Flick bei seinen Rundgängen durch die Arbeitersiedlung immer wieder der unterschiedliche Erhaltungszustand der Werkswohnungen aufgefallen sein soll. Bei den einen bröckelte der Putz von der Fassade, bei anderen blühte der Vorgarten. Wie sich herausstellte, befanden sich die gut versorgten Häuser im Eigentum der Arbeiter, in den weniger gut unterhaltenen wohnten die Leute zur Miete. Flick hat daraufhin sämtliche Mietverhältnisse in Eigentumsverhältnisse umgewandelt, indem er die Häuser mit einer sogenannten Schornsteinhypothek belegte, die praktisch nicht bedient werden mußte und Mißbrauch ausschloß.

Friedrich Karl hat einen großen Teil seiner Qualifikation, die er später unter Beweis stellte, im Elternhaus erworben. Damit meine ich auch sein ausgeprägtes Gespür für die soziale Verantwortung des Unternehmers. Wurde beim Frühstück in Gegenwart des Sohnes darüber gesprochen, daß eines der Unternehmen in Schieflage geraten war, daß aber eine Schließung nicht in Frage kam, weil der Erhalt der Arbeitsplätze das Schicksal von ein paar tausend Menschen betraf, so war das für den Heranwachsenden die beste Lebensschule überhaupt. Auf diese Weise lernte Friedrich Karl frühzeitig zu begreifen, welches die Probleme des Vaters waren, und begann sich damit auseinanderzusetzen. Die

Bedeutung des Elternhauses für die Vorbildung eines Menschen in bezug auf seinen künftigen Beruf läßt sich nicht hoch genug veranschlagen. Auch für mich waren bestimmte Positionen, die ich später als Unternehmer vertrat, bereits im Elternhaus selbstverständlich geworden.

Ich kann mir keinen Sohn und keine Tochter vorstellen, die von den außergewöhnlichen Leistungen eines Mannes wie Friedrich Flick nicht angetan gewesen wären, nur ist die Frage, wie jeder damit umgeht. Sicher kann die Übermacht eines Erbes auch belastend wirken, es gibt Männer und Frauen, die damit bis an ihr Lebensende nicht fertigwerden. Friedrich Karl hat den Vater immer als Leitfigur gesehen, und als er nach dessen Tod ohne Netz springen mußte, zeigte er sich immun gegenüber Versuchungen, jetzt endlich aus dem Schatten des Vaters heraustreten und alles ganz anders machen zu müssen. Friedrich Karl mußte sich nichts beweisen, er führte den Konzern nach den gleichen Grundsätzen, die von jeher die Philosophie des Hauses ausgemacht hatten. Die soziale Verantwortung erwähnte ich bereits. Die übrigen Grundsätze lauteten: dezentrale Führung, Orientierung am Markt, solide Finanzen und Sorgfalt bei der Auswahl des Personals.

In der konsequent dezentralen Führung lag der eigentliche Schlüssel für den Erfolg der Gruppe. Es wurde im Laufe der Jahre immer wieder versucht, diese Führungsphilosophie des Hauses Flick zu kopieren, doch in keinem Fall konnte der Versuch tatsächlich durchgehalten werden. Im Grunde blieb der Flick-Konzern bis zu seinem Ende der einzige wirklich dezentral geführte Konzern in Deutschland.

Dezentrale Führung bei Flick bedeutete, daß sich die Obergesellschaft aus den operativen Entscheidungen der Konzerngesellschaften gänzlich heraushielt. Trotz der Beherrschungsverträge, die wir mit fast allen Unternehmen der Gruppe hatten, gab es bei Flick kein Weisungsrecht. Jede größere Einheit – heute würde man sagen, jedes Profit-Center – wurde geführt, als wäre sie im

Besitz des jeweiligen Managements, und hatte nahezu unbeschränkte Entscheidungsbefugnis. Es war ausgeschlossen, daß ein Mitglied der Konzernführung – und wäre es Friedrich Flick persönlich gewesen – den Generaldirektor eines Unternehmens herbeizitierte und ihm Anweisungen erteilte. Keiner aus der Konzernspitze durfte etwa der Feldmühle vorschreiben, wo sie ihren Zellstoff einzukaufen hatte; selbst wenn wir innerhalb der Gruppe Zellstoff produziert hätten, wäre eine solche Order undenkbar gewesen.

Viele deutsche Großunternehmen tun heute so, als ob sie dezentral führten. Bei genauerem Hinsehen wird dezentrale Führung in den meisten Fällen mit Delegation von Verantwortung verwechselt. Das eine hat mit dem anderen wenig zu tun. Verantwortlich sind die Subunternehmen in der Regel nur in der Abrechnung. Was unternehmerische Entscheidungen angeht, müssen sie sich dagegen an die Vorgaben der Konzernmutter halten und sich bei weiterreichenden Veränderungen die Genehmigung von oben holen. Ob es um eine Modifizierung der Produktpalette, um Investitionen in neue Maschinen oder um strategische Allianzen geht, meist können die erforderlichen Entscheidungen schon deshalb nicht von den Einzelunternehmen getroffen werden, weil ihnen wichtige Planungs- und Entwicklungsabteilungen fehlen, die in der Konzernzentrale zusammengefaßt sind.

Dezentrale Führung setzt zweierlei voraus. Erstens, daß jeder Unternehmensteil strukturell voll funktionstüchtig und so ausgestattet ist, daß er auch selbständig, ohne Teil des Konzerns zu sein, operieren könnte. Zweitens, daß jedes Subunternehmen an der Spitze mit kompetenten Leuten besetzt wird, die in ihren Entscheidungen frei sind. Ein wesentlicher Grundsatz der dezentralen Führung besteht darin, daß die unternehmerische Gesamtverantwortung eines Subunternehmens nicht beschnitten wird: Entscheidungsbefugnis, Risiko und die Verantwortung für diese Entscheidung müssen in einer Hand liegen und dürfen nicht voneinander getrennt werden.

Eine solche Unternehmensphilosophie verlangte von denen, die in der Düsseldorfer Zentrale arbeiteten, wie gesagt, enorme Selbstdisziplin und Zurückhaltung. Wenn ich den ganzen Tag mit Inhaberhosen übers Firmengelände laufe, kann dezentrale Führung nicht funktionieren. Auch wenn ich nicht unbedingt über die gleiche fachliche Qualifikation verfügen muß wie der mir gegenübersitzende Generaldirektor eines Subunternehmens, so muß ich mich doch darum bemühen, als kompetenter Gesprächspartner von ihm ernstgenommen zu werden.

In diesem Punkt unterschieden sich die Söhne Flick vielleicht am meisten. Friedrich Karl zeichnete sich dadurch aus, daß er nicht grundsätzlich recht haben wollte, eine seltene, für die Mitmenschen überaus angenehme Tugend. Er dachte langfristig und ließ fünf auch mal gerade sein. Während er dem Vorbild des Vaters folgte und sich der Mühe der Überzeugungsarbeit auch später gern unterzog, hatte sich Otto-Ernst nie mit dem dezentralen Führungsprinzip anfreunden können. Er delegierte lieber und fand es Zeitverschwendung, Nachgeordnete von der Richtigkeit einer Entscheidung überzeugen zu müssen. Er vertrat die Ansicht, daß sich die Gruppe soweit wie möglich von Dritten unabhängig machen sollte. Alles, was im Konzern benötigt und an anderer Stelle des Konzerns produziert wurde, sollte seiner Meinung nach auch im Konzern gekauft werden.

Friedrich Flick orientierte sich ausschließlich am Markt und setzte auf das Prinzip des offenen Wettbewerbs aller. Wenn Unternehmen des Konzerns sich dabei als nicht wettbewerbsfähig erwiesen, konnten sie nicht darauf hoffen, daß ihnen von der Konzernmutter unter die Arme gegriffen wurde und sie am Ende doch noch einen Auftrag zugespielt bekamen. Um Daimler-Benz zu bewegen, das Blech von der Maxhütte zu beziehen, bedurfte es ungeheurer Überzeugungsarbeit. Wenn sich die Verantwortlichen bei Daimler am Ende doch anders entschieden hätten, hätte das die Zentrale in Düsseldorf hinnehmen müssen und allenfalls der Maxhütte den Vorwurf machen können, daß man in der

Oberpfalz offenbar nicht marktgerecht produziere. Der Erfolg gab Flick recht. Aber es war natürlich der weniger bequeme Weg, denn jemanden zu überzeugen, kostet mehr Kraft und Zeit, als ihm eine Anweisung zu erteilen.

Flick war mit Leib und Seele Eisenhüttenmann, ihn interessierte, wieviel Schrott und wieviel Koks man einsetzen mußte, um das günstigste Mischungsverhältnis zu erreichen. Das erste Buch, das ich mir anschaffte, als ich meine Tätigkeit bei Flick aufnahm, waren die »Grundzüge des deutschen Eisenhüttenwesens«, ein dicker schwarzer Band. Entweder, so Flicks Philosophie, war man in der Lage, gut, also marktgerecht zu produzieren und den Hochofen wirtschaftlicher zu fahren als die Mitbewerber, oder man unterlag im Wettbewerb.

Aus marktwirtschaftlichen Gründen suchte Flick auch das Handelsgeschäft möglichst zu umgehen. Ein der Produktion angehängtes Handelsunternehmen hätte nicht nur den Bewegungsspielraum am Markt deutlich eingeschränkt, sondern auch den tatsächlichen Absatz am Markt weniger klar erkennen lassen und möglicherweise zu falschen Rückschlüssen oder gar Manipulationen geführt. Es entspricht dem Prinzip der freien Marktwirtschaft, mit meinen Produkten dorthin gehen zu können, wo ich sie am besten absetzen kann; diese Freiheit wollte sich Flick durch zwischengeschaltete Handelsorganisationen nicht beschneiden lassen.

Überdies hatte Flick eine kritische Situation in der deutschen Schwerindustrie während der zwanziger Jahre vor Augen. Weil der Werkshandel die Produkte des Unternehmens zwar übernommen, aber nicht abgesetzt hatte, war es zu Verschleierungen über den Stand des Unternehmens gekommen. Der Stahl lag irgendwo auf dem Hof, er hatte einfach keine Abnehmer gefunden. Deshalb hat sich Flick, anders als Thyssen, Krupp oder Klöckner, stets gescheut, seine Unternehmen in die Abhängigkeit von Handelsorganisationen zu bringen.

Ausnahme war Buderus. Neben Halbzeug fertigte Buderus traditionell auch Produkte im Bereich Sanitär und Heizung. Buderus-Öfen waren einst mindestens ebenso berühmt wie die Gullideckel aus Wetzlar. Dieser Bereich erfordert schon deshalb einen Spezialhandel, weil ein Bad oder eine Heizungsanlage beim Fachhandel oder in einem Meisterbetrieb gekauft werden, die dann auch installieren. Die Betreuung des Fachhandels umfaßt auch die technische Betreuung durch den Hersteller. Hinzu kommt, daß die Entscheidung darüber, welche Bäder und welche Heizung eingebaut werden, bei Neubauten bereits im Vorfeld, das heißt in der Regel während der Bauplanungsphase von Architekten und Bauunternehmern getroffen werden. Deren Betreuung obliegt ebenfalls der Handelsorganisation. Deshalb gab es Buderus Handel.

Transparenz war eines der obersten Ziele der Düsseldorfer Konzernführung. Es kam darauf an, mögliche Fehlentwicklungen in dem einen oder anderen Unternehmen der Gruppe frühzeitig zu erkennen und zur Vermeidung daraus entstehender Fehlentscheidungen von unserer Seite aus beizutragen. Das Frühwarnsystem funktionierte dank eines permanenten, engen Kontakts zwischen der Zentrale und den einzelnen Vorständen. Es genügte nicht, zu den Aufsichtsratssitzungen anzureisen und im Notfall Feuerwehr zu spielen. Das notwendige Vertrauensverhältnis entstand erst durch fortwährenden Austausch von Argumenten. Glaubten wir irgendwo eine Schwachstelle zu erkennen, erörterten wir das Problem, sammelten und bündelten die Meinungen der Verantwortlichen und teilten dann unsere Auffassung mit. In der Regel wurden die Anregungen aufgegriffen und umgesetzt, an einen wirklichen Dissens kann ich mich nicht erinnern.

Ich bin damals viel und gern »draußen« gewesen. Auch in ernsten Situationen verliefen die Gespräche mit den Direktoren und Vorständen in menschlich angenehmer Atmosphäre. Zu den Selbstverständlichkeiten gehörte es, daß man mit Messer und Gabel essen konnte und daß man anklopfte, bevor man eintrat – auch gedanklich. In vielen Unternehmen sind solche Besuche aus der Zentrale heute ziemlich verhaßt; smarte Assistenten und neunmalkluge »Zahlenfuzzis« kehren dann gern den Chef hervor. Ich habe immer Wert darauf gelegt, als Vertrauensmann und Berater akzeptiert zu werden, nicht als jemand, der Rechte ausübt.

Das Vertrauen zwischen Zentrale und Einzelunternehmen gründete auch darauf, daß unsere Fachleute, die im Land herumfuhren, nicht alles, was sie gesehen und gehört hatten, unmittelbar nach oben weitergaben. Wenn es irgendwo Anlaß zur Sorge gab, hörten sich die Kontrolleure die Begründungen des betroffenen Unternehmens an, unterbreiteten ihre Vorschläge und wenn diese angenommen wurden, deckten sie das Unternehmen in ihrer Berichterstattung. Hätte eine Unternehmensführung die Ratschläge der Zentrale fortgesetzt in den Wind geschlagen, wäre dies sicher vermerkt worden. Es gab jedoch während meiner Zeit bei Flick kaum einen Fall, daß einem leitenden Mitarbeiter – vom Prokuristen aufwärts – nahegelegt worden wäre, zu gehen. Niemand ist aus anderen als persönlichen Gründen, Altersgründen oder wegen einer Umstrukturierung aus einer Spitzenposition ausgeschieden. Fritz Koenecke etwa trat als Generaldirektor von Daimler-Benz zurück, nachdem sein einziger Sohn beim Baden ertrunken war.

Das Prinzip der dezentralen Führung hatte zur Folge, daß wir in Düsseldorf mit weniger als hundert Leuten auskamen – bei einem Gesamtumsatz von 14 Milliarden D-Mark Anfang der achtziger Jahre eine geradezu lächerliche Größe. Grundsatzentscheidungen wurden im Konsens getroffen, wobei Friedrich Flick wie später auch Friedrich Karl zweifellos ein Primat zukam. Bestimmte Bereiche wurden zwar von einzelnen Gesellschaftern federführend betreut, aber die jeweilige Zuständigkeit legten wir entsprechend der Befähigung der einzelnen von Fall zu Fall neu fest. Günter Max Paefgen etwa war allein aufgrund seiner phänomenalen Sprachkenntnisse für den internationalen Bereich prädestiniert. Bei der Wahl von Wolfgang Pohle in den Deutschen

Bundestag 1965 wurde ich Ansprechpartner für die Bereiche Steuern und Recht. Später wuchs mir aufgrund meiner Vorbildung und der systematischen Einarbeitung durch Konrad Kaletsch die Betreuung der Bereiche Personal, Finanzen und innere Verwaltung zu. Da es im Hause Flick keine Ressortverantwortung gab, wie man sie aus den Vorständen großer Unternehmen kennt, entstanden zwischen den einzelnen Bereichen auch keine Rivalitäten.

Als Nachteil empfand ich, daß bei dieser bewußt klein gehaltenen Führungsebene manche gestalterisch reizvolle Aufgabe nicht von uns selbst wahrgenommen werden konnte. So gab es zunächst kein zentrales Entwicklungs- oder Technikressort. Im Hinblick auf die Unternehmens- und Investitionsplanung erwies sich dies auf Dauer jedoch als Manko. Nachdem wir uns entschlossen hatten, die Arbeit der verschiedenen Entwicklungsabteilungen in Düsseldorf zu koordinieren, waren wir in der Lage, die einzelnen Unternehmen auch in diesen Fragen beratend zu begleiten. Betreut wurde der gesamte technische Komplex seit den späten sechziger Jahren von Hanns Arnt Vogels.

Die umfangreichste Abteilung in Düsseldorf bildete das Finanzressort. Da das Haus Flick dem Grundsatz folgte, möglichst nie an Banken zu gehen, wenn man sie nötig hat, war eine langfristige Finanzvorratspolitik erforderlich. Alle Fragen von Kapitalerhöhungen, Kapitalzuschüssen und möglichen Unternehmenskäufen wurden vorzeitig und umfassend bearbeitet, so daß die Gruppe immer »flüssig« war. Das Finanzressort wurde zunächst von Kaletsch für Friedrich Flick betreut, später von mir für Friedrich Karl. Auch wenn es sich um eine große Düsseldorfer Abteilung handelte, glich sie mit ihren wenigen Mitarbeitern eher der Buchhaltung eines mittelständischen Betriebs und war nicht zu vergleichen etwa mit dem Finanzressort von Daimler-Benz, das einen eigenen Vorstand hat.

Das kleine, aber effiziente Controlling, das jedes Unternehmen von der Planung bis zur Durchführung begleitet und frühzeitig

Abweichungen vom Plan feststellt, arbeitete uns zu. Aber nie hätten wir dem Controlling jenes Maß an Einfluß zugebilligt, das heute offenbar in vielen Unternehmen vorherrschend ist. Die moderne Abgrenzung zwischen Treasuring und Controlling, die generell zu einer Überbewertung bloßer Rechenkünste führt, halte ich nicht in jedem Fall für optimal. Da ist manches aus dem Ruder gelaufen.

Ironisch zugespitzt könnte man sagen, daß wir in Düsseldorf nichts anderes zu tun hatten, als die uns vorgelegten Bilanzen der einzelnen Gruppenunternehmen zu prüfen und zu analysieren. Das freilich taten wir gründlich. Die Auswertung sämtlicher verfügbarer Daten eines jeden Unternehmens bildete gleichsam die Basis unserer Arbeit. Über Stärken und Schwächen der einzelnen Gesellschaften mußten wir mindestens ebensogut Bescheid wissen wie der Vorstand des jeweiligen Unternehmens selbst. Allerdings haben wir das Zahlenmaterial nie als unumstößliche Entscheidungsgrundlage genommen, sondern uns immer mit den Verantwortlichen an der Spitze der Subunternehmen ins Benehmen gesetzt.

Wer das Prinzip der dezentralen Führung konsequent anwendet, ist in der Lage, jedes Unternehmen, gleich welcher Größe, unter Kontrolle zu bringen. Viele Großunternehmen kämpfen heute mit dem Problem, daß sich an ihrer Spitze Wasserköpfe gebildet haben, was sich höchst nachteilig auf die Entscheidungsfindung auswirkt. Je größer ein zentralistisch geführtes Unternehmen, desto höher das Risiko, daß am Ende nur noch ein paar wenige Leute an der Spitze überhaupt in der Lage sind, Entscheidungen zu treffen. Parallel dazu wird die Verantwortung in solchen Unternehmen gern von unten nach oben abgeschoben.

Nehmen wir zum Beispiel die Treuhandanstalt in Berlin. Sie hätte nur dann eine reelle Chance gehabt, ihre Mammutaufgabe im Sinne des Auftrags erfolgreich durchzuführen, wenn sie dezentral geführt worden wäre. So wie die Sache angegangen wurde, lag das Scheitern schon in der Konzeption. Ich habe mich damals zu

Wort gemeldet, aber mein Rat war noch nicht wieder gewünscht; erst später haben sich die Zuständigen in Bonn entschlossen, mich doch noch zu rufen. Zu behaupten, daß die Treuhandanstalt von Anfang an mit einer hohen Fehlerquote rechnen mußte, weil sie so einmalig groß war, ist Unsinn. Es war nicht die Größe, es war die falsche Struktur, die zu den zahlreichen Katastrophen führte. Größe an sich ist kein Kriterium, Fehler zu begehen.

Auch wenn wir nur auswerten und Empfehlungen aussprechen konnten, ohne direkt in die Unternehmensführung einzugreifen, waren wir alles andere als Erbsenzähler. Im Gegenteil: Die letzten Entscheidungen über Wohl und Weh der einzelnen Unternehmen fielen bei uns in Düsseldorf. Indem wir die große Linie festlegten und darüber entschieden, von welchen Unternehmensteilen wir uns mittelfristig trennen wollten und in welchen Sparten wir uns durch Kapitalerhöhung oder Zukauf würden verstärken müssen, bestimmten wir die Geschicke einer Gruppe, die Anfang der achtziger Jahre für 100 000 Arbeitsplätze verantwortlich war. Wer an einer solchen Schaltstelle saß, mußte notgedrungen eine hohe Sensibilität für die sozialen Auswirkungen seiner Entscheidungen mitbringen.

In diesem Zusammenhang möchte ich auf ein Mißverständnis hinweisen, dem man in der Öffentlichkeit, aber auch in Kreisen der Politik, immer wieder begegnet. Große Unternehmen wie Flick, so die stereotype Wiederholung vor allem in den Medien, hätten Macht. Was bedeutet denn Macht? Strenggenommen hat Macht nur der, der über Mittel und Möglichkeiten verfügt, anderen seinen Willen zu oktroyieren. In diesem Sinne hat Macht nur der Staat. Er kann auf dem Wege der Gesetzgebung die Bürger dazu zwingen, etwas zu tun, was sie ohne diesen Zwang nicht tun würden. Die wenigsten Bürger würden etwa freiwillig Steuern zahlen. Genauso kann der Staat alles verbieten, was ihn in seinem Bestand gefährden würde, zum Beispiel Parteien, die nicht auf dem Boden des Grundgesetzes stehen. Auch das Gewaltmonopol liegt beim Staat, und das ist gut so.

In der Wirtschaft ist das anders. Wenn mir als Kunde eines Unternehmens oder als Konsument bestimmter Produkte dieses Unternehmen und diese Produkte nicht passen, wechsle ich zur Konkurrenz. Bei uns kann sich jeder seine Bank aussuchen; wenn er nicht kreditwürdig ist, bekommt er freilich nirgends Geld. Es gibt in Deutschland keine Monopole außer denen, die bei Bund, Ländern und Gemeinden liegen.

Ein Wirtschaftsunternehmen, pflegte der alte Flick zu sagen, ist kein Selbstzweck, sondern Mittel zur Erfüllung verschiedener Aufgaben. Aber was treibt einen Unternehmer eigentlich, unter permanenter Publikumsbeschimpfung Risiken einzugehen, statt sich mit seiner Schatulle ans karibische Meer zu setzen und die Beine hochzulegen? Eine wichtige Rolle spielt selbstverständlich der Wunsch nach einer ordentlichen Rendite. Darüber hinaus kann unternehmerischer Erfolg zu einem höheren Ansehen in der Gesellschaft führen. Auch der Wunsch, an der Volkswirtschaft als einem lebendigen Organismus teilzuhaben und Menschen auf diese Weise Beschäftigung zu geben, ist ein starkes unternehmerisches Motiv. Damit ist eine große soziale und volkswirtschaftliche Verantwortung verknüpft.

Ein Unternehmen ist nicht dann wirtschaftlich erfolgreich, wenn es möglichst autark oder möglichst groß ist, sondern wenn es marktgerecht und kundenorientiert produziert und auf diese Weise für Arbeitsplätze sorgt. Das Motiv, Leute zu beschäftigen, entspricht dem ureigensten Interesse des Unternehmens. Neue Arbeitsplätze werden freilich nicht aus Gefälligkeit gegenüber dem Staat oder gegenüber den Gewerkschaften geschaffen, sondern erst dann, wenn die anderen Zwecke, die das Unternehmen verfolgt, nicht gefährdet sind. Politiker, die glauben, daß sie die Beschäftigung von Arbeitnehmern anordnen können, liegen falsch.

In diesem Zusammenhang will ich nicht mein Unbehagen über das seit geraumer Zeit diskutierte Projekt »Bündnis für Arbeit« verbergen. Hierbei sind zwei Ansätze zu unterscheiden, die ich gleichermaßen für gefährlich halte. Tritt der Staat selber als Arbeitgeber in den Ring und sorgt mit öffentlichen Mitteln und staatlichen Förderprogrammen für neue Arbeitsplätze, dann werden diese nicht aus zusätzlicher Produktivität, sondern direkt aus Steuern finanziert. Dies muß langfristig zu einem Verlust der Zahlungsfähigkeit des Staates führen.

Veranlaßt der Staat hingegen mit mehr oder weniger sanftem Druck die Privatwirtschaft, neue Leute einzustellen, dann schiebt er die Verantwortung auf die Unternehmen. Das Motiv für die Beschäftigung von Menschen wird hierbei vollkommen verkannt. Ein Unternehmer stellt nur dann neue Leute ein, wenn er dadurch den Umsatz steigern, das Ergebnis verbessern oder die Qualität seiner Produkte erhöhen kann. In jedem Fall müssen sich Neueinstellungen für den Unternehmer auszahlen.

Ein Unternehmer, der dem Staat zuliebe zusätzliche Kräfte einstellt, die er in Wirklichkeit gar nicht braucht, läuft Gefahr, daß sein Unternehmen notleidend wird. Der Staat läßt ihn dann ziemlich schnell im Stich. Statt Dank dafür, daß er zusätzliche Arbeitsplätze geschaffen hat, erntet er Spott und sieht sich dem Vorwurf des Mißmanagements ausgesetzt. Er hätte doch wissen müssen, heißt es dann, daß er sein Unternehmen ruiniere, wenn er Leute einstelle, die er nicht brauche.

Unternehmerisches Handeln hat nichts mit dem Streben nach Macht oder gar Machtausübung zu tun. Wer an der Spitze großer Unternehmen in der Verantwortung steht, verfügt gewiß über einen beachtlichen Spielraum und hat auch über seinen eigentlichen Bereich hinaus vielfache Gestaltungsmöglichkeiten. Wer aufgrund seiner Qualifikation, seiner Intelligenz und seiner Fähigkeit zur Menschenführung auf einem bestimmten Stuhl sitzt, muß jedoch damit rechnen, daß ihm alle, die ihrerseits gern darauf sitzen würden, diesen Stuhl neiden. Da heißt es dann schnell, die da oben haben Macht.

Ich sage noch einmal: Macht habe ich nur dann, wenn meinem Gegenüber keine andere Möglichkeit bleibt, als das zu tun, was ich will. Im freien Wettbewerb aller gegen alle muß der Unternehmer, wenn er überleben will, seine Ausgangsposition fortwährend überprüfen und verbessern. Mit Mut, Phantasie und Durchsetzungsvermögen kann es ihm gelingen, seine Stellung am Markt auszubauen. Marktwirtschaft ist eine Frage der Gestaltungskraft, und je stärker ein Unternehmen am Markt ist, desto mehr Gestaltungsrecht kommt denen zu, die an seiner Spitze stehen. Unternehmer haben Gestaltungsrecht.

Ich brauchte lange, bis ich mich mit den letzten Feinheiten der Führungsphilosophie des Hauses Flick vertraut gemacht hatte. Es gehörte zum Beispiel zu den Gepflogenheiten der Gruppe, daß mit Außenstehenden nicht über die allgemeine Geschäftspolitik diskutiert wurde. Da die eigentlichen Geschäfte »unten« gemacht würden, so die Devise, sei die Zentrale nicht in der Lage, einzelne Vorgänge zu kommentieren. Um unangenehmen Fragen von Wirtschaftsjournalisten von vornherein aus dem Wege zu gehen, wurden die jährlichen Bilanzpressekonferenzen in den sechziger Jahren so gelegt, daß Friedrich Flick und Konrad Kaletsch aus dringenden Termingründen stets verhindert waren.

Ich erwähnte bereits, daß ich mich, systematisch eingearbeitet von Konrad Kaletsch, besonders auch um die Personalpolitik des Hauses kümmerte. Führungspositionen bei Flick waren begehrt, und eine Reihe erstklassiger Leute stand immer bei uns Schlange. Der besondere Reiz lag nicht in der absoluten Vergütung – Flick zahlte angemessen, aber nicht überproportional –, sondern in einer Kombination von Elementen, in der sich exakt die Philosophie des Hauses widerspiegelte. Vorstände und Direktoren bei Flick trugen uneingeschränkte unternehmerische Verantwortung; sie wurden individuell am Erfolg ihrer Tätigkeit beteiligt und konnten darauf vertrauen, daß Flick ihr Engagement niemals ohne Honorierung ließ; und sie genossen eine hohe soziale Absicherung für sich und ihre Familien. Bei Unfall, Krankheit,

Tod war der Konzern ebenso zur Stelle wie bei der Alterssicherung. Wenn der Mann morgens das Haus verläßt, sagte der alte Flick einmal, und es stößt ihm etwas zu, dann darf sich die Frau nicht ängstigen, daß ihr am Abend der Boden unter den Füßen weggezogen wird.

Die Entscheidung, wen wir einstellten, machten wir uns nicht leicht. Wir entwarfen zunächst eine Stellenbeschreibung: Wie sieht der Mann aus, den wir brauchen. Dann schauten wir uns um, wo es möglicherweise einen geeigneten Kandidaten geben konnte. Hatte man einen ausgeguckt, stellte sich die heikle Frage, wie man an ihn herantrat, ohne gleich die Karten auf den Tisch legen zu müssen. Als Mittelsleute waren vor allem Bankiers sehr hilfreich. Sie arrangierten ein kleines gesellschaftliches Abendessen mit fünf oder sechs Ehepaaren, und in diesem Rahmen ließ sich dann ungezwungen mit dem Kandidaten reden.

Es wäre undenkbar gewesen, eine Führungskraft einzustellen, ohne zuvor Frau und Umfeld kennengelernt zu haben. Von Montag bis Freitag steht ein Manager auf dem Posten, aber wie und wo verbringt er die Zeit von Freitag abend bis Montag früh? Wer eine Führungskraft einstellt, muß sich auch die Frage beantworten: In welchem Zustand bekomme ich den Mann am Montagmorgen zurück? Ist er ansprechbar, hat er übers Wochenende neue Kräfte gesammelt, oder sieht man ihm an, daß er ein turbulentes Wochenende hinter sich hat? Das mag hart klingen und heutzutage vielen als unziemliches Eindringen in die Privatsphäre erscheinen. Es verschafft dem Unternehmer aber zusätzliche Sicherheit, wenn er die Leute, die für ihn arbeiten sollen, auch in ihrem privaten Umfeld kennenlernt. Mit Neugier oder gar Schnüffelei hat das nichts zu tun. Ich hätte auch niemals einen Mann eingestellt, der nicht mindestens zweimal bei mir zu Hause gewesen war. Das Urteil meiner Frau war mir immer wichtig.

Jeder Konzern wählt seine Führungskräfte nach anderen Kriterien aus. Besonders bei der Rekrutierung des Nachwuchses werden alle paar Jahre neue Patentrezepte entwickelt. So soll es bei einer internationalen Unternehmensverwaltung eine Zeitlang Brauch gewesen sein, die Probanden nach einem gemeinsamen Abendessen noch zum Besuch eines Nachtclubs einzuladen. Diejenigen, die sich unter Hinweis auf das Seminar am nächsten Morgen frühzeitig entschuldigten, waren gleich ausgeschieden. Genausowenig Chancen hatten die, die nach reichlichem Alkoholkonsum auffällig wurden und dem Werben der Bardamen erlagen. Nur wer nach zwei Stunden Schlaf morgens um acht pünktlich und frisch erschien, so die Geschichte, sei in die engere Auswahl gekommen.

Nicht nur die Auswahlkriterien haben sich in den letzten Jahren geändert, sondern auch die Stellenbeschreibungen. Die Rangfolge hat sich verkehrt: Nicht das Persönlichkeitsbild, sondern die fachlichen Qualifikationen stehen auf der Wunschliste der Unternehmen heute obenan. Zu den Zeiten, über die ich rede, konnte eine noch so bestechende Qualifikation persönliche und charakterliche Schwächen nicht ausgleichen. Eine Führungskraft, der es an menschlichem Format fehlte, wäre nie akzeptiert worden. Heute sind Tugenden wie Anstand, Höflichkeit, Charakterfestigkeit ins zweite Glied gerückt. Das hängt zusammen mit der Anonymisierung und Verschriftlichung der Auswahlverfahren.

Während wir es in den sechziger und siebziger Jahren noch auf uns nahmen, Führungskräfte selber auszusuchen, wird diese zentrale Aufgabe heute an Personalagenturen und sogenannte Headhunter delegiert. Ursprünglich hatten diese Vermittler keine andere Aufgabe, als Leute anzusprechen, an die wir persönlich nicht herangekommen wären, ohne uns vorzeitig zu erkennen zu geben und uns möglicherweise einen Korb zu holen. Die notwendige Vertraulichkeit konnte schon dann gefährdet sein, wenn sich etwa die Bank, die man einschaltete, über den Versuch der Abwerbung entrüstete, weil sie mit dem Kandidaten längst eigene Pläne verfolgte. Die großen Banken sind in den Aufsichtsräten vieler Unternehmen vertreten, und dies führt zu permanenter Interessenkollision, auch im Personalbereich. Sobald der Personalberater festgestellt hatte, daß ein Kandidat, den wir uns ausgeguckt hatten, gesprächsbereit war, beauftragten wir ihn, den Kontakt herzustellen. Die Gespräche mit den Bewerbern führten wir dann selbstverständlich selbst.

Bis weit in die siebziger Jahre führte die Beratungsbranche ein Dasein am Rande des eigentlichen Wirtschaftslebens. Die Fremdberatung von Unternehmen beschränkte sich in der Regel auf den Kreis derer, die im Aufsichtsrat oder Beirat saßen und selber Verantwortung trugen, ihre Beratung war Teil ihrer Funktion. Das institutionalisierte freie Beratungswesen hat sich erst in letzter Zeit zu einem eigenständigen Dienstleistungsbereich entwickelt. In dieser Branche tummeln sich heute viele, und natürlich sind auch manche schwarze Schafe darunter, insbesondere unter den privaten Finanz- und Anlageberatern. Trotz aller Bemühungen ist der Gesetzgeber bis heute nicht in der Lage, den Beruf des Beraters zu einem geschützten Beruf zu erklären, das heißt, die Voraussetzungen für eine Zulassung zu definieren. Das mag daran liegen, daß zahlreiche Abgeordnete des Deutschen Bundestages selber beratend tätig sind und kein sonderliches Interesse an einer gesetzlichen Regelung zeigen.

Dennoch sollte man das Beratungswesen nicht in Bausch und Bogen verdammen. Gute Unternehmensberater, Leute, die aus der Exekutive kommen und Erfahrungen gesammelt haben, sind für viele Betriebe inzwischen unentbehrlich geworden. Zumal in einem international operierenden Großunternehmen können nicht alle Entscheidungen innerhalb des eigenen Hauses vorbereitet werden; um die notwendigen Informationen etwa vor einer geplanten Übernahme zusammenzubringen, werden deshalb Unternehmensberater eingeschaltet. Es ist günstiger, solche klar definierten Aufträge zu vergeben, als Personal zu unterhalten, dessen Know-how nur sporadisch benötigt wird.

Gefährlich wird die Sache jedoch, sobald mit der Beauftragung eines Beraters bereits Vorentscheidungen aus der Hand gegeben werden. Ein verantwortungsbewußter Unternehmer darf einen

Berater, der nicht Organ des Unternehmens ist, immer nur bis zu einer bestimmten Grenze in Anspruch nehmen und ihn nicht in den Vorraum der Entscheidung einlassen. Es ist etwas anderes, ob ich mir durch bestimmte Zuarbeiten Entscheidungshilfen verschaffe, die ich dann in meine Beurteilung einfließen lasse, oder ob ich Verantwortung abgebe, weil ich mir eine Entscheidung nicht zutraue. Damit gelangt der Berater auf die Entscheidungsebene, und das ist tödlich. Es diskreditiert jedes Unternehmen, wenn die Führung sich auf diese Weise um die Verantwortung drückt. Spitzenmanager werden unter anderem auch dafür bezahlt, daß man von ihnen ein klares Ja oder Nein erwartet.

Dies gilt auch und gerade auf einem so heiklen Gebiet wie dem der Personalpolitik. In der Leichtfertigkeit, mit der heute viele Posten besetzt werden, liegt für mich eine der Ursachen dafür, daß in der gewerblichen Wirtschaft so vieles schiefläuft. Eingestellt wird oft genug der, der die besten Zeugnisse vorweisen kann und auf der Checkliste des Headhunters die höchste Punktzahl erreicht. Den Zertifikaten der Elite-Hochschulen wird dabei eine viel zu große Bedeutung beigemessen. Die soziale Komponente hingegen, die Jobs von einer bestimmten Größenordnung an erfordern, kommt viel zu kurz.

Fehlentscheidungen bei Vorstandsbesetzungen waren in den fünfziger und sechziger Jahren die seltene Ausnahme. Man schaute sich die Leute auch deshalb sehr viel genauer an, weil man vor Fehlgriffen eine höllische Angst hatte. Nicht weil man Abfindungen fürchtete, sondern weil man wußte, daß Unruhe an der Spitze den Ruf eines Unternehmens nachhaltig beschädigt. Heute ist man mit Abfindungen schnell bei der Hand. Aber die Einstellung, es sei besser, einem schlechten Mann ein paar Millionen in die Hand zu drücken als ihn weiterzubeschäftigen, zielt am Kern des Problems vorbei. Abfindungen sind nicht eine Frage des Geldes. Wer auf der höchsten Ebene nach dem Prinzip des »trial and error« immer wieder Leute austauscht, offenbart ein elementares Unvermögen. Das ist ein hohes Diskreditum in der gewerblichen Wirtschaft – ganz zu schweigen von den verheerenden Auswirkungen auf die eigene Belegschaft.

Die negativen Überraschungen, die wir heute immer wieder erleben, hängen auch damit zusammen, daß das Vertrauensverhältnis zwischen Unternehmen und Führungskräften in vielen Fällen nicht besonders ausgeprägt ist. Das Personalkarussell dreht sich entschieden schneller, für ein paar Schnäpse mehr zuzüglich Chauffeur wechselt man schon mal die Firma. Das Gehalt ist zum absoluten Maßstab geworden, und da verwundert es nicht, daß manche sogar meinen, die Höhe der ausgehandelten Abfindung sei ein Gradmesser für den beruflichen Erfolg. Über die Höhe von Abfindungen zu spekulieren und sie untereinander zu vergleichen ist seit den achtziger Jahren fast zu einer Art Gesellschaftsspiel geworden. Man sollte besser fragen, ob die hierfür zuständigen und verantwortlichen Aufsichtsräte richtig besetzt sind. Es wäre interessant, einmal zu errechnen, was aufgrund der permanenten Fehlentscheidungen im Personalbereich an volkswirtschaftlichem Vermögen jährlich verschleudert wird.

Es waren nicht zuletzt Personalentscheidungen an der Spitze von Daimler-Benz, die 1970 zu einem Dissens zwischen Friedrich Karl und mir beitrugen. Da ich mein damaliges Ausscheiden aus dem Konzern im Rückblick nicht überbewerten möchte – im Frühjahr 1973 kehrte ich aufgrund einer testamentarischen Verfügung Friedrich Flicks nach Düsseldorf zurück –, will ich die Details unserer Diskussion hier nicht ausbreiten. Es waren auch nicht Meinungsverschiedenheiten über die Führung von Daimler allein, die mich zu diesem Schritt bewogen. Vielleicht verspürte ich mit 44 Jahren ganz einfach auch den Wunsch, an anderer Stelle noch einmal neu anzufangen.

Wirtschaft und Politik

Diejenigen, die sich von diesem Kapitel nachträgliche Enthüllungen zur sogenannten Parteispendenaffäre versprechen, muß ich enttäuschen. Am 16. Februar 1987 wurde ich von der 7. Großen Strafkammer des Landgerichts Bonn vom Vorwurf der Bestechung und Vorteilsgewährung in allen Punkten freigesprochen, und ich habe nicht die Absicht, die Gerichtsakten hier noch einmal aufzublättern. Wer mich kennt, weiß, daß ich Loyalität immer über alles gestellt habe, auch dann, wenn sich andere nicht an die Spielregeln hielten. Unter dem Strich hat mir diese Haltung mehr Kredit verschafft, als wenn ich versucht hätte, mein Recht durchzusetzen, und dabei einige zum Teil höchst prominente Personen in Mitleidenschaft gezogen worden wären. »Hätte ich mich retten wollen«, sagte ich im Sommer 1986 in einem Interview mit Ben Witter von der *Zeit*, »stünde ich nicht vor Gericht … Ich bin kein Rachetyp, ich kann niemandem das Gesicht zerkratzen.«

»Die gekaufte Republik«, wie der *Spiegel* seine Sonderveröffentlichung sensationslüstern nannte, war ein linkes Hirngespinst. Die Hysterie allerdings, die durch die wöchentlichen »Enthüllungen« ausgelöst wurde, stürzte die Bundesrepublik in eine schwere innere Krise und hat erheblich zum Verdruß der Bürger über die Politik beigetragen. Das lag natürlich auch an der Amnesie der beteiligten Politiker, die, von den Staatsanwälten nach den Hintergründen befragt, sich an gar nichts mehr erinnern konnten. Sie litten plötzlich unter starkem Gedächtnisschwund. Im folgenden will ich versuchen, die verschiedenen Faktoren, die in dieser Affäre auf unheilvolle Weise kumulierten, zu ordnen und ein wenig Licht ins Dunkel der Vergeßlichkeit zu bringen.

Ich muß vorausschicken, daß die Affäre niemals korrekt bezeichnet wurde. Als sich die staatsanwaltschaftlichen Ermittlungen 1982 auf die Flick-Gruppe zu konzentrieren begannen, wurde aus der ursprünglichen »Parteispendenaffäre« die »Flick-Affäre«. Das eine war so falsch wie das andere. Die simple Verkürzung der Affäre auf den Namen Flick hatte für die Publizistik jedoch den enormen Vorteil, die ach so finsteren Mächte des Kapitals, die mit der hemmungslosen Durchsetzung ihrer Interessen das Gemeinwohl bedrohten, endlich dingfest machen zu können. Auch einige der beteiligten Politiker erkannten hier ihre Chance und riefen nach dem bewährten Muster: Haltet den Dieb! Mit dem Namen Flick verknüpften sich seit längerem negative Emotionen, und so stellte es für viele eine geradezu glückliche Fügung dar, daß nicht Vertreter einer anonymen Aktiengesellschaft wie Veba oder Unilever, gegen die ebenfalls ermittelt worden war, auf der Anklagebank saßen, sondern der persönlich haftende geschäftsführende Gesellschafter jenes Familienunternehmens, dem man schon immer ein besonders enges Verhältnis zur Politik nachgesagt hatte.

In der Sache ging es natürlich nicht um Personen, schon gar nicht um Personen des Hauses Flick. Es ging vielmehr um die Frage, ob die seit Gründung der Bundesrepublik regelmäßig erfolgten Zahlungen an die großen, im Bundestag vertretenen Parteien in irgendeinem Zusammenhang standen mit Entscheidungen des Bundeswirtschaftsministeriums von 1976 und 1978, dem Flick-Konzern aufgrund § 6b des Einkommensteuergesetzes und § 4 des Auslandsinvestitionsgesetzes eine Steuerbefreiung für die Neuanlage des Erlöses aus dem Verkauf von 29 Prozent der Daimler-Aktien zu gewähren. Die Materie war höchst kompliziert, und die Staatsanwaltschaft versuchte gar nicht erst, sich näher damit zu befassen. Im nächsten Kapitel habe ich den Versuch unternommen, den Verlauf der Gespräche zwischen dem Bundeswirtschaftsministerium und dem Hause Flick in der Zeit von Januar 1975, als Bundeskanzler Schmidt grünes Licht für die Transaktionen gab, bis September 1976, als Wirtschaftsminister Friderichs unsere ersten Anträge positiv beschied, nach meinen persönlichen Unterlagen zu rekonstruieren.

Die Ermittlungen der Staatsanwaltschaft richteten sich nicht auf die Frage, ob die ministerielle Zustimmung an sich zulässig war oder nicht, sondern dienten allein der Klärung des Verdachts, daß die Entscheidung möglicherweise in der Art ihres Zustandekommens zu beanstanden war. Die Staatsanwälte gingen davon aus, daß durch die jahrelangen Zuwendungen des Hauses Flick an die verschiedenen Parteien Abhängigkeiten entstanden waren, die die zuständigen Minister, insbesondere Wirtschaftsminister Friderichs und seinen Nachfolger Graf Lambsdorff, veranlaßt hätten, die entsprechenden Anträge zu befürworten. Mit dem Urteil des Bonner Landgerichts, in dem Hans Friderichs und Otto Graf Lambsdorff vom Vorwurf der Bestechlichkeit und Vorteilsnahme im Amt freigesprochen wurden, war auch dieser Verdacht aus der Welt geräumt.

Der Freispruch von Friderichs, Graf Lambsdorff und mir hatte jedoch einen Schönheitsfehler. Das Gericht hatte zwar festgestellt, daß die Zuwendungen an die Parteien und die Entscheidung im Falle Daimler/6b nicht in einen kausalen Zusammenhang zu bringen waren und deshalb weder Bestechung noch Bestechlichkeit vorlagen. Im Zuge der Ermittlungen war aber auch die Praxis dieser Zuwendungen genauer untersucht worden, und hier erkannte das Gericht ein klares Versäumnis der Beteiligten. Verurteilt wurde die Art und Weise, wie sich die Parteien über Jahre hinweg die von ihnen benötigten Geldmittel aus der Wirtschaft besorgt hatten, angeblich am Gesetzgeber und am Fiskus vorbei.

Weil man solche Zuwendungen traditionell »Parteispenden« nennt und ebendiese Parteispenden bereits in den Jahren zuvor für erhebliches öffentliches Aufsehen gesorgt hatten, erhielt die

Affäre den Namen »Parteispendenaffäre«. Ich habe mich aus einem ganz einfachen Grund stets gegen diese Bezeichnung gewehrt: Wer spendet, spendet freiwillig. Flick hat jährlich einige Millionen für soziale Einrichtungen gespendet, für Krankenhäuser, Waisenhäuser, Behindertenheime. Die Zuwendungen an die Parteien aber waren in diesem Sinne keine Spenden. Weder die Friedrich Flick KG noch irgendein anderes der mir bekannten großen Unternehmen hätte aus freien Stücken einer politischen Partei Geld zukommen lassen. Bei den Zuwendungen an die Parteien handelte es sich vielmehr um Schutzgelder. Die sogenannte Spendenaffäre war in Wahrheit eine »Schutzgeldaffäre«.

Es wurde im Zuge dieser Affäre immer wieder festgestellt, mit den Zahlungen sei Wohlverhalten erkauft worden. Das ist vollkommen richtig. Die Wirtschaft erkaufte sich jedoch nicht das Wohlverhalten der Parteien, um eine ihren Interessen günstige Politik zu fördern, sondern umgekehrt, das Wohlverhalten der Politiker gegenüber der Wirtschaft war davon abhängig, daß die Wirtschaft ihren Obolus entrichtete. Die Wirtschaft zahlte Schutzgelder, um sich vor Repressionen in Form wirtschaftsfeindlicher Politik zu schützen. Die Zahlungen erfolgten nicht, weil wir den Eindruck hatten, uns auf diese Weise die Vertreter der Politik dienstbar machen zu können. Sie erfolgten, weil wir andernfalls in die Isolation geraten wären. Nach einem Schlüssel, den die Parteien festlegten, wurden die einzelnen Branchen und innerhalb dieser Branchen die einzelnen Unternehmen zur Kasse gebeten. Wer viel erwirtschaftete, mußte folglich viel zahlen. Parteispenden waren nichts anderes als eine Form der indirekten Steuern.

Mir ist bewußt, daß meine Sicht der Dinge Empörung hervorrufen wird, nicht zuletzt bei denen, die sich an gar nichts mehr erinnern. Aber ich wiederhole es noch einmal: Die permanenten Bitten sämtlicher Parteien und ihrer Schatzmeister um eine neue Spende enthielten im Kern die Aufforderung zu einer freiwilligen Leistung, von der jedermann wußte, daß es Nachteile für das eigene Unternehmen und für die Wirtschaft insgesamt mit sich brachte, falls man der Bitte nicht nachkam. Bekenne dich zur parlamentarischen Demokratie und zur sozialen Marktwirtschaft, so die Parole, nach Maßgabe dessen, was du vermagst, entsprechend deinem Vermögen und Einkommen.

Sicher wird der Begriff Schutzgeld nicht jedem auf Anhieb einleuchten, und mancher wird ihn auch für nicht angemessen halten; wir sollten die Kirche im Dorf lassen und das beschauliche Bonn nicht mit dem Chicago Al Capones gleichsetzen. Dennoch: Die Schutzgeldaffäre berührte eines der Grundprobleme unserer Verfassungswirklichkeit. Das Grundgesetz hat, nicht zuletzt mit Hinblick auf die bitteren Erfahrungen des Dritten Reichs, strikt getrennt zwischen Staat und Parteien und jeder staatlich-institutionellen Verfestigung der Parteien einen Riegel vorgeschoben. Artikel 21 räumt den Parteien lediglich ein Mitgestaltungsrecht ein: »Die Parteien wirken bei der politischen Willensbildung des Volkes mit.« Die Macht der Parteiapparate hatte aber längst eine ganz andere Wirklichkeit herbeigeführt.

Eines der Hauptprobleme von Parteien bestand schon immer darin, daß sie grundsätzlich knapp bei Kasse sind. Daß sie sich aus Mitteln von Bund und Ländern finanzieren, war und ist unvereinbar mit dem Grundgesetz, das die Unabhängigkeit der Parteien vom Staat fordert. Aber auch die Unabhängigkeit von privaten Spendern muß gewährleistet sein, so will es der Gesetzgeber. In mehreren Urteilen hat das Bundesverfassungsgericht diese Grundsätze bestätigt. Die Höhe der von der Steuer absetzbaren Parteispenden war 1958 erstmals limitiert und danach mehrfach um ein paar Groschen herauf- und heruntergesetzt worden. 1968 hatte das Bundesverfassungsgericht angemahnt, daß jede Spende, die einen Betrag von 20 000 DM überschritt, von den Parteien offenzulegen sei. Wiederum zehn Jahre später war auch der Vorstoß der Parteien, als gemeinnützige Einrichtungen anerkannt zu werden, um sich auf diese Weise des Steuerproblems endgültig zu entledigen, am Widerstand der Karlsruher Richter gescheitert. Franz Josef Strauß, immer gut für ein Bonmot, hielt es für einen »untragbaren Zustand, daß zum Beispiel ein Verein zur Förderung der Züchtung von Rassehunden gemeinnützig ist, während es bei den politischen Parteien ... nicht der Fall ist«.

Nun waren steuerfreie Spenden und selbst Spenden bis zur Offenlegungsgrenze von 20 000 DM eher Beiträge zur Portokasse der Parteien als eine Summe, die ihre Wünsche auch nur entfernt befriedigt hätte. Allein die Wahlkämpfe verschlingen zig Millionen. Also mußten Wege gefunden werden, die den Parteien einen direkten Zugriff auf die Spenden ermöglichten, ohne daß dies publik wurde und ohne daß Steuern abgeführt werden mußten. Erstens wollten die Parteien den ganzen Kuchen, und zweitens war es den Schutzgeldbefohlenen kaum zuzumuten, ihre Zahlungen obendrein auch noch zu versteuern.

Die Parteien waren in diesem Punkt höchst erfinderisch. Mit Hilfe der Staatsbürgerlichen Vereinigung, der parteinahen Stiftungen und sonstiger Organisationen gelangten sie in den Genuß großer, von ihnen dringend benötigter Beträge. Besonders beliebt waren Barzahlungen. Über diverse Einrichtungen oder auch über Auslandstransfers halfen die Parteien, das Geld zu »waschen«, das ihnen anschließend aus den sogenannten schwarzen Kassen der Unternehmen zufließen sollte.

Trotz allen Manövrierens der Parteien blieb der Straftatbestand der Steuerhinterziehung erhalten. Da die Steuererhebung unter Länderhoheit fällt, wurde die strafrechtliche Verfolgung in den einzelnen Bundesländern jedoch sehr unterschiedlich gehandhabt. Einer der renommiertesten Unternehmer des Landes, der Inhaber der Kölner Zuckerwerke Pfeiffer & Langen, wurde durch ein gegen ihn eröffnetes Verfahren fast an den Rand des Selbstmords getrieben. In Hessen dagegen hielt die sozialdemokratische Justizverwaltung den Deckel drauf. Dort saß nämlich die Bank für Gemeinwirtschaft, die unter ihrem langjährigen Chef Walter Hesselbach besonders tief im Spendenschlamassel steckte. Während Franz Josef Strauß dafür sorgte, daß jede Art von juristischer Verfolgung in Bayern unterblieb, gab Johannes Rau in Nordrhein-Westfalen Feuer frei.

Ende November 1981 unterbreitete ein Allparteienzirkel der im Bundestag vertretenen Parteien einen internen Vorschlag für ein »Gesetz zur Änderung von Rechtsvorschriften betreffend politische Parteien«. Es war der vorletzte Versuch einer gesetzlichen Amnestie für Politiker, die ihre Spender ermutigt und ihnen auch konkret geholfen hatten, Spenden am Fiskus vorbeizuschleusen. Alle Beteiligten einschließlich der Justiz- und Finanzbehörden hätten die Praxis der Geldbeschaffung gekannt, so Graf Lambsdorff, von 1968 bis 1978 Schatzmeister der FDP in Nordrhein-Westfalen. Angesichts der in der Bevölkerung zunehmenden Parteienverdrossenheit sei es an der Zeit, »jetzt den Knoten durchzuhauen«. Die Initiative scheiterte in den Weihnachtstagen 1981, im unmittelbaren Vorfeld der Flick-Verfolgung, am Widerstand der SPD-Fraktion. Weder der Parteivorsitzende Brandt noch der Fraktionsvorsitzende Wehner hatten sich gegen die Mehrheit der Genossen durchsetzen können. Auch Hans-Dietrich Genscher appellierte vergeblich: »Um der Funktionsfähigkeit der Demokratie willen« müsse eine Tragödie verhindert werden, in die alle Parteien und die Spitzen der Industrie verwickelt seien; andernfalls könnte es der Presse gelingen, »den Staat zu zerstören«.

Das waren pathetische Worte, aber der Zug war bereits abgefahren. Die Politiker hatten eine rechtzeitige Regelung verschlafen und die Brisanz der Materie erst erkannt, nachdem die Öffentlichkeit hellhörig geworden war. Die Aufmerksamkeit der Staatsanwaltschaft galt zu diesem Zeitpunkt bereits voll und ganz dem Haus Flick.

Ein Zufallsfund hatte die Sache ins Rollen gebracht. Im Safe des Flick-Chefbuchhalters Rudolf Diehl, der durch Unregelmäßigkeiten in seiner privaten Steuererklärung aufgefallen war, hatten Steuerfahnder Unterlagen über langjährige Zuwendungen des Hauses an die politischen Parteien sichergestellt. Anfang

März 1982 wurde das Ermittlungsverfahren eröffnet. Die beteiligten Politiker müssen es geradezu als eine Erleichterung empfunden haben, daß ihnen die Staatsanwaltschaft hier einen Buhmann lieferte, hinter dem sie sich verstecken konnten und auf den sie nun ihrerseits ordentlich eindroschen. »Ich würde von Herrn Flick nicht mal ein Käsebrötchen nehmen«, entrüstete sich einer der Hauptverdächtigen des Ermittlungsverfahrens, der ehemalige Bundesfinanzminister Hans Matthöfer.

Die Verschwörungstheorie, angezettelt von jenem Hamburger Magazin, dessen Herausgeber sich brüstete, den »größten Skandal seit der Spiegel-Affäre« aufgedeckt zu haben, nahm ihren Lauf. Auf die unappetitlichen Aspekte dieser Medienkampagne werde ich an anderer Stelle eingehen. Hier kommt es mir zunächst darauf an, zu erläutern, warum ich gegen das Urteil vom Februar 1987 keine Berufung einlegte. Zwar wurde ich von dem ungeheuerlichen und diffamierenden Vorwurf der Bestechung freigesprochen, aber das Gericht sah es als erwiesen an, daß ich die Praxis der Schutzgeldzahlungen geduldet und fortgesetzt und mich auf diese Weise der Steuerhinterziehung schuldig gemacht hätte. Die Steuern hatte ich, wie das Gericht zweifelsfrei feststellte, nicht zu meinem persönlichen Vorteil oder zum Vorteil des Unternehmens Flick verkürzt, sondern zugunsten Dritter, das heißt zugunsten der Parteien, die nach ihrem Selbstverständnis einen Teil des Staates repräsentieren. Steuern zugunsten des Staates hinterziehen: damit war die Sache nun wirklich auf den Kopf gestellt.

In einer persönlichen Stellungnahme zum Urteil des Bonner Landgerichts schrieb ich damals:

> »Mein Entschluß, meine Verurteilung wegen angeblicher Steuerverkürzung nicht mehr anzugreifen, bedeutet keineswegs ein Eingeständnis der Richtigkeit dieses Urteils. Ganz im Gegenteil: Ich halte das Urteil unverändert für falsch. Gleichwohl mußte ich bei der gebotenen realistischen Betrachtung dem Umstand Rechnung tragen, daß es in der vorliegenden Sache keine zweite Tatsacheninstanz gibt. Nur eine solche

hätte die fehlerhaften tatsächlichen Feststellungen des vorliegenden Urteils korrigieren können. Mit einer Revision lassen sich aber immer nur Fehler in der Rechtsanwendung rügen. Da aber das Landgericht Bonn in seinem Urteil die bereits festgeschriebene – so sicherlich nicht richtige – Rechtsauffassung des Bundesgerichtshofes zu der strafrechtlichen Würdigung der Parteispendenpraxis übernommen hat, konnte ich mich nicht der Erkenntnis entziehen, daß die Erfolgsaussichten einer Revision fraglich sind. Hierauf haben meine Anwälte mich ausdrücklich hingewiesen.

Die Situation wäre sicherlich anders, wenn es dem Landgericht Bonn möglich gewesen wäre, die volle Wahrheit über die Praxis der Parteispenden festzustellen. Das aber war angesichts des Aussageverhaltens prominenter Politiker aller Parteien, insbesondere ihres oft bemerkenswerten Gedächtnisschwundes, und angesichts der auffälligen Erinnerungslücken der als Zeugen vernommenen Finanzbeamten nicht möglich. Hätten die Politiker, von denen viele gleichzeitig höchste Staatsämter bekleideten, den Mut gehabt, sich dazu zu bekennen, daß sie den Spendern bei der Einwerbung von Spenden jahrzehntelang die Überzeugung vermittelt hatten, die von ihnen aufgezeigten und empfohlenen Zahlungswege seien in jeder Hinsicht unbedenklich, so hätte das Landgericht Bonn mich vom Vorwurf der Steuerverkürzung freisprechen müssen. Das gilt erst recht, wenn es möglich gewesen wäre, das volle Ausmaß der Kenntnis und Duldung der Parteispendenpraxis durch die Finanzverwaltung auf allen Ebenen aufzudecken.«

Als persönlich haftender geschäftsführender Gesellschafter der Friedrich Flick KG trug ich formal die Verantwortung, auch wenn das Gericht feststellte, daß keiner der beanstandeten Sachverhalte von mir persönlich geschaffen worden war. Der formalen Haftung, die aus meiner Position als solcher erwuchs, stellte ich mich und akzeptierte das Urteil.

Verschwörungstheorien unterliegen ihren eigenen Gesetzmäßigkeiten. Sind die einzelnen Faktoren scheinbar plausibel, entfalten solche Theorien eine Suggestion, der sich auch der unvoreingenommene Beobachter auf Dauer nur schwer entziehen kann. Zu den am häufigsten kolportierten Legenden über den angeblich verhängnisvollen Einfluß der Wirtschaft auf die Politik gehört die These, Hitler sei 1933 mit Hilfe des Großkapitals an die Macht gelangt. In Wirklichkeit standen die Vertreter der deutschen Wirtschaft der Hitler-Bewegung höchst skeptisch gegenüber. Von einzelnen Ausnahmen wie Fritz Thyssen und Emil Kirdorf abgesehen, verhielt sich die Mehrheit abwartend. Das Wirtschaftsprogramm der Partei war viel zu vage und entsprach ganz und gar nicht dem, was sich die Großindustrie an staatlichen Rahmenbedingungen erhoffte. Weder der Vorsitzende des Reichsverbands der Deutschen Industrie, Gustav Krupp von Bohlen und Halbach, noch Carl Bosch, der Vorstandsvorsitzende der IG Farben, weder Albert Vögler von den Vereinigten Stahlwerken noch Paul Reusch, der Gründer der Ruhrlade, kamen den drängenden Bitten der NSDAP um Wahlkampfspenden nach. Von der Ernennung Hitlers zum Reichskanzler am 30. Januar 1933 wurde die Elite der deutschen Unternehmer genauso überrascht wie alle anderen.

Was die Stunde geschlagen hatte, erfuhren die Spitzenvertreter der deutschen Industrie drei Wochen später, als sie einer Einladung Hermann Görings Folge leisteten. Die zwei Dutzend Unternehmer, die unter der Leitung Krupps nach Berlin angereist waren, mußten zunächst einen jener gefürchteten Monologe Hitlers über sich ergehen lassen, der sich anderthalb Stunden lang über den Primat der Politik über die Wirtschaft verbreitete. Unmittelbar nach Ende seiner Rede verließ Hitler den Raum. Dann sprach Göring, und auch er ließ die Vertreter der Wirtschaft am Ende einfach stehen. Statt seiner erschien Reichsbankpräsident Hjalmar Schacht und bat zur Kasse. Er legte einen Wechsel über drei Millionen Reichsmark vor, die er entsprechend den verschiedenen Branchen bereits aufgeschlüsselt hatte. Die angereisten Herren sollten nur noch unterschreiben. Dies war der erste größere Betrag für Hitler aus Kreisen der Großindustrie.

Es wäre sicher überzogen, in diesem Zusammenhang von Erpressung der Industrie durch die neue Regierung zu reden, dazu war Hitler im Februar 1933 noch nicht stark genug. Aber das gespenstische Treffen in Görings Amtssitz am 20. Februar illustriert die eigentlichen Machtverhältnisse und läßt deutlich werden, warum der Begriff Schutzgeld auch historisch seine Berechtigung hat. Wie fast alle anderen gesellschaftlich relevanten Gruppen und Institutionen wurden auch Industrie und Wirtschaft in den Wochen und Monaten nach der Machtergreifung aufgefordert, Wohlverhalten gegenüber der neuen Regierung an den Tag zu legen. Gemessen wurde dieses Wohlverhalten an der Bereitschaft, zu »spenden«.

Verschwörungstheorien sind sehr viel einprägsamer: Das Kapital hat immer schon seine Interessen durchzusetzen gewußt; wer zahlt, bestimmt die Musik. Und ähnlich wie Hitler nur eine Marionette in den Händen der Stahl- und Kohlemagnaten war, wurden nach dem Krieg die Geschicke der Bundesrepublik in wesentlichen Teilen von denen bestimmt, die über die Produktionsmittel verfügten. »Was linke Stamokap-Ideologen über die ›Instrumentalisierung der Politik durch das Kapital‹ schon immer behaupteten«, so Rudolf Augstein in einem seiner vielen stolzgeschwellten Kommentare zur Schutzgeldaffäre, sei nunmehr »aktenkundig gemacht«. Wo »die Geldgeber der Parteien die Richtlinien der Politik bestimmen«, seien sämtliche »Maßstäbe für die gebotene Trennung von öffentlichen Interessen und privatwirtschaftlicher Macht verlorengegangen«.

In der gleichen Nummer des *Spiegels*, die rechtzeitig einen Tag vor Anklageerhebung am 29. November 1983 erschien – das Magazin war Staatsanwaltschaft und Gericht meist immer ein paar Schritte voraus –, meldete sich auch Hans Magnus Enzensberger zu Wort. Er ging das Thema, über das sich bereits Kollegen wie

Heinrich Böll, Golo Mann und Walter Jens lautstark entrüstet hatten, immerhin mit einigem Witz an. In der Bibliothek seines Vaters, so Enzensberger, habe er als Kind besonders gern die großformatigen Bildbände über »Sitten und Gebräuche der Naturvölker« betrachtet. Die im *Spiegel* publizierten vertraulichen Notizen aus dem Hause Flick erinnerten ihn an diese Kindheitslektüre, hätten sie ihm doch »gewisse Einblicke in ein Milieu« verschafft, »das nicht weniger merkwürdig anmutet als das der Kopfjäger von Papua-Neuguinea«. So originell die Sichtweise auch sein mochte, Enzensberger verlor ein wenig den Überblick und mußte einräumen, daß selbst Ethnologen »sich nicht immer leicht dabei tun ... mit der gebotenen Sorgfalt zu unterscheiden«.

In der Tat offenbarte die Schutzgeldaffäre einen Verfall der politischen Sitten in einem bis dahin unvorstellbaren Ausmaß. Die Öffentlichkeit nahm vor allem Anstoß daran, daß führende Politiker über Jahre hinweg bei großen Unternehmen die Hand aufgehalten und sich damit möglicherweise in Abhängigkeit gebracht hatten. Über die Frage der Abhängigkeit von Politikern möchte ich hier nicht spekulieren. Das muß jeder einzelne mit seinem Gewissen ausmachen. Wer glaubt, daß er in Abhängigkeit geraten könnte, und diese Abhängigkeit für unzumutbar hält, muß eine Verbindung abbrechen. Für mich persönlich war es jedenfalls immer abwegig, anzunehmen, daß mein Gegenüber korrupt sein könnte. Ich wäre nie auf die Idee gekommen, einem Gesprächspartner irgendeine Avance zu machen. Andererseits kann ich natürlich nicht meine Hand dafür ins Feuer legen, daß sich keiner der Politiker, die von uns bedient wurden, auch persönlich bereichert hat.

Im übrigen beginnt die Bestechlichkeit von Politikern ja nicht erst da, wo einer Bargeld einsteckt. Bei einem bestimmten Politikertyp hat sich eine Grundhaltung eingeschlichen, die ich nur als schäbig bezeichnen kann. Die kleine Vorteilnahme und Bereicherung beginnt in dem Moment, wo ein Politiker aus einem öffentlichen Amt Ansprüche ableitet, die dieses Amt gar nicht hergibt. Das muß nicht immer so spektakulär sein wie bei Familie Süssmuth, wo der Dienstwagen für alle möglichen Privatfahrten eingesetzt wurde und für den Umzug der Tochter zum Studium in der Schweiz ein Transporter des Bundestages angerollt sein soll.

War man in den siebziger Jahren von einem Bonner Politiker in das beliebte Restaurant von Ria Maternus eingeladen, sah es so aus, als ob es sich um eine persönliche Einladung handelte. Hinterher wurde angeschrieben, die Rechnung ging an den Steuerzahler. Niemand verlangt, daß ein Politiker einen Vertreter der Industrie zum Essen einlädt. Aber wenn er es tut, sollte er nicht den Eindruck erwecken, daß er aus eigener Tasche zahlt. Was ich vermisse, ist die saubere Trennung. Wenn ich einlud, habe ich persönliche Freunde persönlich bewirtet und Geschäftsessen, die meist in unserem »Kasino«, bei »Müllers & Fest«, stattfanden, über das Haus Flick abgerechnet.

Für mich war die Trennlinie immer klar. Einladungen, die gesellschaftlich geboten waren, Gefälligkeiten, die mir selbstverständlich erschienen, habe ich nicht erst daraufhin geprüft, ob dies von anderen möglicherweise als Kungelei ausgelegt werden konnte. Wir müssen darauf achten, uns nicht zu Gefangenen eines Zeitgeists zu machen, der jeden kriminalisiert, der etwas mehr besitzt. Im freien Spiel der Kräfte muß ein Unternehmer auch einmal Gastgeber sein dürfen. Vor hundert Jahren nahm niemand Anstoß, wenn Wilhelm II. bei Krupp eingeladen war oder mit Albert Ballin segelte, und die Auszeichnung »Hoflieferant« war für jeden Unternehmer ein begehrtes Privileg. Die Zeiten haben sich geändert. Sollte ein Politiker heute den Wunsch äußern, zur Jagd eingeladen zu werden oder bei Gelegenheit den Firmenjet zu benutzen, müßte der Unternehmer dies nach den Regeln der »Political correctness« ablehnen. Als Folge bliebe ihm freilich nur die Wahl, auszuwandern oder zu liquidieren.

Wenn der Gemeindebürgermeister mit dem Dienstwagen zur

Jahresausstellung des Brieftaubenzüchtervereins fährt, nimmt niemand Anstoß. Bittet Flick zur Vorbereitung einer Großwildjagd in Schwarzafrika das Auswärtige Amt um Mithilfe, hat die Presse ihren nächsten Skandal. Der freie Umgangston auf allen Ebenen gehört zu den wesentlichen Voraussetzungen einer intakten Gesellschaftsordnung. Im Verhältnis zwischen Politik und Wirtschaft ist diese Selbstverständlichkeit aus Angst vor möglicherweise entstehenden Abhängigkeiten jedoch längst verlorengegangen. Vielleicht hängt das auch damit zusammen, daß die Geselligkeit stark nachgelassen hat. In den sechziger und siebziger Jahren war ein leitender Mann der Wirtschaft dreimal die Woche eingeladen, davon mindestens einmal in Bonn. Statt gesetzter Essen im Kreis von sechs bis zwölf Personen gibt es heute Stehempfang mit Häppchen.

Als in der Öffentlichkeit die ersten Belege dafür auftauchten, daß sich die Parteien seit Bestehen der Bundesrepublik aus unversteuerten Mitteln finanzierten, distanzierten sich die hierfür Verantwortlichen schleunigst. Gleichsam über Nacht waren ihnen die langjährigen guten Kontakte zur gewerblichen Wirtschaft nicht mehr geheuer. Aus Opportunitätsgründen zeigten viele Politiker plötzlich Verständnis für die in der Öffentlichkeit weit verbreiteten Vorbehalte gegen jede Form der Kapitalakkumulation. Wirtschaft und Staat stünden in natürlicher Gegnerschaft zueinander. Hier lag der eigentliche Skandal. Das über Jahrzehnte mühsam aufgebaute Vertrauensverhältnis von Politik und Wirtschaft war binnen kurzem in seinen Fundamenten zerstört.

Den Kern des Problems hat Herbert Kremp zu Beginn der Affäre im November 1982 in der *Welt* auf den Punkt gebracht: »Nichts vermag in der wohlhabenden Republik leichter Verdächte zu erregen als eine normale und interessierte, jedenfalls nicht feindselige Beziehung zwischen den Sphären des Staates und der Wirtschaft.« Wirtschaft und Staat, so hätte er hinzufügen können, sind aufeinander angewiesen, und von dem jeweiligen Grad des Einvernehmens, der zwischen beiden hergestellt werden kann, hängt das Wohl der Volkswirtschaft ab, von dem wiederum alle Bürger profitieren.

Für mich zählt das freimütige Zusammenspiel von Wirtschaft und Politik zu den Essentials einer funktionierenden Marktwirtschaft. Aufgrund meiner persönlichen Erfahrungen in den fünfziger und sechziger Jahren würde ich sogar behaupten, ohne das damals von beiden Seiten recht schnell etablierte gegenseitige Vertrauen hätte sich der Wiederaufbau der Bundesrepublik sehr viel schwieriger gestaltet. Jeder Unternehmer, der sich darum bemühte, konnte aus erster Hand erfahren, was in der Politik vor sich ging, so wie umgekehrt die Politiker rechtzeitig darüber informiert waren, was die Unternehmer planten und wo sie der Schuh drückte.

Die erfolgreiche Zusammenarbeit gründete auf der Erkenntnis, daß die Aufgaben von Politik und Wirtschaft nur gemeinsam und nur im Kontext lösbar sind, nur wenn der eine die Interessen des anderen versteht und die Grenzen seiner Möglichkeiten akzeptiert. Die großen gesetzgeberischen Würfe der fünfziger und sechziger Jahre – etwa das vorbildliche Krankenversorgungssystem – entstanden im Konsens aller gesellschaftlicher Gruppen. Eine der wesentlichen Voraussetzungen dafür war, daß die Zusagen, die man sich gab, Gültigkeit hatten und daß sich die Gesprächspartner in jeder Hinsicht aufeinander verlassen konnten. Heute stehen wir vor einem Scherbenhaufen. Daß Gesetzesvorhaben immer wieder neu aufgelegt werden, bis am Ende mitunter das Gegenteil von dem herauskommt, was am Anfang versprochen worden war, trägt zum Vertrauen in die Politik nicht eben bei. Eine opportunistisch schlingernde Politik nimmt dem Teilnehmer am Wirtschaftsleben die Möglichkeit, verläßlich zu planen.

Im Hause Flick, insbesondere von Konrad Kaletsch, habe ich frühzeitig gelernt, daß dem kontinuierlichen Meinungsaustausch mit führenden Politikern erhebliche Bedeutung für die mittel- und langfristige Konzernplanung zukommt. So wie viele Politiker immer wieder meinen Rat suchten, weil ich ein großes und erfolgreiches Unternehmen vertrat, so holte ich mir meinerseits Rat bei der Politik, etwa wenn wir für bestimmte Vorhaben der Gruppe im Vorfeld die politischen Rahmenbedingungen klären wollten. Die für uns wichtigen Entscheidungen in der Sache wurden meist auf Verwaltungsebene getroffen, also von den Abteilungsleitern und höheren Ministerialbeamten in den jeweils zuständigen Ministerien. In den Gesprächen mit Politikern ging es vor allem darum, die allgemeine Stimmung auszuloten.

Die Mitwirkung der leitenden Ministerialbeamten zeichnete sich aus durch umfassende Sachkenntnis und ein hohes Maß an Objektivität. Sie gaben ihr Votum unabhängig von der politischen Haltung ihres Ministers. Diese Trennung zwischen politischer Grundsatzentscheidung und Entscheidung in der Sache halte ich für eine wesentliche Voraussetzung unseres Rechtsstaats. Die seit einiger Zeit, insbesondere seit dem letzten Regierungswechsel zu beobachtende Entwicklung gibt mir jedoch Anlaß zur Sorge. Es sieht so aus, als nähme die Abhängigkeit von parteipolitischen Trends innerhalb der Ministerien zu. Wer fürchten muß, für eine dem Minister nicht genehme Vorlage gerügt, deswegen gar zurückgestuft oder vorzeitig abberufen zu werden, entscheidet nicht mehr nach Sachlage, sondern regierungskonform.

Zum Minister wird in aller Regel ein Mann berufen, der nicht viel von seinem Ressort versteht. Das gehört zu den Spielregeln einer Demokratie, und ich halte es für kein Unglück. Nur darf die Grenze zwischen politischen und nichtpolitischen Beamten nicht überschritten werden. Daß der Parlamentarische Staatssekretär ausgetauscht wird, ist selbstverständlich. Wenn aber auch jeder Ministerialdirektor damit rechnen muß, entlassen zu werden, weil er nicht in die neue politische Landschaft paßt, wird die Kompetenz des Ministeriums insgesamt stark beeinträchtigt. Es sollte der Grundsatz gelten: Je inkompetenter der neue Ressortleiter ist, desto mehr muß auf Kontinuitätssicherung im Unterbau geachtet werden.

Ein neuer Minister sollte sich erst einmal im Hause fachkundig machen und sich die Kenntnis der Grundstrukturen aneignen. Ist er persönlich stark und qualifiziert, wird er sich auch außerhalb von Ministerium, Regierung und Partei unabhängige Berater suchen. Die dafür bestehenden Fachgremien, etwa der Beraterausschuß beim Bundeswirtschafts- oder Bundesfinanzministerium, wurden schon in den ersten Tagen der rot-grünen Regierung vollkommen ausgetauscht. Die neuen Berater wurden nicht nach Sachkenntnis ausgewählt, sondern nach politischen Kriterien: Welcher Berater ist glaubwürdig im Sinne des Wahlkampfprogramms? Nicht nur im Hause von Jürgen Trittin, auch im Verkehrs- und in anderen Ministerien haben die Berater heute bloße Alibifunktion.

Auch beim letzten Regierungswechsel 1982/83 gab es erhebliche Veränderungen. Für die pfälzische Riege von Helmut Kohl mußte eigens das Bundeskanzleramt ausgebaut werden, und für viele war diese Zunahme landsmannschaftlicher Politik nur schwer erträglich. Die Versorgung von verdienten Parteigängern und Freunden gehört zu jedem Regierungswechsel. Es ist jedoch etwas ganz anderes und hat eine andere politische Qualität, wenn gesetzlich etablierte Beratungsgremien angetastet werden. Die Deutschen werden sich, fürchte ich, auf eine Vetternwirtschaft der Ideologen einstellen müssen.

Gewisse Kreise neigen zu der Vermutung, den Kontakten zwischen Politikern und Wirtschaftsleuten hafte grundsätzlich etwas Konspiratives an. Ich will versuchen, an einem kleinen, eher zufällig herausgegriffenen Beispiel zu verdeutlichen, daß die Probleme, um die es ging, recht alltäglich waren. Weder standen persönliche Interessen im Mittelpunkt, noch wurden irgendwelche Staatsintrigen ausgeheckt. In freiem und vertrauensvollem Umgang bemühten wir uns, das, was wir als richtig erkannt hatten, gemeinsam durchzusetzen und anstehende Probleme gemeinsam zu lösen.

In der zweiten Hälfte des Jahres 1975 war es zu erheblichen

Meinungsverschiedenheiten zwischen Franz Josef Strauß und dem damaligen Generalsekretär der CDU, Kurt Biedenkopf, gekommen, die das Verhältnis der Schwesterparteien schwer belasteten. Strauß lehnte jedes Gespräch mit Biedenkopf ab, verschiedene Vermittlungsversuche waren im Vorfeld gescheitert. Aufgrund seiner langjährigen freundschaftlichen Einstellung zum Hause Flick stimmte Strauß schließlich zu, sich in Gegenwart von Konrad Kaletsch mit Biedenkopf zu treffen. Auch wenn noch eine Menge zu tun bleibe, so Biedenkopf hinterher in einem Dankesschreiben an Kaletsch, so sei das Eis doch gebrochen.

Ein paar Monate später bat ich meinerseits Biedenkopf um Vermittlung. Der CDU-Vorsitzende von Nordrhein-Westfalen, Heinrich Köppler, hatte in einem Vortrag vor jungen Unternehmern bedauert, daß in den Parlamenten kaum Abgeordnete aus der gewerblichen Wirtschaft säßen, die Unternehmer sollten sich politisch stärker engagieren. Ich hielt diesen Appell für eine besondere Form des Pharisäertums. Denn kurz zuvor war der westfälische Textilindustrielle Rembert van Delden, der seit 1961 für die CDU im Bundestag saß und unter anderem im Wirtschafts- und Verteidigungsausschuß mitwirkte, von der Landesliste gestrichen worden, weil er sich nach Meinung der Parteibasis um einen eigenen Wahlkreis kümmern sollte. Ein sicherer Platz auf der Landesliste wurde offenbar nur verdienten Parteigenossen mit entsprechender Lobby eingeräumt, die anderen sollten zusehen, wie sie über – meist unsichere – Direktmandate den Sprung ins Parlament schafften. Van Delden, der seine Parteifreunde immer wieder mit unkonventionellen Ansichten überrascht hatte, verzichtete. Biedenkopf erkannte das grundsätzliche Problem, daß Unternehmer in den Parteien als Einzelkämpfer galten, und wir begannen über Möglichkeiten nachzudenken, die Bedingungen für eine stärkere Repräsentanz der Unternehmerschaft in den politischen Parteien zu verbessern.

Bald darauf deutete Biedenkopf mir gegenüber an, daß er gern wirtschaftspolitischer Sprecher der CDU/CSU-Fraktion werden wolle. Es interessierte ihn, zu erfahren, wie die gewerbliche Wirtschaft dazu stehe. Ich war mit ihm der Meinung, daß er sich nicht selbst um dieses Amt bewerben konnte, und habe deshalb in Kreisen der Wirtschaft das meine getan, Biedenkopf als Kandidaten ins Gespräch zu bringen. Dazu habe ich mich entschlossen, weil ich Biedenkopfs wirtschaftspolitische Kompetenz aus vielen persönlichen Gesprächen kannte. Er war mir immer als ein glaubhafter Verfechter der Ideen der sozialen Marktwirtschaft und als ein zuverlässiger Partner der Wirtschaft erschienen, und seine ursprünglich allzu starke Orientierung am Ahlener Programm war einem gesunden Pragmatismus gewichen.

Die Beispiele zeigen meines Erachtens gut, welche Themen in den Gesprächen mit Bonner Politikern erörtert wurden und welchen Charakter diese Gespräche hatten. Man bemühte sich, Streit aus dem Weg zu räumen und dafür zu sorgen, daß Politik und Wirtschaft nicht zu weit auseinandertrieben. In diesem Sinne war die Formulierung »Pflege der Bonner Landschaft« gemeint, die später von den Medien in denunziatorischer Absicht verbreitet und zum geflügelten Wort der ganzen Schutzgeldaffäre wurde. Daß wir die Gespräche so führten, wie es den Interessen der Wirtschaft und unseren eigenen Interessen entsprach, wird man uns nicht ernsthaft vorwerfen können. Die einzige Möglichkeit der Einflußnahme bestand darin, die Schutzgelder so zu lenken, daß jene Kräfte in den Parteien unterstützt wurden, die den Ideen der freien Marktwirtschaft nicht entgegenstanden. Meine Freunde und ich haben nie einen Hehl daraus gemacht.

Der einzige Bereich, in dem die Wirtschaft traditionell wenig Einfluß geltend machen konnte, war und ist das Auswärtige Amt. Es entspricht wilhelminischer Tradition und dem Selbstverständnis deutscher Botschafter, nicht Kommis von Wirtschaftsinteressen zu sein. Ich fand es durchaus nicht ungewöhnlich, daß mich der amerikanische Botschafter spätabends anrief, um für den nächsten Morgen den Besuch des IBM-Präsidenten anzukündigen. Umgekehrt wäre das nie denkbar gewesen. Hätte ich etwa versucht, zur Vorbereitung eines Auslandsgeschäfts eine entsprechende Einführung von einem unserer Diplomaten zu erlangen, wäre dies mit Entrüstung abgewiesen worden.

Der Gedanken- und Meinungsaustausch zwischen Wirtschaft und Politik, der später im Zuge der Parteispendenaffäre als Kumpanei und Lobbyismus verschrien wurde, hatte eine lange Vorgeschichte. Zu den Unternehmerpersönlichkeiten, die ein vertrauensvolles Verhältnis zur Politik schon früh nach Kräften förderten, gehörte der Düsseldorfer Industrielle und Rechtsanwalt Wolfgang Pohle. Seit 1940 in den Diensten von Mannesmann, war Pohle 1952, nach der Umstrukturierung des Konzerns, erneut in das Unternehmen eingetreten, drei Jahre später hatte man ihn in den Vorstand berufen. Einer der jungen Leute, die damals für ihn arbeiteten, war übrigens der spätere Bundespräsident Richard von Weizsäcker.

Als Vorsitzender des Rechtsausschusses des Bundesverbandes der Deutschen Industrie (BDI) zählte Pohle gemeinsam mit dem Präsidenten des BDI, Fritz Berg, und dem Kölner Bankier Robert Pferdmenges, dem engsten Finanzberater von Konrad Adenauer, 1954 zu den Initiatoren der Staatsbürgerlichen Vereinigung, in der über viele Jahre ein Großteil der Gelder aus Industrie und Wirtschaft zusammenfloß.

Pohle war CDU-Mitglied der ersten Stunde und saß als Abgeordneter während der zweiten Legislaturperiode von 1953 bis 1957 im Deutschen Bundestag. Bei seiner Wiederaufstellung 1957 war es wegen der Doppelbelastung von Vorstandstätigkeit und Bundestagsmandat offenbar zu Meinungsverschiedenheiten mit dem Aufsichtsrat von Mannesmann gekommen. Pohle wurde nahegelegt, sich zu entscheiden, entweder für den Job oder für die Politik. Da er nicht zum Berufspolitiker werden wollte, verzichtete er auf einen Sitz im neuen Bundestag. Sein Verhältnis zu Mannesmann war von da an gespannt. Am 1. Januar 1960 – zeitgleich mit mir – trat er in die Flick-Verwaltungsgesellschaft ein. Flick und Kaletsch kannten Pohle seit den Nürnberger Prozessen, wo sie ihn als Hilfsanwalt der Verteidigung schätzen gelernt hatten.

1963 wurden Konrad Adenauer und Fritz Berg bei Friedrich Flick vorstellig. Sie beklagten den Verlust an Wirtschaftskompetenz in den Reihen des Deutschen Bundestages und baten Flick um Zustimmung, daß Pohle wieder fürs Parlament kandidiere. Adenauer und Flick waren unter anderem auch durch Robert Tillmanns verbunden gewesen, einen ehemaligen persönlichen Mitarbeiter Flicks, der 1953 Minister für besondere Angelegenheiten im Kanzleramt geworden war.

Im Fall Pohle war Flick unentschieden. Es war weniger die Aussicht, daß Pohle dem Unternehmen dann nur noch eingeschränkt zur Verfügung stehen würde, als vielmehr die mögliche Interessenkollision, die den alten Flick zurückschrecken ließ. Würden nicht sowohl der Bundestag als auch das Unternehmen ins Gerede kommen, wenn ein Generalbevollmächtigter des Hauses in den Reihen des Parlaments saß? Ganz waren solche Befürchtungen nicht von der Hand zu weisen, wie die bald schon von linken Gruppierungen initiierte Kampagne gegen den »Faschismus in der CDU« bewies, bei der die Namen Flick und Pohle besonders groß geschrieben wurden. Pohle mußte Flick versichern, im Falle eines Konflikts zwischen den Interessen des Gemeinwohls und den Interessen der Gruppe sein politisches Mandat ohne Rücksicht auf seine Bindungen an den Konzern wahrzunehmen. Daß sich Pohle an diesen auch schriftlich festgehaltenen Grundsatz hielt, wird durch Bundestagsprotokolle belegt.

Adenauer hatte einen sicheren Listenplatz für Pohle vorgesehen, damit er nicht allzuviel Zeit schon im Wahlkampf opfern mußte. Da hatte der große Vorsitzende die Rechnung allerdings ohne den Wirt gemacht. Der hieß Konrad Grundmann und war seines Zeichens Vorsitzender der CDU Rheinland. Kaum hatte Grundmann von dem Ansinnen gehört, Pohle über die NRW-Landesliste in den Bundestag zu verhelfen, hielt er erst einmal bei

Flick die Hand auf. Flick sah jedoch gar nicht ein, daß er für Pohle, den er nur auf Bitten Adenauers freigegeben hatte, nun auch noch eine Art Startgeld zahlen sollte. Franz Josef Strauß machte dem würdelosen Schachern ein Ende, indem er Pohle kurzerhand auf die bayerische Liste setzte. So kehrte Wolfgang Pohle als CSU-Abgeordneter 1965 in den Bundestag zurück.

Die seit den sechziger Jahren immer wieder zu hörende Klage der Parteien, die Unternehmer seien an der Politik desinteressiert oder auch nicht willens, ihre Zeit oder die ihrer Mitarbeiter dem politischen Alltagsgeschäft zu widmen, halte ich für eine böse Zweckbehauptung. Damit soll vertuscht werden, daß auf den Landeslisten schon lange kein Platz mehr für Unternehmer ist. Liest sich das Handbuch zum ersten Deutschen Bundestag stellenweise wie ein »Who's who« der gewerblichen Wirtschaft in unserem Land, so trifft man dort heute keinen einzigen Verantwortlichen aus den höheren Etagen. Gewiß, der Fall Pohle zeigt, daß nicht jedes Unternehmen glücklich darüber ist, wenn Spitzenleute zuviel Zeit in der Politik verbringen, aber von einer generellen Enthaltsamkeit, wie manche Politiker glauben machen wollen, kann nicht die Rede sein.

Fragt man, nach welchen Kriterien die Landeslisten zusammengesetzt werden, muß man zunächst einmal konstatieren, daß parteikonformes Verhalten während der letzten Legislaturperiode in der Regel mit einem neuen aussichtsreichen Listenplatz honoriert wird. Auf diese Weise sichern sich die Bundestagsfraktionen eine treue Gefolgschaft und sind in der Lage, über den Fraktionszwang Parteidisziplin herzustellen. Die verbleibenden Listenplätze werden nach Quoten verteilt, wobei einige der für unser gesellschaftliches Zusammenleben wichtigen Kräfte, die eigentlich zu berücksichtigen wären, grundsätzlich zu kurz kommen. Zu ihnen zählt auch die Wirtschaft. Der Parteienklüngel hat die Wirtschaft aus der Politik verdrängt; das gilt auch und erst recht für die Partei mit den drei Punkten, die angebliche Wirtschaftspartei. Linksnostalgiker verkaufen dies gern als Sieg: Den

Einfluß des Großkapitals auf die Politik eingedämmt zu haben sei ein Sieg der Demokratie. In Wirklichkeit, so meine ich, gereicht die Herrschaft der Parteiapparate unserer Demokratie und damit unserem Land zum Schaden.

Damit bin ich bei einem der meines Erachtens entscheidenden Aspekte der Parteispendenaffäre. Es war das Aufbegehren der Basis gegen das Parteiestablishment, das die Schutzgeldpraxis weit über den Anlaß hinaus zu einer öffentlichen Affäre werden ließ. Nicht, daß man sich in den Hinterbänken über die Art und Weise der Geldbeschaffung entrüstet hätte. Was die kleinen Funktionäre viel mehr störte, war die Tatsache, daß sie selber in die Röhre gucken mußten. Als herauskam, was die Schatzmeister im Laufe der Jahre so alles eingetrieben hatten und wie wenig davon an die Basis weitergereicht worden war, ging ein Sturm der Entrüstung quer durch die Parteien.

Nicht die Spenden als solche, sondern die Art, wie innerhalb der Parteien darüber verfügt wurde, empörten die Basis. Bei jeder größeren Aktion hatte der Bezirksvorstand in der Zentrale um Zuschüsse betteln müssen, und jedesmal war er mit dem Hinweis beschieden worden, es sei kein Geld in der Kasse. Wo waren die Millionen denn geblieben? Die Basis war es satt, Wahlkämpfe mit Luftballons und Kugelschreibern zu führen, während die Parteispitze offenbar im Geld schwamm. Im Fußvolk machte sich Unruhe breit.

Die Parteiführungen – das galt für alle vier im Bundestag vertretenen Parteien gleichermaßen – bekamen das Problem nicht in den Griff. Statt die Schatzmeister auszutauschen, innerparteiliche Transparenz zu schaffen und sich auf neue Verteilungsschlüssel zu einigen, sahen sie tatenlos zu, wie das von ihnen selbst entwickelte System der Parteienfinanzierung als undemokratisch aus den Angeln gehoben wurde. Von ihren eigenen Leuten mußten sie sich die Frage gefallen lassen, ob sie sich durch die ungesetzliche Praxis der Geldbeschaffung nicht sogar in Abhängigkeit von den Spendern gebracht hätten.

Auch heute ist das System der Parteienfinanzierung weder nach demokratischen Grundsätzen geregelt, noch ist es für den Souverän, den Wähler, transparent. Zwar müssen zur Parteienfinanzierung kaum noch Steuern hinterzogen werden. Dafür ist das Ganze doppelt so teuer geworden. Früher entgingen dem Staat die Steuern für die Spenden – das war gesetzeswidrig und ein Verstoß gegen die Gemeinschaft. Heute zahlt der Steuerzahler die ganze Zeche. Einschließlich satter Trinkgelder an Parteien wie die PDS, die sich eigens eine Rosa-Luxemburg-Stiftung zugelegt hat, um leichter an die öffentlichen Gelder heranzukommen.

Mit den Steuermillionen werden die etablierten Parteien nicht zuletzt auch dafür alimentiert, daß sie neue politische Gruppierungen abwehren. Dies hat einen freien Politikwettbewerb verhindert und unter anderem dazu geführt, daß es in Deutschland heute keine wirkliche konservative Partei gibt. Im übrigen hat die Finanzierung aus Steuermitteln die Parteien von dem letzten Druck befreit, nämlich gelegentlich noch eine Leistung erbringen zu müssen. Früher mußten sie wenigstens auf ihre Klientel Rücksicht nehmen. Daß sich etwa die CDU in manchen Punkten weiter von den Ideen der sozialen Marktwirtschaft entfernt hat als die SPD, hätte die gewerbliche Wirtschaft, solange sie noch an der Meinungsbildung mitwirken konnte, niemals zugelassen.

Anfang 1999 kritisierte Bundespräsident Herzog in einem offenen Brief an Bundestagspräsident Thierse den Umgang der Parteien mit dem Geld der Steuerzahler. Er zeigte sich empört über die weitere Erhöhung der staatlichen Parteienfinanzierung auf 245 Millionen DM. Vielleicht hätte Herzog seinen Brief besser an seinen Amtsvorgänger Richard von Weizsäcker adressiert. Weizsäcker war es, der in seiner Amtszeit die Kommission zur Neuregelung der Parteienfinanzierung moderierte und zuließ, daß aus dem ursprünglichen Prinzip, das ich die Wettbewerbsfinanzierung der Parteien nennen möchte, ein Selbstbedienungsladen wurde. Seither begründet die bloße Teilnahme an Wahlen einen Anspruch der Parteien auf staatliche Zuschüsse. Es wäre für den notwendigen Ausgleich zwischen Wirtschaft und Politik hilfreicher gewesen, wenn Weizsäcker sich gegen die Kriminalisierung der früheren Praxis engagiert hätte.

Genau dies hatte er mir im März 1982, in einem Brief zu meinem Rücktritt vom Amt des gewählten BDI-Präsidenten, in wohlgesetzten Worten zugesichert. Weizsäcker, damals noch Regierender Bürgermeister von Berlin, schrieb: »Es kommt jetzt darauf an, so rasch wie möglich Klärungen herbeizuführen. Dies ist um des Ansehens der beteiligten Persönlichkeiten ebenso notwendig wie darum, daß unser freiheitlicher Staat es nicht überleben könnte, wenn wir zuließen, daß die Besten durch bloße Kampagnen lahmgelegt werden. Wenn es etwas gibt, das ich beitragen kann, um der Klarheit und Wahrheit zu dienen, so stehe ich Ihnen jederzeit zur Verfügung.« Zwei Jahre später wurde Weizsäcker Bundespräsident. Da seine Wahl glatt über die Bühne gehen sollte, nahm er Abstand von seiner bisherigen Position und vermied als langjähriger Nutznießer der Parteienfinanzierung fortan jede Stellungnahme zu diesem Thema.

Die Übermacht der Parteiapparate in der Bundesrepublik Deutschland hat zu zwei höchst bedauerlichen, in mancher Hinsicht gefährlichen Entwicklungen geführt. Zum einen haben wir es längst mit einer Zweiklassengesellschaft zu tun, nämlich Parteimitgliedern und Nichtparteimitgliedern. 95 Prozent aller Wähler sind Wähler zweiter Klasse, nämlich Wähler ohne jeden Einfluß auf die Politik der Partei, die sie ankreuzen. Es gibt heute bereits unzählige Bereiche des öffentlichen Lebens, die nichts anderes darstellen als Pfründe für verdiente Parteimitglieder. Von den städtischen Verkehrsbetrieben über die kommunalen Elektrizitäts- und Wasserwerke bis hin zur Deutschen Bahn werden gut dotierte Verwaltungsposten ausschließlich nach Parteiproporz vergeben.

Zum andern ist auch die Entwicklung innerhalb der Parteien selbst bedenklich. Wer sich von Jugend auf und mit voller Kraft dem Parteileben widmet, hat bessere Chancen zu reüssieren als derjenige, der auch im bürgerlichen Leben Karriere machen will. Viele Berufspolitker haben deshalb keinerlei Berufserfahrung. Sie haben nie gelernt, sich außerhalb der Partei durchzusetzen, und verdanken ihr Fortkommen im wesentlichen dem Fraktionsklüngel. Politikerkarrieren werden in Hinterzimmern gemacht. Ich kenne eine Reihe von Politikern, die ganz oben angekommen sind und keine Antwort wissen auf die Frage, was aus ihnen geworden wäre ohne die Partei. Auf diese professionelle Deformation führe ich es zurück, daß viele Berufspolitiker unter Minderwertigkeitskomplexen leiden, sobald sie mit Frauen und Männern zusammenkommen, deren Erfolg auf eigener Leistung außerhalb der Politik beruht.

Flick verkörperte nicht nur den Königsweg der vertrauensbildenden Maßnahmen zwischen Politik und Wirtschaft, Flick gehörte auch zu den erfolgreichsten deutschen Unternehmern und stand für eines der größten Privatvermögen des Landes. Das schürte zusätzlich Neid und Mißgunst. Der Name Flick zog gleichsam magisch sämtliche Vorurteile auf sich, die sich nur denken lassen. Plötzlich paßte eines zum andern, und landauf, landab interessierte nur noch eine einzige Frage: Wenn Flick 450 Millionen Mark Steuern spart, kann es nicht mit rechten Dingen zugegangen sein. Da muß doch einer gekauft gewesen sein.

Reichtum weckt Neid, und Neid weckt Begehrlichkeit. Das ist nicht neu. Dennoch gehört es zu meinen bittersten Erfahrungen, daß wir 1975, als die Friedrich Flick KG beschloß, sich von ihrem Daimler-Paket zu trennen und dabei Paragraphen in Anspruch zu nehmen, die der Gesetzgeber für alle eingerichtet hatte, mit genau diesen Emotionen konfrontiert wurden. Was für den Bäckermeister um die Ecke galt, sollte für uns plötzlich nicht gelten, nur weil wir groß waren. Mit dieser Ungleichbehandlung wollte ich mich nicht abfinden. Das war der Anfang eines Streits, der am Ende das Vertrauen vieler Bürger in den Staat nachhaltig erschütterte und dem öffentlichen Wohl bleibende Schäden zugefügt hat.

Der Verkauf der Daimler-Aktien und der § 6b

Als ich im Frühjahr 1973 als persönlich haftender geschäftsführender Gesellschafter in die Verwaltungsgesellschaft Friedrich Flick zurückkehrte, stand das Haus vor schwerwiegenden Entscheidungen. Bei einigen unserer Unternehmen, dies ergab die mittelfristige Unternehmensplanung, waren dringend größere Investitionen erforderlich. Bei der Feldmühle etwa bereitete unter anderem die langfristige Sicherung der Zellstoffversorgung große Sorgen. Auch der Markt hatte sich verändert; statt Krepp-Papieren waren Tissue-Papiere gefragt, und die Feldmühle konnte ihre führende Marktstellung auf diesem Gebiet nur halten, wenn sie eine eigene Tissue-Maschine installierte. Unter 150 Millionen war ein Aggregat in der Größenordnung von 300 000 Tonnen nicht zu haben. Auch bei Dynamit Nobel mußte in neue Anlagen investiert werden, und Krauss-Maffei, wo inzwischen 25 Prozent des Umsatzes auf den Panzerbau entfielen, klagte über Auftragslücken.

Buderus, eines der traditionsreichsten Unternehmen des Hauses, entpuppte sich als besonderes Sorgenkind. Strukturveränderungen in der Bauwirtschaft, das Ende des Wachstums im Fahrzeugbau sowie der außerordentlich harte Wettbewerb auf dem Haushaltsgerätemarkt hatten die Ertragslage so verschlechtert, daß in den Jahren 1971, 1972 und 1973 alle stillen Reserven aufgelöst worden waren, um den Ausweis von Verlusten zu vermeiden. 1974 mußte die Obergesellschaft mit einem Millionenbetrag in Anspruch genommen werden, um die Verluste der Buderus-Gruppe zu decken. Als Folge der jahrelangen Ertragsschwäche war ein beträchtlicher Investitionsrückstand eingetreten. Außerdem waren die Produktionsstätten von Buderus über achtzehn Standorte vorwiegend in Mittelhessen verteilt, und diese höchst nachteilige Produktionsstruktur mußte durch Zusammenlegung bereinigt werden. Kurz und gut: Keines der Unternehmen konnte die benötigten Mittel aus eigener Kraft aufbringen. Aber woher sollten wir das Geld nehmen?

Ein gesund finanziertes Unternehmen muß eine gesunde Relation zwischen Eigen- und Fremdkapital ausweisen. Steigt der Bedarf an Fremdkapital, muß auch das Eigenkapital aufgestockt werden, sonst geht das Gleichgewicht verloren. Da es sich bei Flick um ein Familienunternehmen handelte, in dem die absolute Thesaurierung als oberstes Prinzip galt und daher keine Gewinne an die Gesellschafter abgeführt wurden, waren diese nicht in der Lage, die benötigten neuen Mittel einzuschießen. Folglich waren wir, wenn wir nicht Dritte zu Mitgesellschaftern machen wollten, in unserem Zugang zum Kapitalmarkt beschränkt. Von der üblichen Kreditbeschaffung bei Banken abgesehen, bestand der einzige Weg, an »fresh money« zu kommen, in einer Umschichtung durch Verkauf eines ertragreichen Unternehmens.

Unsere Überlegungen, worauf wir am ehesten würden verzichten können, konzentrierten sich sehr bald auf Daimler-Benz. Die Beteiligung in Höhe von 40 Prozent war eine Perle. An Substanz, an Wert, an Vermögen war das Daimler-Paket mit Sicherheit das glänzendste Objekt der Gruppe. Als Ertragsfigur dagegen stellten die Daimler-Aktien so gut wie nichts dar; es gab Jahre, in denen der Ertrag für den Aktionär geringer ausfiel als die ertragsunabhängige Steuerpflicht. Das war im wesentlichen darauf zurückzuführen, daß die Vermögensteuer nach dem Kurswert berechnet wird, während die Ausschüttung der Dividende auf das Nominalkapital erfolgt.

Börsenkurs, Dividende und Steuern schwankten, aber spätestens mit der Vermögensteuernovelle vom 1. Januar 1975 war der Daimler-Besitz unter dem Strich ein Minusgeschäft. Hätte es einen Ergebnisabführungsvertrag zwischen der Flick KG und der

Verwaltungsgesellschaft gegeben, wäre bei einer Steuerbelastung von 71 Prozent eine Rendite von 0,83 Prozent übriggeblieben. Bei unseren eigenen Unternehmungen, denen wir kraft Beherrschungsvertrag verbunden waren, strebten wir eine deutlich höhere Rendite an. Daimler war unter Ertragsgesichtspunkten des Aktionärs also alles andere als wirtschaftlich. Warum sollten wir an Daimler festhalten, wenn wir andererseits nicht die Mittel hatten, die notwendigen Investitionen bei den ertragreichen Unternehmen zu finanzieren?

Die große Unternehmensplanung zur notwendigen Umstrukturierung des Konzerns hatte sich über mindestens anderthalb Jahre erstreckt. In der Schlußphase dieser Überlegungen, als wir uns über den langfristigen Mittelbedarf klar geworden waren, ohne noch zu wissen, wie die Mittel beschafft werden sollten, hörten wir über Günter Max Paefgen vom Interesse des Schahs von Persien an einer Beteiligung bei Daimler. Der Schah, der bereits 1974 mit 25,4 Prozent bei Krupp eingestiegen war, war offenbar liquide. Der Wert unseres Aktienpakets betrug immerhin, über den Daumen gepeilt, 2,5 Milliarden D-Mark. Es würde sich, soviel war uns klar, um das größte Einzelgeschäft handeln, das die deutsche Wirtschaft bis dahin erlebt hatte. Der Schah wurde von höchst umsichtigen Vermögensverwaltern in den USA vertreten, und Anfang Dezember 1974 hielt Paefgen eine konkrete Offerte des Kaiserhauses in Händen.

Im gleichen Jahr führten auch die Quandts, der zweite private Großaktionär bei Daimler, Verkaufsgespräche. Nach dem Tod von Harald Quandt, der bei einem Flugzeugabsturz an der Riviera 1967 ums Leben gekommen war, hatte ich Inge Quandt, die Witwe von Harald, in den Erbauseinandersetzungen mit ihrem Schwager Herbert beraten. Ich war zu dieser Zeit noch bei Springer. Sie bat mich, ohne Streit mit dem Schwager zu provozieren, die Aufteilung des Familienbesitzes so zu lenken, daß sie und ihre fünf Kinder keine Benachteiligung erfuhren. Diese Verhandlungen hatten mit dem späteren Verkauf der Quandtschen Daimler-

Anteile nichts zu tun; so wie auch die Verkaufsabsichten von Quandt in keiner Beziehung zu den Plänen von Flick standen. Es waren zufällige zeitliche Überschneidungen.

Vom geplanten Verkauf der Quandt-Anteile wußten wir, weil 12,5 Prozent der insgesamt 14 Prozent von Quandt in einer gemeinsamen Holding mit 12,5 Prozent der Flick-Aktien untergebracht waren. Beide profitierten davon: die Quandts, weil sie auf diese Weise das steuerliche Schachtelprivileg in Anspruch nehmen konnten, Flick, weil die Quandts ohne Schachtel an der Börse hätten zukaufen müssen und auf diese Weise Flicks Kreise gestört worden wären. Wer 25 Prozent und mehr an einem Wirtschaftsunternehmen besitzt, hält laut Gesetz nicht nur eine Beteiligung, sondern nimmt die Position eines Mitunternehmers ein, er hält eine sogenannte Schachtel. Da niemand zweimal zur Steuer gerufen werden darf und das Unternehmen bereits Vermögensteuer abführt, zahlt derjenige, der ein solches Schachtelprivileg besitzt, keine weiteren Vermögensteuern. Als Quandts verkaufen wollten, mußten sie offiziell an Flick herantreten und die Schachtel auflösen, um ihre 12,5 Prozent liefern zu können. Wir sahen keine Probleme, und so verkaufte die Quandt-Gruppe im November 1974 ihren Anteil an Kuwait.

Was nun das Daimler-Paket von Flick anging, bestand ein Gentleman-Agreement zwischen Friedrich Flick und Hermann Josef Abs. Die Deutsche Bank hatte Flick in den fünfziger Jahren beim Erwerb der Daimler-Aktien geholfen, und Flick hatte der Bank im Gegenzug ein Vorkaufsrecht eingeräumt. Friedrich Karl hielt sich an diese mündliche Absprache zwischen seinem Vater und Abs und fuhr kurz nach Weihnachten nach St. Moritz, um dem Vorstandssprecher der Deutschen Bank, Franz Heinrich Ulrich, das Kaufangebot des Schahs vorzulegen. Ich hatte mich für die Weihnachtstage 1974 in Arosa einquartiert, um nötigenfalls bei den Verhandlungen in St. Moritz dabeisein zu können. Ulrich war auf der Stelle entschlossen, das Daimler-Paket zu übernehmen und in den Vertrag mit dem Schah einzusteigen.

Ulrich überredete Flick, daß es für beide Seiten vorteilhaft sei, wenn er statt der vollen 40 Prozent nur 29 Prozent verkaufe. Für Daimler sei es wichtig, daß Flick weiterhin Gesellschafter bleibe, und für die Deutsche Bank sei es leichter, die Mittel aufzubringen. Außerdem verständigten sich die beiden aus steuerlichen Gründen auf ein sogenanntes Mitternachtsgeschäft. Das Finanzamt erhebt die Vermögensteuer zum Stichtag 1. Januar. Wird im Laufe des Jahres verkauft, dann hat der Verkäufer bereits Vermögensteuer entrichtet, der Käufer zahlt jedoch noch einmal Vermögensteuer. Um die Ungerechtigkeit einer solchen Doppelbesteuerung zu verhindern, gab es einen Erlaß der Länderfinanzverwaltungen, der die dingliche Eigentumsübertragung auf die juristische Sekunde des Jahreswechsels festlegte. Bis 31. Dezember 1975, 24.00 Uhr, blieb Flick Eigentümer und zahlte Vermögensteuer für das vergangene Jahr. Die Einbuchung des Ergebnisses aus der Transaktion sollte dann zum 1. Januar 1976 erfolgen, und zwar »mit Rücklagenbildung zum Zwecke der Wiederanlage des Buchgewinns nach Maßgabe der Gesetze innerhalb der dafür vorgesehenen Fristen«. Durch das Mitternachtsgeschäft konnten diese Fristen um ein Jahr verlängert werden.

Den Verlauf meiner Gespräche mit dem zuständigen Bundeswirtschaftsministerium möchte ich etwas ausführlicher dokumentieren, damit der Leser sich ein einigermaßen vollständiges und objektives Bild machen kann. Ich habe keine Veranlassung, Aktennotizen, Sprechzettel oder Protokolle, die sich in meinen Unterlagen befinden, zurückzuhalten. Andererseits kann ich mich in meiner Darstellung nicht davon leiten lassen, ob ein Dokument bereits veröffentlicht wurde oder nicht. Die Fragmente, die der *Spiegel* später in denunziatorischer Absicht publizierte, sind in meinen Augen als historische Quelle unzulänglich. Bei den meisten der von mir geschriebenen Notizen handelte es sich nämlich um interne, vertrauliche Papiere, die in der Regel für drei oder vier Personen verfaßt wurden, und manches war nur als persönliches Memorandum gedacht. Gestützt auf diese tagebuchartigen Notizen, habe ich mich im folgenden um eine ausgewogene Darstellung der Zusammenhänge bemüht.

Alles drehte sich um die Frage, ob der Buchgewinn aus dem Daimler-Geschäft – rund zwei Milliarden D-Mark – zum Zwecke der Wiederanlage steuerbegünstigt war oder nicht. Gesetzliche Grundlage für diese Entscheidung bildete der Paragraph 6b des Einkommensteuergesetzes, der im Steueränderungsgesetz von 1964 neu eingefügt worden war.

Die frühere Steuergesetzgebung in Deutschland hatte jede Auflösung von stillen Reserven steuerpflichtig gemacht und dazu geführt, daß solche Reserven nicht aufgelöst wurden. Wer sich von Immobilien- oder Beteiligungsbesitz trennen wollte, war gezwungen, den Erlös zu versteuern, so daß nur noch etwa die Hälfte für eine Neuinvestition zur Verfügung stand. Das aber schreckte den Handwerker, der seinen Betrieb von der Innenstadt an die Peripherie verlegen wollte, genauso wie den Anteilseigner eines großen Wirtschaftsunternehmens.

Um die Auflösung stiller Reserven zum Zwecke der Wiederanlage zu erleichtern, wurde deshalb 1964 der Paragraph 6b eingeführt. Bei einem Verkauf und der unternehmerischen Wiederanlage des Erlöses mußten die stillen Reserven demnach nicht versteuert, sondern konnten auf den neuen Besitz übertragen werden. Es handelte sich strenggenommen also nicht um eine Steuerbefreiung, sondern um eine Steuerstundung, denn die stillen Reserven blieben stille Reserven. Der Gesetzgeber wollte mit dieser Neuregelung insbesondere auch die Banken veranlassen, sich von Anlagevermögen zu trennen.

Der Zweck des Gesetzes war, im Interesse permanent notwendiger Rationalisierung, Modernisierung und Strukturanpassung der Wirtschaft eine steuerliche Ursache für eine unerwünschte Immobilität der Anlagevermögen zu beseitigen. Ohne den Paragraphen 6b wäre bei Austauschvorgängen im Anlagevermögen, das im Gegensatz zum Umlaufvermögen ja nicht zur Gewinnerzielung durch Veräußerung bestimmt ist, eine

Buchgewinnbesteuerung eingetreten, die zu Substanzverlusten geführt hätte.

Im Falle von Beteiligungsbesitz gab es zwei Kautelen. Erstens: Der Erlös aus einer verkauften Beteiligung mußte in eine neue Beteiligung eingebracht werden, die als volkswirtschaftlich förderungswürdig galt. Zweitens: Die Übertragung der alten Beteiligung durfte volkswirtschaftlich nicht störend sein. Über beide Punkte hatte der Bundeswirtschaftsminister zu entscheiden.

In Absatz 1, Satz 2, Ziffer 5 des Paragraphen 6b Einkommensteuergesetz war die Veräußerung von Anteilen an Kapitalgesellschaften genauer geregelt. Demnach war für eine Übertragung von Anlagevermögen eine besondere Bescheinigung des Wirtschaftsministeriums nicht erforderlich. Einer solchen Bescheinigung bedurfte es nur bei der Übertragung von Anteilen an Kapitalgesellschaften. Nach dem Gesetzeswortlaut hatte »der Bundesminister für Wirtschaft im Benehmen mit dem Bundesminister der Finanzen und der von der Landesregierung bestimmten Stelle« zu bescheinigen, »daß der Erwerb der Anteile unter Berücksichtigung der Veräußerung der Anteile volkswirtschaftlich besonders förderungswürdig und geeignet ist, die Unternehmensstruktur eines Wirtschaftszweiges zu verbessern oder einer breiten Eigentumsstreuung zu dienen«. Der Steuerpflichtige war also berechtigt, den Veräußerungsgewinn zunächst in eine steuerfreie Rücklage zu stellen, die nach Ablauf von zwei Jahren entweder steuerpflichtig aufgelöst werden oder nach den Regeln des § 6b auf neue Wirtschaftsgüter übertragen werden mußte.

Es gab keine auf Dauer festgelegten und klar definierten Einzelkriterien dafür, in welchem Fall eine Transaktion volkswirtschaftlich besonders förderungswürdig war. Die Förderungswürdigkeit ergab sich vielmehr aus der Beziehung des Einzelfalls zur jeweiligen Situation der Volkswirtschaft, insbesondere im Hinblick auf deren längerfristige strukturelle Entwicklung.

Seit 1964 waren aus der gewerblichen Wirtschaft insgesamt

rund zweihundert Anträge beim Bundeswirtschaftsminister eingegangen, die meisten, nämlich 31, im Jahre 1968; danach war die Zahl der Eingänge rückläufig gewesen. Positiv entschieden wurde insgesamt gut die Hälfte der Anträge; in zahlreichen Fällen hatte man nach vorheriger Rücksprache im Ministerium von einer Antragstellung abgesehen. Die Anträge kamen aus fast allen Wirtschaftszweigen und reichten von kleinen Transaktionen in der Größenordnung von mehreren zehntausend Mark bis zu Beträgen von einigen Millionen; wenige Ausnahmefälle reichten in den Bereich von rund hundert Millionen. Die Bearbeitung der Anträge durch die verschiedenen Grundsatz- und Fachreferate des Bundeswirtschaftsministeriums nahm viele Monate, teilweise mehrere Jahre in Anspruch; das Kartellamt war als Gutachterbehörde immer eingeschaltet.

Für den Erwerb von Auslandsbeteiligungen durch deutsche Unternehmen galt die 6b-ähnliche Sonderregelung des Paragraphen 4 Auslandsinvestitionsgesetz. Hier kam es zusätzlich zur volkswirtschaftlichen Förderungswürdigkeit darauf an, daß anstelle der inländischen Strukturverbesserung die internationale Arbeitsteilung oder die weltwirtschaftliche Verflechtung gefördert wurde.

Auf einer Pressekonferenz des Bundeswirtschaftsministeriums am 21. Januar 1976 stellte Staatssekretär Otto Schlecht in Anwesenheit von Ministerialdirektor Tietmeyer, dem Leiter der Abteilung Wirtschaftspolitik, und Ministerialrat Fischer, dem zuständigen Referenten für die Paragraphen 6b EStG und 4 AuslInvG, vor etwa vierzig bis fünfzig Wirtschaftsjournalisten die Vorgeschichte des Paragraphen 6b und seine volkswirtschaftliche Bedeutung in aller Ausführlichkeit dar. Das Ministerium hatte die Pressekonferenz einberufen, um dem öffentlichen Druck entgegenzuwirken, der durch die geplante Wiederanlage des Daimler-Gewinns durch Flick ausgelöst worden war.

Schlecht gab den Journalisten zu verstehen, daß er mit sehr gemischten Gefühlen in diese Pressekonferenz gegangen sei. Der

Paragraph 6b habe über zehn Jahre reibungslos funktioniert, das solle auch weiterhin so bleiben. Er bedaure, daß der Paragraph aufgrund eines »dickeren Falles« ins Rampenlicht gekommen sei. Sinn und Zweck des Paragraphen sei jedoch nicht, wie in der Öffentlichkeit kolportiert werde, eine Steuerbefreiung, sondern eine Steuerstundung mit dem Ziel, daß das Kapital zum besten Wirt wandern könne. Es sei volkswirtschaftlich in hohem Maße bedenklich, wenn »das laufende Handwerkszeug eines Betriebes« besteuert werde. »Wenn es den 6b nicht gäbe, müßte er unter den heutigen Strukturbedingungen eingeführt werden.«

Die Festlegung einer Obergrenze, wie sie von einigen Politikern gefordert werde, stehe im Widerspruch zum Sinn des Gesetzes. Gleiches müsse gleich behandelt werden, so Schlecht, »egal, ob der Name mit A, B, C, D, E oder F anfängt«. Wir vom Hause F. sahen das nicht anders. Wir sind niemals davon ausgegangen, daß wir einen Bonus erwarten dürfen. Aber wir haben auch niemals akzeptiert, daß man uns – allein aufgrund der Größe des Hauses – einen Flick-Malus anhängen wollte.

Nachdem sich Friedrich Karl mit Franz Heinrich Ulrich in St. Moritz im Kern geeinigt hatte, setzte sich Ulrich ins Einvernehmen mit dem Vorstand von Daimler-Benz und machte über den Präsidenten der Deutschen Bundesbank den Bundeskanzler in seinem Urlaub auf Mallorca mit der Angelegenheit vertraut. Die Deutsche Bank hatte besondere Gründe für diesen Schritt, denn es war ihr Sprecher gewesen, der in den vergangenen Jahren wiederholt die ordnungspolitische Position der Bundesregierung unterstützt hatte, Industriebesitz bei Banken nicht nur nicht auszuweiten, sondern möglichst abzubauen. Am Rande der Feierlichkeiten zur Einweihung des Hamburger Elbtunnels am Wochende vom 11./12. Januar 1975 gab Schmidt im Beisein von Bundesfinanzminister Hans Apel die Zustimmung, daß die Abgabe des Daimler-Pakets von Flick an die Deutsche Bank nicht als volkswirtschaftlich unerwünscht betrachtet werde. Am 13. Januar unterzeichneten Flick und die Deutsche Bank den Vertrag und traten einen Tag später mit einer gemeinsamen Presseerklärung an die Öffentlichkeit.

Am 15. Januar gab der Bundeskanzler vor der SPD-Fraktion eine Erklärung ab: »Zu dem Verkauf von Daimler-Benz-Aktien an die Deutsche Bank möchte ich bemerken, daß die Deutsche Bank für diese Transaktion die moralische Rückendeckung der Bundesregierung besitzt, die darum im Vorwege wußte. Allerdings haben wir diese moralische Rückendeckung davon abhängig gemacht, daß die Bank die Majorität bei Daimler-Benz nicht auf Dauer halten wird. Die Bundesregierung war aber der Ansicht, daß ein Verkauf der Mehrheit der Aktien von Daimler-Benz ins Ausland verhindert werden sollte. Eine solche Operation konnte nämlich weder den Arbeitnehmern bei Daimler-Benz noch dem Standing der deutschen Wirtschaft in der Welt noch unserer Selbstachtung zugemutet werden.«

Die nationale Dimension des Geschäfts rief, wie zu erwarten, die Presse auf den Plan. Am 17. Januar mußte das Bundeswirtschaftsministerium dementieren, daß es zwischen ihm und uns irgendwelche Gespräche über steuerliche Regelungen im Zusammenhang mit der Abgabe des Daimler-Paketes gab. Anlaß war ein auf Unterstellungen aus der SPD-Fraktion beruhender Artikel in der *Wirtschaftswoche.* Gleichzeitig kursierten Gerüchte, daß sowohl Abgeordnete des Bundestages als auch Beamte des Bundesfinanzministeriums den Fall zum Anlaß nehmen könnten, generell über die Abschaffung des 6b nachzudenken.

Der scharfe und gereizte Ton, der unmittelbar nach Bekanntgabe der Transaktion aufkam, war bezeichnend für das politische Klima in den siebziger Jahren und hatte fast etwas Gespenstisches. So ließ sich etwa der einflußreiche SPD-Abgeordnete Friedhelm Fahrtmann, Geschäftsführer des Wirtschafts- und Sozialwissenschaftlichen Instituts beim DGB, am 14. Februar in der *Wirtschaftswoche* mit folgenden Sätzen zitieren: »Wenn die Flick-

Jungens glauben, das so machen zu müssen, dann sollen sie das machen. Aber ich sehe es nicht so, als zeige sich hier wieder mal die Flicksche Cleverness, als hätte der alte Flick das möglicherweise auch so gemacht. Für mich stecken hinter den Millionen-Zahlungen nichts anderes als banale Familien-Querelen, die dazu noch wenig Rücksicht auf Tausende von Beschäftigten nehmen.«

Damit unterstellte Fahrtmann einen Zusammenhang zwischen dem Verkauf der Daimler-Aktien und der Abfindung der Kinder von Otto-Ernst Flick, der, wie erwähnt, nicht bestand. Presse und Öffentlichkeit griffen solche Konstruktionen natürlich liebend gern auf, und ich hielt es deshalb für richtig, Fahrtmann in einem Brief meine Betroffenheit darüber zum Ausdruck zu bringen, daß »Sie sich mit der ganzen Autorität Ihrer Persönlichkeit und Ihrer Sachkunde zu einem Thema auslassen, über das Sie doch in Wirklichkeit nahezu gar nichts wissen ... Ich hätte nichts lieber getan, als Ihnen die Zusammenhänge zu schildern.«

Fahrtmanns Antwort vom 28. Februar 1975 war windelweich: Er bitte mich, »zu berücksichtigen, daß dieses Zitat aus einem Gespräch in einem internen Kreise stammt, von dem ich nicht wußte, daß daraus öffentlich zitiert werden sollte ... Schon an der ›flapsigen‹ Ausdrucksweise mögen Sie erkennen, daß ich nicht damit rechnete, zitiert zu werden.«

Die Abfindung der Flick-Enkel war inzwischen längst zum Steckenpferd Bonner Politiker geworden. Eine Woche zuvor war ich bei Hans Friderichs gewesen. Er berichtete mir, daß er wiederholt mit dem Verdacht konfrontiert werde, Flick wolle aus einer Verbindung zwischen dem Daimler-Geschäft und dem Ausscheiden der Neffen möglicherweise einen »Horten-Effekt« erzielen. Man habe in Bonn Sorge, daß die jungen Leute steuerfrei ins Ausland gehen könnten.

Der Kaufhausbesitzer Helmut Horten hatte Anfang der siebziger Jahre seinen Wohnsitz von Deutschland in die Schweiz verlegt und anschließend von dort, mit Hilfe der Deutschen Bank, seine Aktien am Kaufhaus-Konzern verkauft. Da er bei seinem

Wohnsitzwechsel die stillen Reserven nicht hatte offenlegen müssen, unterlagen sie nicht mehr dem deutschen Fiskus. Horten hatte eine Gesetzeslücke genutzt und sich von seinem Besitz getrennt, ohne in Deutschland Steuern zahlen zu müssen. Der Gesetzgeber beeilte sich, dem einen Riegel vorzuschieben. Seither haben wir die Lex Horten, die bei Verlegung des Wohnsitzes ins Ausland die Offenlegung und Besteuerung stiller Reserven vorschreibt.

Der Fall Horten war in jeder Hinsicht unvergleichbar mit der Abfindung der Neffen Flick. Daß von einigen Verantwortlichen in Bonn die Befürchtung geäußert wurde, es könnten Parallelen gezogen werden, zeigt, wie hochsensibel die Regierung auf alles reagierte, was in der Öffentlichkeit als Begünstigung der »Reichen« instrumentalisiert werden konnte. Friderichs empfahl deshalb dringend, die steuerliche Regelung des Ausscheidens der Neffen zeitlich vorzuziehen. Dann, so meinte er, solle man bekannt werden lassen, daß das Ausscheiden ordentlich versteuert worden sei. Auf diese Weise würden sich die Emotionen im Fall Flick ein wenig abkühlen lassen.

Im weiteren Verlauf des Gespräches am 21. Februar habe ich Friderichs darauf hingewiesen, daß wir nur eine begrenzte Zeit die »falsche Geschichtsschreibung« der Daimler-Transaktion hinnehmen könnten. »Wir hätten uns bisher über den tatsächlichen Geschehensablauf deshalb nicht öffentlich geäußert, weil wir weder die Deutsche Bank noch die Bundesregierung desavouieren wollen. Zu irgendeinem Zeitpunkt werden wir aber klarzustellen haben, daß niemals die Absicht bestanden hat, ein beherrschendes Daimler-Paket ›über den Ladentisch‹ an Persien zu geben.«

Seit dem Einstieg des Schahs von Persien bei Krupp und dem Verkauf der Quandtschen Daimler-Anteile an Kuwait machte in Deutschland das Wort vom »Ausverkauf der Nation« die Runde. Als die Öffentlichkeit bei Bekanntgabe unseres Geschäfts mit der Deutschen Bank erfuhr, daß auch Flick mit dem Schah verhandelt hatte, wurden wir mit Vorwürfen überzogen. Daimler-Benz sei eine »nationale Verpflichtung«. Wenn Flick »Kasse machen« wolle, solle er gefälligst einen anderen Besitz »verscherbeln«. Wenn wir tatsächlich an den Schah verkauft hätten, dann nur konditioniert, das heißt mit Rücksicht auf den Schutz nationaler Interessen. Zu unseren Bedingungen hätte es zum Beispiel gehört, daß der Schah keinen Einfluß auf die Rüstungsproduktion nahm und daß er den Erhalt von Arbeitsplätzen garantierte.

Nachdem die Deutsche Bank sich zum Erwerb entschlossen hatte, stellte sich ein neues Problem. Ulrich hatte Friedrich Karl zwar glaubhaft versichert, daß die Deutsche Bank das Paket weiterveräußern werde, und diese Zusage hatte er auch Helmut Schmidt in Hamburg gegeben. Tatsache war aber, daß die Deutsche Bank, die 28,5 Prozent an Daimler hielt, nach dem Erwerb des Flick-Pakets vorübergehend im Besitz von 57,5 Prozent von Daimler sein würde. Allen Beteiligten war klar, daß dies zu einem Aufschrei in der Öffentlichkeit führen mußte. Um Kritik an der Deutschen Bank vorzubeugen, einigten wir uns darauf, den Kauf als eine nationale Tat zu präsentieren, mit der die Bank verhindert habe, daß weitere Anleger aus dem Nahen und Mittleren Osten sich die Perlen der deutschen Wirtschaft aneigneten. Anfang Januar, als Ulrich die Transaktion dem Bundeskanzler erläuterte, spielte dieser Aspekt eine wichtige Rolle, und entsprechend hatte sich Schmidt vor der SPD-Fraktion geäußert.

Ich habe Friderichs auf die »falsche Geschichtsschreibung« aufmerksam gemacht und ihm damit zu verstehen gegeben, daß die Regierung möglicherweise in Erklärungsnotstand gegenüber der Öffentlichkeit geraten könnte, wenn sich die Sache zu lange hinziehe. Als später durchsickerte, daß wir den Schah von Persien nicht um *jeden* Preis als Großaktionär zu Daimler gebracht hätten, verstummte der Vorwurf, Flick habe ohne Rücksicht auf nationale Belange Kasse machen wollen. Statt dessen wurde nun behauptet, es habe niemals ein konkretes Kaufangebot aus Persien vorgelegen. Wir haben auch hier das Gegenteil bewiesen und gezeigt, daß es sich um eine echte Offerte gehandelt hatte, obwohl es nicht einfach war, das Kaiserhaus, das sich in seinem Stolz verletzt fühlte, zu einer solchen Erklärung zu bewegen.

Am 21. Februar trug ich Friderichs auch Alternativen vor für den Fall, daß Politik und Administration die Flickschen Restrukturierungen blockieren würden. Der Paragraph 6b enthalte, wie der Minister wisse, auch eine Regelung hinsichtlich der Wiederanlage von Buchgewinnen in Anlagegüter; dafür sei nicht einmal eine ministerielle Bescheinigung erforderlich. Wir seien durchaus in der Lage, den gesamten Daimler-Gewinn von rund zwei Milliarden D-Mark mit Hilfe des Paragraphen 6b innerhalb der vorgegebenen Fristen so anzulegen, daß keinerlei Steuern anfallen. Wir brauchten nur die gesamten Investitionen der Gruppe auf die Verwaltungsgesellschaft zu ziehen.

Die Übertragung von Buchgewinnen auf neu angeschaffte abnutzbare Anlagegüter war nach dem Gesetz tatsächlich nicht zustimmungspflichtig. Hätten wir den gesamten Daimler-Gewinn in Anlagen gesteckt, eine Papiermaschine für die Feldmühle oder einen Cracker bei Dynamit Nobel gebaut und diese dann an die Untergesellschaften verpachtet, wäre uns eine Menge Ärger erspart geblieben. Damit wäre jedoch die gesamte Konzernstruktur auf den Kopf gestellt worden, weil die einzelnen Anlagen der Untergesellschaften in der Verwaltungsgesellschaft zu Buche gestanden hätten. Das Unternehmen wäre immobil und abhängig geworden und hätte sich für immer vom Prinzip der dezentralen Führung verabschiedet. Bei unseren geplanten US-Investitionen wären wir mit einer solchen Politik ganz und gar gescheitert.

Die direkte Reinvestition des gesamten Daimler-Gewinns in Anlagegüter durch die Obergesellschaft stellte für uns also keine wirkliche Alternative dar. Friderichs gegenüber mußte ich jedoch alle Alternativen durchspielen, um mich nicht dem Vorwurf auszusetzen, wir tricksten. Bei der angespannten politischen Situation schien es mir angebracht, auf Entgegenkommen zu setzen. Wir seien keine Ignoranten, sagte ich, wir wüßten, daß es politischen Ärger gebe, wenn aus der gesamten Daimler-Transaktion überhaupt keine Steuern gezahlt würden. Es sei daher wichtig, der Öffentlichkeit sagen zu können, daß Flick trotz der Berechtigung zur vollen 6b-Inanspruchnahme einen hohen dreistelligen Millionenbetrag geleistet habe.

Andererseits mußten wir berücksichtigen, daß die Bundesbehörden mit Sicherheit überfordert waren, würden wir die 6b-Rücklagen in voller Höhe in Beteiligungen im In- und Ausland übertragen; das Wirtschaftsministerium käme in unglaubliche Fristenprobleme. Diese beiden Grundüberlegungen sollten uns veranlassen, nach einer praktikablen Lösung zu suchen. Ich sei mir sicher, daß es uns gelingen werde, gemeinsam mit den Beamten des Ministeriums den für alle Beteiligten optimalen Verteilungsschlüssel zu finden.

Am Ende unseres Gesprächs am 21. Februar 1975 meinte Friderichs, »daß man uns immer dann entgegenkommen würde, wenn wir unsererseits die beiden Hauptprobleme der Bundesrepublik, nämlich Rohstoff und Energie, in unsere Überlegungen einbeziehen«. In diesem Zusammenhang deutete er an, daß es für das Haus Flick möglicherweise interessant sein könne, an dem VW-Projekt zur Urbarmachung von Land in Brasilien teilzunehmen und eine Übernahme der »Burma Oil« zu prüfen.

Anfang April teilte uns das Bundeswirtschaftsministerium mit, daß mit einer 6b-Bescheinigung nicht gerechnet werden könne, solange die Deutsche Bank ihre Übernahmeanteile oder zumindest den größten Teil davon nicht placiert habe. Im übrigen empfehle man, die 6b-Anträge erst nach den Bundestagswahlen im Oktober 1976 zu stellen. Die Sache fing an, mich zu beunruhigen.

Daß die Deutsche Bank offenbar noch nichts unternommen hatte, ihrer Zusage gemäß die Streuung der Aktien vorzubereiten – noch gehörte ihr das Paket ja nicht –, war sicher ärgerlich. Aber zum einen hatte niemand Veranlassung, an der Zusage der Bank zu zweifeln, zum andern konnte ich nicht einsehen, daß eine uns betreffende Entscheidung davon abhängig gemacht werden sollte, daß ein Dritter seinen Verpflichtungen nachkam. Am 24. April erklärte Ministerialrat Fischer einem unserer leitenden Herren, die Veräußerung an eine Großbank »sei grundsätzlich negativ zu werten, wenn man die Entstehungsgeschichte des § 6b berücksichtige. Damals sei im Bundestag von allen Fraktionen die Meinung vertreten worden, es dürfe über dieses Rechtsinstitut den Banken nicht der Erwerb industrieller Beteiligungen erleichtert werden.«

Ich rief daraufhin Minister Friderichs an. Bei uns im Hause sei man der Auffassung, daß es genüge, wenn die Deutsche Bank ihren Gesamtbesitz an Daimler unter 50 Prozent halte. »Wir schwimmen jedoch völlig unklar über die Haltung des Ministeriums Apel, welche Untergrenze der Beteiligung Deutsche Bank an Daimler angestrebt werden muß, um den Veräußerungsvorgang im Sinne des 6b anzuerkennen.«

Am 2. Juni stimmten Fritz Wacker, der für die Angelegenheit 6b freigestellte Flick-Direktor, und der Leiter unserer Steuerabteilung, Heribert Blaschke, der bis 1969, zuletzt als Regierungsdirektor, im Bundesfinanzministerium tätig gewesen war, mit Ministerialrat Fischer das weitere Vorgehen ab. Herr Fischer halte es für bedenklich, so berichteten die Herren im Anschluß, wenn man die Vorsorge für die Erbersatzsteuer und die Notwendigkeit der Stärkung des Eigenkapitals bei der Verwaltungsgesellschaft im Zusammenhang mit den 6b-Anträgen zu sehr herausstelle. Das war nachzuvollziehen. Nicht nachvollziehbar, geradezu hanebüchen war jedoch die Begründung, die der Mann im Wirtschaftsministerium anführte: »Man dürfe nicht überall Verständnis dafür erwarten, daß das Unternehmen in Zukunft unbedingt in der Hand eines Mannes oder einer Familie bleiben müsse.« Auch wenn Fischer persönlich diese Auffassung wohl nicht teilte, hatte er damit jedoch exakt umschrieben, was uns an gesellschaftspolitischen Ressentiments in den folgenden Wochen und Monaten entgegenschlagen sollte – eine Mischung aus Minderwertigkeitskomplexen und Mißgunst, Neid und Begehrlichkeit.

Fischer gab weitere nützliche Hinweise und Empfehlungen. Es genüge nicht, »nur darzutun, wie wichtig die Lösung der Strukturprobleme für die Gruppe F ist, sondern es muß auch die Bedeutung für den Wettbewerb, für die Arbeitsplätze und für die jeweilige Region aufgezeigt werden«. Die Motive für den Verkauf der Daimler-Aktien hingegen akzeptierte Fischer: eine zu geringe Rendite infolge Wegfalls der Abzugsfähigkeit der Vermögensteuer bei der Einkommensteuer. Auch leuchtete ihm ein, daß die Verwaltungsgesellschaft bei Daimler nicht in dem Maße unternehmerisch tätig sein konnte wie in den eigenen Konzerngesellschaften.

»Das Gespräch hat klar ergeben«, so das Fazit der Besprechung vom 2. Juni, »daß der Erfolg unserer Anträge entscheidend von der Weiterveräußerung der Aktien durch die Deutsche Bank abhängt«. Dabei sei es von Vorteil, wenn die Weiterveräußerung durch die Deutsche Bank möglichst breit erfolge; der Eigentumsstreuungseffekt sei politisch erwünscht. Ich gab diese Erkenntnis an Friedrich Karl weiter: »Die Bundesregierung verläßt sich auf die Zusage von Herrn Ulrich vom Januar 1975, daß der gesamte erworbene Besitz von 29 Prozent wieder abgegeben wird«, und bat ihn, bei Ulrich nachzuhaken. Soviel war klar: Wir konnten die Anträge erst stellen, wenn der Abgabevorgang eindeutig geklärt war.

Außerdem wies ich Friedrich Karl darauf hin, daß es uns »gegenüber der öffentlichen Hand glaubwürdig« mache, wenn wir bereits zu diesem Zeitpunkt eine Kapitalerhöhung bei Dynamit Nobel vornähmen, für die wir dann im nachhinein eine 6b-Bescheinigung beantragen könnten (was gesetzlich durchaus möglich war). Wir müßten dann nur entscheiden, wo Dynamit Nobel investieren solle: in Deutschland – zur Diskussion stand ein Objekt in Steyerberg in der Nähe von Minden – oder in den Vereinigten Staaten. Beides zugleich wäre aus Eigenmitteln nicht finanzierbar gewesen. Im Hinblick auf den Paragraphen 6b entwickelte ich folgende Strategie: »Unsere Chance, eine Kapitalerhöhung bei Dynamit Nobel 6b-fähig zu machen, ist für das Objekt Steyerberg jedenfalls größer als für eine amerikanische Akquisition. Machen wir aber eine Kapitalerhöhung unter dem Titel Steyerberg, dann ist Dynamit Nobel selbstverständlich frei, die so geschöpften Eigenmittel für die amerikanische Investition zu nutzen.« Den späteren Streit um unser amerikanisches Objekt habe ich also durchaus vorhergesehen. Nur habe ich die Dimensionen verkannt.

Bei einem transatlantischen Engagement waren die Chancen, politische Hindernisse für eine ministerielle Bescheinigung aus dem Wege zu räumen, ungleich geringer, als wenn wir den Daimler-Erlös ausschließlich in Deutschland reinvestierten. Der Paragraph 4 des Auslandsinvestitionsgesetzes war zwar ähnlich angelegt wie der Paragraph 6 des Einkommensteuergesetzes, aber die Sensibilität der Ministerialbeamten war ungleich höher. Mitte der siebziger Jahre witterte man allerorten Gefahr, daß deutsches Geld ins Ausland geschafft werden sollte. Die Regierung konnte es sich nicht leisten, den Eindruck zu erwecken, daß sie diese Kapitalflucht durch einen steuerlich geförderten Vorgang auch noch unterstützte.

Es war nicht leicht, die Beamten davon zu überzeugen, daß es sich bei einem Einstieg von Flick bei dem amerikanischen Mischkonzern Grace nicht um eine Kapitalanlage handelte, sondern, wie es der Paragraph 4 AuslInvG verlangte, um ein unternehmerisches Engagement. Zum einen waren die USA ein wachsender Exportmarkt für die Unternehmen der Flick-Gruppe, zum andern diente die angestrebte Kooperation zwischen Flick und Grace der Strukturverbesserung der Gruppe und versprach einen nicht unbedeutenden Technologietransfer. Wenn Flick sich ein Standbein in den USA schuf und auf diese Weise strukturelle Probleme bei den deutschen Unternehmungen beseitigen konnte, dann lag eine solche Auslandsbeteiligung unserer Mei-

Geburtstag im Hause Flick in Berlin-Grunewald. 2. von rechts Friedrich-Karl, 3. von rechts der Autor.

Die Fußballmannschaft der Kinderlandverschickung Döllach im Mölltal 1941/42. Der Autor als Torwart unten Mitte.

Als Schüler in Bad Tölz/
Oberbayern, Anfang 1943.

Als Student mit Braut
Helga, Studentin der
Medizin, 1949.

Eröffnung des Flugbetriebs der Deutschen Lufthansa AG am 1. April 1955 auf dem Hamburger Flughafen. Die Convair 340 flog von Hamburg über Düsseldorf und Frankfurt nach München.

Die Zentrale des Flick-Konzerns in Düsseldorf-Oberkassel.

Mit Konrad Kaletsch, über ein halbes Jahrhundert die graue Eminenz des Flick-Konzerns.

Am Schreibtisch in Düsseldorf.

Ein Geschenk des Konzernchefs.

Amtseinführung als Generalbevollmächtigter des Axel Springer Verlags im Januar 1971 in Berlin. 2. von rechts: Axel Springer.

Mit Hanns-Martin Schleyer und Otto A. Friedrich am Rande einer Präsidiumssitzung des Bundesverbands der Arbeitgeber im Berliner Haus des Axel Springer Verlags.

Mit Josef Neckermann im Verlagshaus Axel Springer anläßlich des Dressur-Weltcups in Berlin im September 1971.

Mit Helmut Kohl und dessen Sohn Walter im Berliner Haus des Axel Springer Verlags, August 1971.

Mit Axel Springer und Bundeswirtschaftsminister Hans Friderichs in Bonn, Mai 1975.

Mit Friedrich-Karl Flick auf einer Bilanz-Pressekonferenz, Oktober 1976.

Mit Adolf Kanter, stellvertretender Leiter des Bonner Büros der Flick-Gruppe und Top-Spion von Markus Wolf, während eines Betriebsausflugs der Friedrich Flick KG, 1976.

Mit Ehefrau Helga (rechts) und dem Ehepaar Kohl auf dem Ball des Sports in Wiesbaden, Februar 1977.

Mit Bundeskanzler Helmut Schmidt bei Krauss-Maffei anläßlich der Übergabe des Panzers Leopard an die Bundesregierung im Februar 1978. Links Erwin Essl, Vorsitzender der IG Metall Bayern, in der Mitte Hans-Heinz Griesmaier, Vorstandsvorsitzender von Krauss-Maffei.

Mit US-Präsident Ronald Reagan während eines Staatsbesuchs von Bundeskanzler Helmut Schmidt, Mai 1981.

Verleihung des Bayerischen Verdienstordens durch Ministerpräsident Franz Josef Strauß, Mai 1980.

Mit Kurt Biedenkopf anläßlich der Verleihung des Mérite Européen d'Or an den Autor in Bonn, Juni 1981.

Mit Peter Boenisch am Grab Axel Springers in Berlin, September 1985.

Vier *Spiegel*-Titel zur sogenannten Parteispendenaffäre (März 1982, November 1982, Januar 1983, Februar 1986).

Mit dem Journalisten Ben Witter auf Sylt, August 1986.

Mit Ehefrau Helga im Sanatorium Bühlerhöhe, Sommer 1991.

Mit Bundeskanzler Helmut Kohl anläßlich der Grundsteinlegung einer Polyethylen-Anlage der BSL Olefinverbund GmbH in Schkopau/Sachsen-Anhalt im Juli 1996. Links Ministerpräsident Reinhard Höppner, 2. von links William A. Stavropoulos, Präsident der Dow Chemical Corp.

nung nach eindeutig im deutschen Interesse und war volkswirtschaftlich förderungswürdig.

In der ersten Juli-Woche machte ich meinen Antrittsbesuch bei dem neuen Finanzminister von Nordrhein-Westfalen, Professor Friedrich Halstenberg. Ich nahm die Gelegenheit wahr, ihn auf das generell schlechte Klima beim Bundeskanzler und im Bundesfinanzministerium im Verhältnis zu unserem Hause anzusprechen. »Als solider und zuverlässiger Steuerzahler im Lande Nordrhein-Westfalen« könnten wir es auf Dauer nicht hinnehmen, »daß wir in Bonn wie ein gesellschaftspolitischer Parasit behandelt werden«. Auch hielt ich es für richtig, Professor Halstenberg »auf die unrichtige Geschichtsschreibung über die Angelegenheit Daimler/Persien Daimler/Deutsche Bank hinzuweisen. Allerdings habe ich Halstenberg darauf hingewiesen, von der richtigen Geschichtsschreibung nur vorsichtig Gebrauch zu machen, weil wir unter gar keinen Umständen zu diesem Zeitpunkt Spannungen zwischen der Bundesregierung und der Deutschen Bank erleben möchten.« Halstenberg, der von seinen Mitarbeitern gut auf das Gespräch mit mir vorbereitet worden war, betonte die hohe Reputation des Hauses Flick als Steuerzahler in Nordrhein-Westfalen. Dies hat er später auch als Zeuge im Untersuchungsausschuß bestätigt.

Was die Vorbereitungen zum Weiterverkauf der Daimler-Aktien durch die Deutsche Bank anging, so war noch immer keine Bewegung in die Sache gekommen. Am 24. Juli traf ich mich mit Hans Friderichs, um ihm unseren Standpunkt zu erläutern, auch wenn für diese Seite der Transaktion nicht er, sondern Finanzminister Apel zuständig war. »Es ist steuerrechtssystematisch nicht vertretbar, daß ein Steuerpflichtiger in Abhängigkeit gebracht wird vom Wohlverhalten eines Dritten, auf dessen Verhalten der Steuerpflichtige keinen Einfluß hat. Auf unseren Fall bezogen bedeutet das, daß wir mit unseren 6b-Anträgen nicht abhängig gemacht werden können davon, ob die Deutsche Bank – mangels objektiver Möglichkeit oder mangels subjektiven Wollens – die

Streuung des von uns übernommenen Daimler-Besitzes in angekündigter Form durchführt ... Ordnungspolitisch und auch wettbewerbsrechtlich kann es aber keinen Unterschied machen, ob eine Bank an einem Industrieunternehmen 25,1 oder 49,9 Prozent besitzt. Zwischen diesen beiden Größen gibt es nur politisch-emotionale Größenschwellen, aber keine rechtlich objektivierbaren.«

Am 21. August 1975 fand im Bundeswirtschaftsministerium das entscheidende Ministergespräch statt, an dem von beiden Seiten jeweils fünf Vertreter teilnahmen; von seiten des Ministeriums der Minister und Staatssekretär Schlecht, Ministerialdirektor Tietmeyer und Ministerialdirigent Kartte sowie der zuständige Referent, Ministerialrat Hans A. Fischer. Wir hatten uns lange und gründlich vorbereitet und unter anderem mehrere Gutachten in Auftrag gegeben. So hatte der Kölner Rechtsanwalt Hans-Rudolf Ebel vergleichbare Präzedenzfälle untersucht, etwa den Verkauf der 50 Prozent BASF/Wintershall-Anteile an der Westfalenbank an die Bayerische Hypobank (1970) und die Veräußerung der Schachtelbeteiligung der VEBA an der Preussag an die Westdeutsche Landesbank Girozentrale (1968/69).

Die Herren des Ministeriums wollten dieses Faß ungern aufmachen. Die früheren Vorgänge hatten unter Ausschluß der Öffentlichkeit stattgefunden und unterlagen wie alle diese Fälle dem Steuergeheimnis. Da man uns nahegelegt hatte, Präzedenzfälle nicht anzusprechen, haben wir uns zurückgehalten. Wir vertrauten auf den Rechtsstaat; wie sich im nachhinein herausstellte, wäre es jedoch weit hilfreicher gewesen, wenn wir uns auf frühere Genehmigungsverfahren berufen hätten.

Wir hatten uns entschieden, die Situation des Hauses Flick ungeschminkt darzustellen. Der Minister sollte, wie Direktor Wacker es formulierte, »hinterher wissen, daß die Gruppe Flick bei Fortsetzung der derzeitigen Gegebenheiten für private Großunternehmen in Familienbesitz keine langfristige Überlebenschance hat, wenn der Antrag abgelehnt wird, also rund 60

Prozent Steuern auf den Veräußerungsgewinn bezahlt werden müssen. Diese Erkenntnis wird ihn darüber nachdenken lassen, ob er die Verantwortung für alle damit verbundenen Auswirkungen übernehmen will.«

Friderichs erklärte eingangs, »das in Rede stehende Volumen werde keine nachteilige Rolle spielen ... Bei der Entscheidung könne und werde er keine Rücksicht nehmen auf Reaktionen in der Öffentlichkeit oder im parlamentarischen Raum.« Aus diesem Grunde war Friderichs auch daran interessiert, »von der Tatsache des Gesprächs Gebrauch machen zu dürfen, um der Behauptung von Geheimkontakten vorzubeugen«. Kernpunkt des Gesprächs war die Beurteilung des Veräußerungsvorgangs, also die Abgabe der Daimler-Beteiligung an die Deutsche Bank. Es wurde von seiten des Ministeriums noch einmal unterstrichen, daß die Abgabe in jeder Hinsicht unbedenklich sein müsse, andernfalls kämen Bescheinigungen nicht in Betracht.

Ministerialrat Fischer führte diesen Punkt näher aus: Die Mehrheit des Aktienkapitals von Daimler liege nun bei einer Großbank. Dies stelle eine Verschlechterung der Unternehmensstruktur des Wirtschaftszweiges »Banken« dar. Jedes stärkere industrielle Engagement von Banken – und dies sei kein Glaubens-, sondern ein Erfahrungssatz – müsse ordnungspolitisch negativ gewertet werden. Im übrigen könne »bei Verwirklichung der von der Deutschen Bank angekündigten Pläne die Veräußerungsseite sogar positiv im Sinne einer breiteren Eigentumsstreuung gewertet werden«.

In meinem Vortrag rief ich zunächst die Eckdaten der Transaktion in Erinnerung und kam dann auf die politische Emotionalisierung der Debatte zu sprechen. Die unsinnigen Spekulationen in der Öffentlichkeit, Flick könnte den Paragraphen 6b für eine steuerfreie Abfindung von Gesellschaftern mißbrauchen, hatten wir inzwischen widerlegt. Das Ausscheiden der Kinder von Otto-Ernst Flick war Ende Mai definitiv abgewickelt worden, die ersten beiden Raten der von der Finanzverwaltung Nordrhein-Westfalen festgesetzten Steuern hatten wir beglichen, die beiden ausstehenden Raten waren Anfang September und Anfang Dezember fällig.

Im Sommer hatten wir, nicht zuletzt auf Betreiben der niedersächsischen Landesregierung, die an neuen Arbeitsplätzen und einer regionalen Strukturverbesserung im Wesergebiet interessiert war, das Objekt Steyerberg anlaufen lassen. Ich führte aus, daß wir diese Maßnahme stornieren müßten, falls der Paragraph 6b nicht zum Zuge käme. Die notwendigen Investitionen in Höhe von 200 Millionen D-Mark seien von Dynamit Nobel nicht aufzubringen; eine Kapitalerhöhung bei Dynamit Nobel aus versteuerten Mitteln aber rechne sich nicht.

Da der Verkauf des Daimler-Pakets allein aufgrund seines Volumens zum Gegenstand öffentlicher Debatten geworden war, standen wir unter einem gewissen Druck, endlich unsere Wiederanlagekonzeption vorzulegen. Bei der Anfang September stattfindenden Jahrespressekonferenz des Konzerns würden wir mit Sicherheit gefragt werden, was wir mit dem Daimler-Erlös vorhätten. Wir seien es dem Ansehen des Hauses schuldig, den Eindruck zu vermeiden, als falle uns hierzu nichts ein. Klarheit müßten wir aber vor allem deshalb haben, weil wir verschiedene Anlagemöglichkeiten auf uns zukommen sähen, die keinen Aufschub duldeten. »Wir können aber als Kaufleute nicht in Verhandlungen mit Partnern eintreten, wenn wir nicht wissen, ob die Geschäftsgrundlagen, nämlich § 6b EStG bzw. § 4 AuslInvG, mindestens gute Chancen haben.« Auch die dringend erforderlichen Strukturentscheidungen bei Buderus und der Maxhütte konnten nicht mehr allzu lange hinausgezögert werden. Hier brauchten wir ebenfalls Klarheit in Sachen 6b.

Am Ende meiner Ausführungen kam ich auf die Rolle der Deutschen Bank zu sprechen. Dem letzten Hauptversammlungsprotokoll sei zu entnehmen gewesen, daß die Bank bereits 250 Millionen D-Mark placiert habe und mit weiteren 250 Millionen D-Mark Placierung bis Jahresende rechne. Diese Beträge entsprächen etwas mehr als 7,5 Prozent des Daimler-Kapitals, so daß die Deutsche Bank bei Übernahme des Flick-Pakets am 1. Januar 1976 unter 50 Prozent liegen würde. Was den Weiterverkauf der restlichen Flick-Aktien betreffe, so liege es im berechtigten Interesse der Deutschen Bank, ihre Pläne nicht in der Öffentlichkeit zu behandeln, sondern die Placierung ohne Zeitdruck durchzuführen, um die Bank und die übrigen Aktionäre von Daimler vor Kurssprüngen und damit vor Schaden zu bewahren.

Für mich bestehe kein Zweifel, so erklärte ich weiter, daß die Deutsche Bank die Daimler-Beteiligung als Durchgangsposition betrachte. Schon aus Prestigegründen könne es sich die Bank gar nicht leisten, Pläne, die mit solcher Breite in der Öffentlichkeit diskutiert worden seien, unerledigt in der Schublade liegen zu lassen. Die Neubesetzung des Daimler-Aufsichtsrats sei für mich ein deutliches Signal.

Trotz Verfügungsrechts hatte die Bank ihre eigene Position im Aufsichtsrat nicht erweitert, sondern aktionärsfremde Aufsichtsratsmitglieder auf die Quoten Flick und Quandt zugewählt. Hierbei wurde sogar ein Vertreter der Kleinaktionäre berücksichtigt, obwohl diese kaum fünf Prozent am Daimler-Kapital erreichten. Auch anderes deutete auf breite Streuungsabsichten und eine stärkere Berücksichtigung der Kleinaktionäre. Beides war ein im Sinne der Bundesregierung begrüßenswerter ordnungspolitischer Fortschritt. Wie sich schon bald zeigte, hielt sich die Deutsche Bank an ihre Zusage und verteilte das Flick-Paket über eine eigens zu diesem Zweck gegründete Holding.

In einem Vieraugengespräch im Anschluß an das Treffen sagte Hans Friderichs, unser Anliegen sei »von derartig eminenter politischer Brisanz, daß er, falls er zu einer positiven Entscheidung im einen oder anderen 6b-Fall käme, die volle Identität aller Sparten seines Hauses benötige«. Im übrigen rechne er damit, daß wir einen Teil des Buchgewinns spätestens mit Ablauf der 6b-Frist versteuern. »Ich vermag nicht zu übersehen«, notierte ich damals für Friedrich Karl, »ob in diesem Hinweis vielleicht schon der erste Wink auf einen möglicherweise anzustrebenden Kompromiß liegen könnte«.

Nach der Sitzung vom 21. August entschieden wir uns definitiv, in drei Phasen vorzugehen, die wir hausintern »Geleitzüge« nannten. Im ersten Geleitzug wollten wir uns Kapitalzuführungen bei Buderus und Dynamit Nobel/Steyerberg sowie den Erwerb einer ersten Tranche bei Grace entsprechend den Paragraphen 6b EStG und 4 AuslInvG genehmigen lassen.

Vier Wochen nach unserem Besuch im Bundeswirtschaftsministerium meldete sich der SPD-Bundestagsabgeordnete Rolf Böhme aus Freiburg im Breisgau zu Wort. Böhme, Mitglied des Finanzausschusses des Deutschen Bundestages, hatte bereits in einer früheren Anfrage wissen wollen, welche Zusammenhänge bekannt seien zwischen dem Verkauf des Daimler-Pakets und der Abfindung der Neffen Flick. Am 17. September ging er in einer Fragestunde des Bundestages aufs Ganze. Er verlangte Auskunft darüber, was am 21. August im Bundeswirtschaftsministerium besprochen worden sei. Da der Abgeordnete nicht im Plenarsaal anwesend war, wurde die Anfrage schriftlich beantwortet: Die Anwendung des Paragraphen 6b erfolge »in jedem Einzelfall strikt nach den gesetzlichen Vorschriften«. Was die Reinvestitionsmöglichkeiten der Flick-Gruppe angehe, verweise man auf die Erklärung von Staatssekretär Offergeld vom Bundesfinanzministerium, »daß das Steuergeheimnis die Offenbarung steuerlicher Verhältnisse im Einzelfall verbietet«.

Böhme wußte sich Gehör zu verschaffen. Über die Nachrichtenagentur VWD forderte er einen Tag später, »die Steuerfreiheit nur noch für Veräußerungsgewinne bis zu etwa 20 Millionen D-Mark zu gewähren«. In der SPD-Fraktion werde zur Zeit auch geprüft, »die Frist für die Bildung einer steuerfreien Rücklage – gegenwärtig zwei Jahre – zu verkürzen«. Auf diese Weise solle »vermieden werden, daß Veräußerungsgewinne in Milliardenhöhe in den Genuß des § 6b kommen, da dies der Ratio des Paragraphen widerspreche«. Böhme räumte ein, so der VWD,

»daß sein Vorstoß unter dem Eindruck des Verkaufs des Daimler-Benz-Pakets durch Flick an die Deutsche Bank erfolge«. Das war eine Kampfansage, wie sie deutlicher nicht hätte ausfallen können.

Im »Parlamentarisch-Politischen Pressedienst (PPP)« der SPD vom 26. September legte Böhme nach: »Einen Riegel will der SPD-Finanzexperte Dr. Rolf Böhme MdB der Möglichkeit vorgeschoben sehen, daß der Aufkauf von Aktien des ›Grace & Co‹-Konzerns durch die Flick-Gruppe als förderungswürdig anerkannt und steuerlich begünstigt wird. Gegenüber PPP fragte Böhme am Freitag ironisierend, ob jetzt ›Investitionslenkung‹ à la Flick betrieben werden solle. Der Bundesbürger müsse sich doch verschaukelt fühlen, wenn einerseits er für das Sparen des Staates und für Steuererhöhungen Bereitschaft aufbringen solle, andererseits aber von der Möglichkeit gesprochen werde, Großinvestitionen ins Ausland steuerlich zu erleichtern ... Abg. Dr. Böhme, der sich seit Jahresfrist um die Frage der Besteuerung des Flick-Verkaufes der Daimler-Aktien gekümmert hat, meint nun, daß man den Aufkauf in den USA nicht als volkswirtschaftlich förderungswürdig ansehen könne und daß entsprechend auch der Paragraph 4 des Auslandsinvestitionsgesetzes nicht angewendet werden sollte.« Der Staat zeige sich immer dann entgegenkommend, »wenn es einzelnen Großen nütze«. Für diese »Verzerrung der Begriffe«, diese »Scheinheiligkeit« werde kein Mensch Verständnis aufbringen. Im übrigen »setze sich auch der Bundeswirtschaftsminister einem schweren Vorwurf aus«, da es den Anschein habe, daß das Ganze nicht ohne sein Wissen eingefädelt worden sei.

Anfang Oktober stellte Böhme in der SPD-Fraktion den Antrag für eine Gesetzesvorlage, unverzüglich den Paragraphen 6b zu ändern. Zum einen dürfe der Steuerausfall pro 6b-Bescheinigung fünf bis zehn Millionen D-Mark nicht überschreiten, zum andern solle die Novellierung für alle Fälle gelten, die noch nicht abgewickelt sind – konkret also vor allem für Flick/Daimler. Wie mir Alex Möller Anfang November 1975 berichtete, habe er, Möller, zusammen mit dem Stellvertretenden Vorsitzenden der Fraktion, Herbert Ehrenberg, und Finanzminister Apel einen Mehrheitsbeschluß der Fraktion gegen eine solche Gesetzesvorlage zustande gebracht.

Mit dem Vorpreschen des Abgeordneten Böhme drohte sich die Frage der Wiederanlage unseres Daimler-Gewinns nach Paragraph 6b zu einem Grundsatzstreit zwischen den beiden Regierungsparteien auszuweiten – eine für unsere Sache fatale Entwicklung. Seinen stärksten Bundesgenossen, der ihn an Polemik und Agitation bald übertraf, fand Böhme in dem Abgeordneten Dieter Spöri. Dessen politischer Ziehvater war der Parteilinke Erhard Eppler, der Vorsitzende des Landesverbandes Baden-Württemberg. Der Fall Flick war für Spöri der willkommene Anlaß, sich innerhalb der SPD zu profilieren; seine Karriere führte ihn immerhin bis in das Wirtschaftsministerium von Baden-Württemberg. Als eine besondere Ironie habe ich es jedoch verstanden, daß Spöri heute, am Ende seiner Karriere, die mit einem Sturmlauf gegen Flick begann, als Berlin-Beauftragter von Daimler-Benz den Konzern in der Hauptstadt repräsentiert.

Die SPD, die die ganze Thematik von Anfang an mit spitzen Fingern angefaßt hatte, wollte, wie sich Möller ausdrückte, möglichst »trocken« aus der Angelegenheit herauskommen und versuchte, der FDP ein für allemal den schwarzen Peter zuzuschieben. Dem Gesetz nach war der Bundeswirtschaftsminister für die Entscheidung zuständig, also Hans Friderichs (FDP). Die Entscheidung sollte jedoch, so das Gesetz, »im Benehmen« mit dem Bundesfinanzminister (und den zuständigen Landeswirtschaftsministern) getroffen werden, also in Übereinstimmung mit Hans Apel (SPD).

Friderichs bemühte sich mehrfach, Apel mit in die Entscheidung einzubinden. Bei unserem Abendessen am 9. November in Ettlingen schenkte mir Alex Möller reinen Wein ein: »Apel lehnt das in voller Übereinstimmung mit der Baracke und der SPD-

Fraktion ab. Die SPD möchte, daß Friderichs und damit die FDP die alleinige Verantwortung für die Entscheidung trägt und damit auch in einer allenfallsigen politischen Auseinandersetzung die Entscheidung vertreten muß.« Für unsere Strategie war dieser Hinweis von großer Bedeutung. Jetzt verstand ich, warum Apel das mit mir für den 8. Oktober verabredete Gespräch abgesagt hatte – »um die Hände freizubehalten«, wie er sich ausgedrückt hatte. Er wollte unter keinen Umständen in den Verdacht geraten, durch ein solches Gespräch in den Entscheidungsprozeß einbezogen zu werden.

Das Politikerkarussell in Sachen 6b ist von uns nur widerwillig in Gang gesetzt worden. Zunächst waren wir davon ausgegangen, daß wir gerecht behandelt werden, das heißt nach dem Buchstaben des Gesetzes unter Berücksichtigung der gängigen Praxis. Erst die Ausgrenzung des Hauses Flick aus Recht und Gesetz hat uns veranlaßt, alte Vertraute im politischen Bereich mit unseren Sorgen zu befassen.

Da sich das Thema Flick/Daimler offensichtlich zu einem Streit innerhalb der Regierungskoalition hochschaukelte, war es nützlich, daß wir uns der Rückendeckung durch die Opposition versicherten. Am 20. November besuchte ich meinen langjährigen Freund Helmut Kohl in Mainz. Kohl versprach mir, als Parteivorsitzender dafür zu sorgen, daß das Thema 6b nicht von linken CDU-Kreisen unsachlich emotionalisiert werde. Er werde Karl Carstens und Richard Stücklen bitten, dies auch für die CDU/CSU-Bundestagsfraktion sicherzustellen. Es schien uns nützlich, einige der an der Materie interessierten Bundestagsabgeordneten zu einem parlamentarischen Abend nach Bonn einzuladen und ihnen die Überlegungen des Hauses Flick zu erläutern.

Am 15. und 28. Januar sowie am 2. Februar 1976 fanden drei weitere Treffen zwischen Vertretern unseres Hauses und dem Bundeswirtschaftsministerium statt. Das Objekt Steyerberg sei »wettbewerbspolitisch eine harte Nuß«, hieß es. Zum Objekt

Grace hatten die Beamten am Ende keine weiteren Fragen. Ministerialrat Fischer ermutigte uns, die Anträge bis zum 20. Februar einzureichen.

Am 20. Januar 1976 hatte der CSU-Bundestagsabgeordnete Rechtsanwalt Reinhold Kreile, der im Zusammenhang mit den 6b-Anträgen mehrfach für unser Haus vermittelte, nach einem Gespräch mit hochrangigen Vertretern des Bundeswirtschaftsministeriums über die angespannte Situation zwischen Wirtschafts- und Finanzministerium berichtet. Seine Gesprächspartner hätten ihn darauf hingewiesen, daß es sich gut mache, wenn das Haus Flick den geplanten Antrag um ein Projekt erweitere, das abgewiesen werde. Dann könne man gegenüber der Öffentlichkeit darauf hinweisen, daß der Fall Flick teils abgelehnt, teils akzeptiert wurde. Dabei dürfe es sich nicht um einen reinen »Türken« handeln.

Am 20. Februar 1976 stellte die Verwaltungsgesellschaft für industrielle Unternehmungen Friedrich Flick GmbH beim Bundeswirtschaftsministerium den Antrag, die Übertragung eines Teils des Buchgewinns aus dem Daimler-Erlös auf die Objekte Grace, Buderus, Dynamit Nobel/Steyerberg sowie Thesaurus gemäß den Paragraphen 6 b EStG und 4 AuslInvG zu bescheinigen. Von da an konnten wir nur noch warten und darauf vertrauen, daß keine weiteren politischen Störungen auftraten.

Anfang August erfuhren wir, daß sich sowohl Bundeswirtschaftsminister Friderichs als auch Staatssekretär Schlecht seit längerem erfolglos bemühten, Staatssekretär Offergeld vom Bundesfinanzministerium zur Abzeichnung des Vorgangs zu veranlassen. Die Vorlage der zuständigen Fachabteilung des Finanzministeriums hatte wohl in sämtlichen Punkten Übereinstimmung mit dem Vorschlag des Bundeswirtschaftsministeriums ergeben. Dennoch weigerte sich Offergeld zu unterzeichnen; entweder war er gegen die Sache, oder Apel, der noch im Urlaub war, hatte sich die Abzeichnung vorbehalten. Möglicherweise hatten auch Böhme und Spöri neue Minen gelegt. Um keine schlafenden

Hunde zu wecken, schlug ich Friedrich Karl vor, unsere Bilanzpressekonferenz zu verschieben und die Presse nur kurz schriftlich über den Jahresabschluß 1975 zu informieren.

Am 9. August erfuhr Heribert Blaschke, daß Offergeld abgezeichnet hatte. Wir veranlaßten daraufhin das Notwendige, um den Rücklauf der Akten ins Bundeswirtschaftsministerium und von dort an die Landeswirtschaftsminister zu beschleunigen. Vier Wochen später, am 8. September, lagen positive Stellungnahmen der Landeswirtschaftsminister vor.

Am 14. September 1976 schließlich erhielten wir Bescheinigungen des Bundeswirtschaftsministeriums in Sachen

- Aktienerwerb Grace zum Nennwert von 4,27 Millionen US-Dollar, was einem Kurswert von etwa 250 Millionen D-Mark entsprach,
- Kapitalerhöhung bei Dynamit Nobel um 100 Millionen D-Mark zur Investition in Steyerberg
- Kapitalerhöhung bei Buderus um 50 Millionen D-Mark zur Strukturverbesserung des Unternehmens.

Der Thesaurus-Antrag wurde zwei Tage später abgelehnt.

An diesem Tag erfuhr ich von Minister Friderichs, daß die Genehmigungen in letzter Minute in Frage gestellt worden waren. »Die Quellen für die Schwierigkeiten liegen offensichtlich im Bundesfinanzministerium«, notierte ich damals, »auf der parlamentarischen Ebene, möglicherweise gesteuert durch Böhme. Letzterer möchte sich wohl noch vor den Wahlen profilieren, um bei einem Wahlsieg der Koalition Parlamentarischer Staatssekretär im Bundesfinanzministerium zu werden.« Ich hatte den Eindruck, daß Friderichs angesichts dieser Entwicklung daran interessiert war, die Genehmigungen erst nach den Wahlen am 3. Oktober publik zu machen.

Friderichs zeigte sich in diesem Gespräch besorgt über den Zustand der Regierung Schmidt. In der SPD-Führung gäbe es Spannungen, die möglicherweise nicht mehr bis zu den Wahlen verborgen bleiben könnten. Den Äußerungen von Friderichs war zu entnehmen, daß er einen Regierungswechsel nicht ausschloß. Er ließ durchblicken, daß er ein ungestörtes Verhältnis zu Franz Josef Strauß habe und daß er eine Kombination Strauß/Finanzen und Friderichs/Wirtschaft für optimal halten würde.

Ein Dreivierteljahr zuvor, im November 1975, hatte ich mir Sorgen wegen einer möglichen Verschiebung der 6b-Entscheidung auf einen Zeitpunkt nach der Wahl gemacht. Unter Berücksichtigung aller Koalitionsmöglichkeiten ab Oktober 1976 ergab sich eindeutig, daß es, entgegen dem Wunsch des Wirtschaftsministeriums, für das Haus Flick das geringste Risiko barg, die Anträge so schnell wie möglich einzureichen und am besten noch vor der Wahl zur Entscheidung zu bringen. Dies hatten wir erreicht.

Die sozialliberale Koalition unter Helmut Schmidt hat die Wahlen vom 3. Oktober bekanntlich gewonnen. Ein Jahr später wurde Otto Graf Lambsdorff Nachfolger von Hans Friderichs, der am 9. September 1977 seinen Rücktritt erklärte, um die Nachfolge des von Terroristen ermordeten Jürgen Ponto als Vorstandssprecher der Dresdner Bank anzutreten. Nachfolger von Hans Apel, der im Februar 1978 ins Verteidigungsressort wechselte, wurde Hans Matthöfer. Rolf Böhme wurde in der Tat, wie ich befürchtet hatte, neuer Parlamentarischer Staatssekretär im Finanzministerium. Später ging er zurück in seine Heimatstadt Freiburg im Breisgau, wo er seit vielen Jahren als Oberbürgermeister geschätzt und verehrt wird. Wenn wir uns gelegentlich sehen, grüßen wir uns freundlich.

Ich bin am Ende des Kapitels angelangt. Unsere Gespräche mit dem Bundeswirtschaftsministerium in Sachen 6b gingen natürlich weiter. Im zweiten Geleitzug stellten wir Anträge für einen weiteren Teilerwerb von Grace über etwa 550 Millionen D-Mark, für weitere Investitionenen bei Buderus sowie für eine über hundert Millionen D-Mark teure Papiermaschine bei der Feldmühle. Im dritten Geleitzug beantragten wir eine Freistellung für die Kohleveredlungsfirma PCV und die auf Umweltschutz-Produkte spezialisierte Firma US Filter sowie für eine Beteiligung in Höhe von 200 Millionen D-Mark am Versicherungskonzern Gerling. Auch wenn sich die Objekte änderten, unsere Ansprechpartner wechselten und die Einwände immer andere waren: ihrem Charakter nach blieben sich die Gespräche gleich. Mir kam es vor allem darauf an, die Atmosphäre zu schildern, in der die Verhandlungen zwischen dem Hause Flick und Vertretern des Bundeswirtschaftsministeriums geführt wurden. Hätten wir es von unserer Seite aus versäumt, parallel zu diesen Verhandlungen auch das Gespräch mit Politikern aller im Bundestag vertretenen Parteien zu suchen, wären unsere Anträge im Sperrfeuer einer SPD-Minorität zunichte gemacht worden.

Zu entscheiden, ob eine Wiederanlage aus dem Daimler-Erlös volkswirtschaftlich förderungswürdig war oder nicht, lag einzig und allein im Ermessen der Behörden. Bevor wir eine Investition tätigten, sprachen wir deshalb in den Ministerien vor, an erster Stelle im zuständigen Bundeswirtschaftsministerium. Es wurde uns später zum Vorwurf gemacht, wir seien fortwährend in der Villemomblerstraße vorstellig geworden. Hätten wir denn auf Verdacht investieren sollen, um hinterher zu erfahren, daß die Investition nicht förderungswürdig sei? Es war richtig und entsprach auch den Erwartungen des Ministeriums, daß wir die von uns in Aussicht genommenen Investitionen im Vorfeld mit den zuständigen Fachreferenten und Abteilungsleitern diskutierten. Im Austausch der Argumente mit den Beamten haben wir unsere Entscheidungen reifen lassen. Beantragt haben wir eine Bescheinigung am Ende für jene Projekte, von denen wir aufgrund der Gespräche im Bundeswirtschaftsministerium annehmen konnten, daß sie die meisten Chancen auf eine Bewilligung hatten.

Die Fachabteilungen entschieden nach Recht und Gesetz. Es waren hochrangige, absolut kompetente Spitzenleute, die uns gegenübersaßen. Otto Schlecht übernahm später die Leitung der Ludwig-Erhard-Stiftung, Hans Tietmeyer wurde Präsident der Deutschen Bundesbank, Wolfgang Kartte leitete später das Bundeskartellamt. Sein Nachfolger im Bundeswirtschaftsministerium, mit dem wir die Geleitzüge II und III erörterten, war Dieter Wolf, der später auch Karttes Nachfolger im Bundeskartellamt wurde. Kein Minister hätte es sich leisten können, diesen Beamten Weisung zu erteilen. Jeder Minister, der dies versucht hätte, ob Friderichs oder Lambsdorff oder ein anderer, hätte sich die Finger verbrannt. Unsere begleitenden Gespräche mit Politikern aller Parteien dienten einzig dem Zweck, die Entscheidungsprozesse innerhalb des Ministeriums von politischem Druck freizuhalten und gelegentlichen Anzeichen, die Ermessensentscheidungen könnten zu Mißbrauch verleiten, gegenzusteuern.

Die Gespräche zogen sich über Jahre hin, und als wir uns endlich am Ziel sahen, ging die Sache von vorn los. Im November 1982 wurde das Genehmigungsverfahren in Sachen Grace neu aufgerollt, weil das Wirtschaftsministerium nicht davon überzeugt war, daß der Einstieg bei Grace der deutschen Volkswirtschaft förderungswürdige Vorteile gebracht hatte. Nachdem bereits Ende 1981 Paragraph 4 des Auslandsinvestitionsgesetzes von der sozialliberalen Koalition abgeschafft worden war, entschied am 28. Dezember 1983 die neue Bundesregierung unter Helmut Kohl, daß die Bescheinigung nach Paragraph 4 AuslInvG in Sachen Grace zu unrecht ergangen sei und daß Flick die anfallenden Steuern nachzahlen müsse.

Bei Ermessensentscheidungen im Bereich der öffentlichen Verwaltung gilt allgemein der Grundsatz, daß die Behörde zu prüfen hat, ob der Sachvortrag des Antragstellers begründet ist. Wenn der Antrag plausibel und schlüssig ist und von der Verwaltung akzeptiert wird, kann die Genehmigung später nicht zurückgezogen werden, auch dann nicht, wenn Entwicklungen eintreten, die nicht den Erwartungen entsprechen. Der Antragsteller garantiert nicht dafür, daß sich seine Prognosen auch erfüllen. Nach meiner Kenntnis war es ein einmaliger Fall, daß eine Entscheidung, die auf wahren und geprüften Sachvorträgen beruhte, nachträglich zurückgezogen wurde, nur weil unternehmerische Erwartungen nicht in Erfüllung gegangen sind. Die Genehmigung hätte nach den Grundsätzen des Verwaltungsrechts nur dann aufgehoben werden können, wenn die Verwaltung nachgewiesen hätte, daß sie getäuscht worden war. Das aber ist nie behauptet worden.

Mir kam es in diesem Kapitel darauf an, die Dinge auseinanderzuhalten. Unsere Bemühungen, für die Wiederanlage des Daimler-Erlöses eine gesetzliche Regelung in Anspruch zu nehmen, die, wie wir meinten, für alle gleichermaßen gelten mußte, richteten sich ausschließlich auf das zuständige Bundeswirtschaftsministerium. Was die jahrelange Praxis der Schutzgeldzahlungen betrifft, habe ich im letzten Kapitel das meine dazu gesagt. Die 1982 losgetretene Presekampagne hat die beiden Komplexe bewußt miteinander verknüpft. Vielleicht ist es hilfreich – nicht nur für die damals Beteiligten –, daß ich mich in diesem Kapitel bemüht habe, unsere Verhandlungen über die Paragraphen 6b und 4 so wiederzugeben, wie sie sich uns in den Jahren 1975 und 1976 aus der Perspektive des Hauses Flick darstellten.

Im SPD-Pressedienst vom 29. März 1977 legte der Bundestagsabgeordnete Dieter Spöri *seine* Bilanz vor: »Subventionsziel der §§ 6b und 6c war die Erleichterung der Finanzierung dringlicher neuer Investitionsvorhaben. Damit sollte ein sinnvoller struktureller und regionaler Strukturwandel unserer Volkswirtschaft gefördert werden ... Wer sich den nunmehr vorgelegten Bericht ... genauer ansieht, muß an der wirtschafts- und strukturpolitischen Rechtfertigung dieser Steuerprivilegien mehr als zweifeln ... Der Schwerpunkt ... liegt bei ... körperschaftssteuerpflichtigen Industrieunternehmen mit hohen Gesamteinkünften, bei denen die vorgenommenen Reinvestitionen langfristigen unternehmenspolitschen Zielen entsprechen, die finanziell auch ohne Steuergeschenke bzw. Aufschübe verkraftbar (gewesen) und realisiert worden wären ... Die §§ 6b und 6c entpuppen sich trotz wohlklingender mittelstands-, struktur- oder raumordnungspolitischer Begründungen doch primär als Subventionsprivileg für einkommensstarke Steuerpflichtige, das tendenziell Investitionsvorgänge begünstigt, die ohnehin stattfinden. Insofern also nur ein weiteres Negativbeispiel im reformbedürftigen Subventionsdschungel, das immerhin im Berichtszeitraum zu 1,4 Milliarden DM Steuermindereinnahmen führte.«

Tatsache ist, daß die Genehmigung unserer 6b-Anträge dem Fiskus unter dem Strich mehr Steuern eingebracht hat, als dies bei einer Nichtgenehmigung der Fall gewesen wäre. Aber selbst wenn es so gewesen wäre, wie Dieter Spöri resümierte: Der Paragraph 6b des Einkommensteuergesetzes war geltendes Recht, und geltendes Recht gilt für alle Bürger, »egal, ob der Name mit A, B, C, D, E oder F anfängt«. Vielen in Bonn war eben nicht der Vorgang selbst, sondern einzig die Größe des Hauses Flick ein Dorn im Auge.

Woher wußte Spöri eigentlich, daß die Reinvestitionen von Flick auch ohne Hilfe des Paragraphen 6b »verkraftbar« gewesen wären? Hätte er, bevor er seine übereilten Schlußfolgerungen zog, beim Bundesgeschäftsführer der SPD, Egon Bahr, Rücksprache gehalten, wäre er die Sache vielleicht etwas weniger fundamentalistisch angegangen. Bahr hätte ihm nämlich eine kleine Lehrstunde in höherer Politik und Strategie erteilen können. Am 3. Juli 1978 traf ich mich mit Bahr. Ich zitiere meine Aufzeichnung über dieses Gespräch im Wortlaut: »Bahr nannte unsere 6b/4-Anträge eine ›Schummelei‹. Hiergegen habe ich mich verwahrt. Bahr korrigierte sich dann dahingehend, daß nach seiner Auffassung der 6b für Fälle wie die Daimler-Abgabe überhaupt nicht gedacht sei. Vielmehr sei der Sinn des 6b die Reinvestition bei Anlagen/Abgängen, die nicht in erster Linie auf eigene Entscheidungen zurückzuführen seien. Bahr nannte als Beispiel die Umlegung eines Betriebs von einem Stadtkern an die Peripherie der Stadt usw. Ich habe Bahr gesagt … in Wirklichkeit stoße sich die SPD an der Größenordnung unseres 6b-Falls. Insoweit könnten wir uns mit Sicherheit niemals verständigen, denn Größenordnungen seien für uns keinesfalls Kriterien für ›gut oder schlecht‹. Im übrigen hielten wir den Begriff ›steuerfreie Mittel‹ für fehl am Platze. Wir hätten niemals Daimler abgegeben, wenn wir nicht die Bedingungen zur Wiederanlage über 6b und 4 gekannt hätten. Im übrigen sollte es sehr wohl auch im Interesse der SPD liegen, daß die 29 Prozent Daimler weit gestreut sind. Früher haben die Sozialdemokraten gemault, daß Daimler in den Händen von drei Großaktionären war, jetzt paßt es den Herren nicht, daß sie weit gestreut sind.«

Damit war alles gesagt. Aber Bahr hatte das Gespräch mit mir nicht gesucht, weil er mich beschimpfen wollte. Bahrs Wahlkreis war Flensburg, und in Flensburg hatte die Feldmühle ein Werk. Daran hingen viele Arbeitsplätze. Ich zitiere mich noch einmal: »Bahr will einen Teil der Feldmühle-Investitionen zur Sicherung des Werkes Flensburg. Als alter Stratege faßt er das Ganze über 6b an, um seine Scheibe Wurst sicherzustellen. – Er bekommt sie.« Nur weil einige Abgeordnete in ihren Reihen so tapfer Widerstand geleistet hatten, konnte die SPD doch nicht leer ausgehen.

Der Berliner Freund

Zum 31. Dezember 1970 hatte ich bei Flick gekündigt. Der aktuelle Anlaß war ein Artikel von Hans-Georg von Studnitz in der *Welt am Sonntag* gewesen. Ich kannte Studnitz als Pressesprecher aus gemeinsamen Lufthansa-Zeiten. Der am Palmsonntag 1970 erschienene große Artikel trug die Überschrift »Der Mann an der Spitze«. Es war ein Artikel über mich, in dem sehr ausgewogen auch über die Führungsstruktur des Hauses Flick berichtet wurde.

Wegen des bestimmten Artikels in der Schlagzeile hielt Friedrich Karl die Veröffentlichung für unvereinbar mit seiner Position als Inhaber. Es war nicht die erste Publikation, in der meine Tätigkeit für das Haus Flick besonders hervorgehoben wurde. Die gute Presse, die ich damals hatte, war zurückzuführen auf das wachsende publizistische Interesse an Wirtschaftsthemen. Personalberichterstattung, die einen eigenen Stellenwert erhielt, entsprach jedoch nicht dem Prinzip der Anonymität, nach dem der Flick-Konzern geleitet wurde. Auch hat die unterschiedliche Beachtung, die uns die Medien schenkten, meine Beziehung zu Friedrich Karl nicht gerade befördert. Als er noch in der Osterwoche einen empörten Brief über den Studnitz-Artikel an Kaletsch, Pohle, Otto A. Friedrich und andere verteilte, beschloß ich, einen Strich zu ziehen.

Die Seniorpartner versuchten, auf Friedrich Karl und mich einzuwirken und zu vermitteln, und Friedrich Karl sandte Versöhnungszeichen. Die Position des persönlich haftenden geschäftsführenden Gesellschafters des größten deutschen Industrieunternehmens gibt man gewiß nicht leichten Herzens auf.

Aber ich hatte entschieden. Auch mit meiner Frau hatte ich alles durchgesprochen; bei vier heranwachsenden Kindern muß man einen solchen Schritt reiflich überlegen. Wir waren uns sicher, daß sich etwas für mich Geeignetes finden würde.

In Wirtschaftskreisen sprach es sich in Windeseile herum, daß ich Flick zum Jahresende verlassen würde. Bei einem sommerlichen Gartenfest in Düsseldorf kam der Gastgeber, Franz Heinrich Ulrich, strahlend auf mich zu: »Ich höre, Sie sind lieferbar.« Die Direktheit gefiel mir. Da Ulrich dies sehr laut sagte, verfolgte er möglicherweise die Absicht, dem neben ihm stehenden Hans Gerling, in dessen Haus es damals zu allerlei Verwicklungen gekommen war, einen Wink zu geben. Zu den interessantesten Angeboten der folgenden Wochen zählten der Vorsitz im Vorstand der VEBA, den dann Rudolf von Bennigsen-Foerder übernahm, und eine höchst verlockende Position bei der Europäischen Investitionsbank. Mit 43 Jahren reizte es mich jedoch, etwas gänzlich Neues anzufangen. Ich entschied mich für Axel Springer.

Im Sommer hatte mich Peter Boenisch besucht, damals Chefredakteur der *Bild*-Zeitung, und mich im Auftrag Springers gefragt, ob ich mir einen Eintritt in die Axel Springer-Gruppe vorstellen könnte. Springer befand sich zu dieser Zeit in einer tiefen Krise mit seinem Generalbevollmächtigten Christian Kracht, den er immer als eine Art Ziehsohn betrachtet hatte, über den er jetzt aber maßlos enttäuscht war. Springer stand im Begriff, eine Trennung herbeizuführen, und Boenisch hatte ihm empfohlen, wegen der Nachfolge Kontakt mit mir aufzunehmen. Er möge Springer ausrichten, sagte ich zu Boenisch, daß er mich jederzeit sehen und sprechen könne. Wenig später rief der Verleger an und meinte, er sei in einer prekären Lage, ich müsse mich schnell entscheiden. Bei unserem anschließenden Treffen haben wir uns innerhalb von zehn Minuten darüber geeinigt, was meine Funktion und was meine Aufgaben sein sollten. »Den Rest«, meinte Springer, »besprechen Sie am besten mit meinem Anwalt, Herrn Dr. Servatius.«

Der Termin bei Servatius ging ebenfalls rasch über die Bühne. Was mich vor allem interessierte, war der Stand der Verhandlungen mit Christian Kracht, dessen Position ich übernehmen sollte. Da sei noch das eine und andere zu klären, ließ Servatius durchblicken und fragte mich, was ich über die Hintergründe von Krachts Ausscheiden bei Springer wisse. »Wenn ich Nachfolger von Herrn Kracht werden soll«, antwortete ich, »dürfen Sie davon ausgehen, daß ich mich nicht über Herrn Kracht äußere.« In meiner beruflichen Laufbahn hatte ich keinen einzigen Grabstein hinterlassen, und so sollte es bleiben.

Als Servatius die Gehaltsfrage anschnitt, sagte ich ihm, daß ich nicht bereit sei, darüber mit ihm zu verhandeln. »Sagen Sie Herrn Springer bitte, er soll die Bezüge selber reinschreiben. Ich lege lediglich Wert auf eine Aufteilung in feste Bezüge und eine von ihm festzusetzende Tantieme.« Daraus konstruierte der Journalist Jürgs später die atemberaubende These, die Bezüge seien deshalb in getrennten Positionen und handschriftlich von Springer eingesetzt worden, weil der Verleger die Gesamthöhe geheimhalten wollte. Am 1. Februar 1970 nahm ich meine Tätigkeit als der Generalbevollmächtigte von Axel Springer auf; da Springer an Aufsichtsratssitzungen nicht teilnahm, war ich zugleich amtierender Aufsichtsratsvorsitzender.

Ich hatte Axel Springer um 1967 kennengelernt, kurioserweise durch Christian Kracht, der damals noch die unangefochtene Nummer zwei bei Springer war, eine Art Nachfolger von Karl Andreas Voß, Springers kaufmännischem Partner in den Anfangsjahren. Kracht hatte bei Springer das Modell der vertikalen Integration durchzusetzen versucht, das meiner unternehmerischen Auffassung ganz und gar nicht entsprach. Ich war und bin der Meinung, daß durch eine zu starke interne Verflechtung Abhängigkeiten entstehen, die den Überblick innerhalb eines Konzerns erschweren.

Im Zuge seiner Strategie hatte Kracht unter anderem eine Papiereinkaufsgesellschaft in der Schweiz gegründet, um den Verlag auf diese Weise auch am Papiereinkauf, dem Hauptkostenfaktor eines Zeitungsunternehmens, verdienen zu lassen. Dabei verkannte er völlig, daß das, was er über eine solche Handelsgesellschaft abschöpfte, in einem anderen Teil des Unternehmens aufgebracht werden mußte. Entweder zahlte der Verlag überhöhte Papierpreise, oder der Lieferant verkaufte zu billig, was am Ende zu Lasten der Qualität gehen mußte.

Große Papieragenten in Norddeutschland legten Kracht nahe, sich an einer eigenen Papierfabrik in Kanada zu beteiligen. Die Feldmühle hatte dort gerade eine Zellstoffabrik gebaut, eine kluge Investition nach dem Grundsatz, Papier so nahe wie möglich am Holz herzustellen. Der Erfolg hatte sich herumgesprochen, und Kracht spielte wohl mit dem Gedanken, sich bei uns anzuhängen. Deshalb bat er mich, Axel Springer unser Projekt vorzustellen. Kracht veranstaltete einen großen Bahnhof: Er schickte mir Springers Privatflugzeug – der sparsame Flick hätte nie daran gedacht, einen Firmenjet anzuschaffen – und holte mich mit einem sechstürigen Sechs-Liter-Mercedes am Hamburger Flughafen ab. Wir fuhren in Springers Haus an der Elbe, aber das Gespräch verlief völlig anders, als Kracht sich das vorgestellt hatte. Ich riet Springer dringend von einer Investition in eine Papierfabrik ab. Das sei genauso zum Mißerfolg verurteilt, wie wenn die Feldmühle als Papierhersteller versuchen wollte, Zeitungen zu verlegen.

Springer imponierte mir auf Anhieb. Er war schmal, fast zierlich, und doch übte seine vornehme Erscheinung eine große Anziehungskraft aus. Er scheint die Menschen durch sein Charisma in den Bann gezogen zu haben. Selbstbewußt beherrschte er die Szene und verstand gleichzeitig die Kunst, sich auf einen anderen Menschen einzustellen und ihn auf diese Weise schnell für sich einzunehmen. Oft genügte schon die natürliche Art, wie er guten Tag sagte, daß man ihn sympathisch fand.

Für Menschen aus seinem unmittelbaren Umfeld, die ihm etwas bedeuteten, hat sich Springer förmlich zerrissen. Peter

Boenisch hat diese Eigenschaft Springers im Gespräch mit mir einmal sehr schön beschrieben. Boenisch war während eines Besuches bei Springer auf Sylt in einen schweren Autounfall verwickelt worden und lag ziemlich angeschlagen im Krankenbett. Springer kümmerte sich um ihn wie um einen Sohn. »Man kann gar nicht krank genug sein«, meinte Boenisch, »um es nicht zu genießen, von Axel Springer umsorgt zu werden.«

Kritiker wie Michael Jürgs haben aus der fürsorglichen Neigung Springers den Schluß gezogen, er habe es als angenehm empfunden, schwache Menschen um sich zu versammeln. Springer sei zum Samariter geworden, weil er die Krankenhausluft geliebt habe. Ich halte das für ungerecht. Springers Fürsorge entsprang meines Erachtens nicht, wie manche seiner Kritiker vermuteten, seinem eigenen Schutzbedürfnis, sondern war Teil einer Lebensauffassung, in der der Begriff der Barmherzigkeit eine wichtige Rolle spielte. Für Hedonisten ist es aber wahrscheinlich nur schwer nachvollziehbar, daß sich ein Mann, dem es materiell so gut geht wie Springer, ohne Hintergedanken um andere kümmert. Im übrigen erinnere ich mich nicht, daß Springer bei Begegnungen mit starken Persönlichkeiten jemals zusammengezuckt wäre.

Dennoch war Springer in seinem tiefsten Innern ein ängstlicher Mensch. Die 68er Parolen – »Jagt Springer in die Luft« – verstärkten dieses Grundgefühl noch und verunsicherten ihn zunehmend. Dies führte dazu, daß er ein offenes Ohr hatte für schlechte Nachrichten, und es gab nicht wenige in seiner Umgebung, die dies schamlos ausnutzten und sich auf diese Weise Vorteile verschafften. Vor dem Hintergrund spiritistischer oder geheimdienstlicher Anspielungen ließ er sich leicht von seiner Grundlinie abbringen. Als Patriot war er überdies über die politische Entwicklung in Deutschland besorgt. Nicht daß er eine grundsätzlich negative Einstellung zum Staat und seinen Repräsentanten gehabt hätte, aber in der Sicherheits- und Außenpolitik glaubte er das Land nicht ordentlich geführt und sah vor allem in der Brandtschen Ostpolitik eine erhebliche Gefährdung.

Springer war ein durch und durch gläubiger Mensch. Sein Verhältnis zu Israel und zum Judentum kam, wie ich aus eigener Wahrnehmung weiß, aus einer tiefen religiösen Überzeugung, in der der Gedanke der Schuld eine zentrale Rolle spielte. Sein leidenschaftlicher Wunsch nach Aussöhnung mit den Juden entsprang einem eschatologischen Verständnis von Gerechtigkeit. Mit politischem Opportunismus, wie manche ihm nachsagten, hatte das überhaupt nichts zu tun. Springer zog es vor, im stillen Gutes zu tun, und von seinen vielfältigen Zuwendungen an Israel machte er nie viel Aufhebens. Daß in seinen Zeitungen viele ehemalige Emigranten, Juden wie Nichtjuden, zu Wort kamen, ist ebenfalls auf sein stark ausgeprägtes historisches Bewußtsein zurückzuführen. Springer war überzeugt, daß sich in dem, was diese Menschen zu sagen hatten, die jüngste deutsche Geschichte widerfand und daß ihre Stimme deshalb in der deutschen Presselandschaft gehört werden sollte.

Probleme oder gar Skrupel, seine persönlichen Vorlieben und Überzeugungen mit seinen Möglichkeiten als Verleger zu verknüpfen, kannte Springer nicht. Seine Freundschaft mit dem russischen Cellisten Rostropowitsch etwa ging Hand in Hand mit seinen Bemühungen, über die 1974 ins Leben gerufene Zeitschrift *Kontinent* Einfluß auf die Welt der osteuropäischen Emigranten zu nehmen. Auf allen diesen Gebieten konnte sich Springer natürlich nur engagieren, weil er über die notwendigen Ressourcen verfügte. Die hohen Auflagen seiner Zeitungen und Zeitschriften garantierten ihm beides: eine gesunde Rendite und die Macht, seine Meinung weit zu verbreiten. Wenn in der *Bild*-Zeitung eine Persönlichkeit des öffentlichen Lebens gelobt oder verrissen wurde, blieb das nicht ohne Einfluß.

Springer hatte ein ungestörtes Verhältnis zum Wohlstand, baute gern und groß, aber niemals protzig. Sein Haus auf Schwanenwerder und der Ausbau von Schloß Schierensee in Schleswig-Holstein zeigen sein Gespür für das historisch Gewachsene. Bei allem Wohlstand lebte Springer nicht auf großem Fuß. Er war, so merkwürdig das klingen mag, ein genügsamer Mensch, der sich darüber freute, in diesem oder jenem unvorhergesehenen Fall helfen zu können. Dabei war er ein hervorragender Kaufmann, der innerhalb der von ihm selbst gesteckten Grenzen alle Möglichkeiten ausschöpfte, Geld zu verdienen. Was seinen Wohlstand anging, mahnte ich ihn jedoch wiederholt, seine Möglichkeiten nicht zu überschätzen: »Ich warne Sie davor, zu glauben, Sie seien ein reicher Mann. Sie sind höchstens wohlhabend.« Springer hat diesen Satz gern und oft zitiert.

Leute in der Verlagsbranche überschätzen sich gern. Und sie geben gern Geld aus, das sie noch gar nicht verdient haben. Bei Flick hatte ich gelernt, daß eine mittel- und langfristige Finanzplanung das Rückgrat eines gesunden Unternehmens darstellt. Ich sah es deshalb als eine meiner vordringlichen Aufgaben bei Springer an – und dabei fand ich die volle Unterstützung des Verlegers –, gegenüber den Verlagsleitern und Chefredakteuren die kaufmännische Seite des Geschäfts hervorzuheben. Das ging nicht ganz ohne Reibereien.

Alleinvorstand Peter Tamm vertrat gegenüber Springer den Standpunkt, daß alles, was der Verlag verdiente, auch im Verlag thesauriert werden sollte. Auf diese Weise hoffte er seinen eigenen Spielraum zu vergrößern. Da Springer jedoch Alleinaktionär war und fast sein gesamtes Vermögen in der Axel Springer Verlag AG untergebracht hatte, stand er voll im Risiko. Es gelang mir schnell, ihm klarzumachen, daß er dafür einen Ausgleich in Form einer Dividendenausschüttung oder Verzinsung erwarten dürfe. Mit dem erzielten Gewinn solle er sich langsam ein zweites Standbein schaffen. Da es mir nicht sinnvoll erschien, daß das Geld in den Manteltaschen des Inhabers verschwand, schlug ich die Gründung einer Obergesellschaft vor, der Axel Springer Gesellschaft für Publizistik KG. In dieser im Dezember 1970 gegründeten Dachgesellschaft konnten die Verlagsergebnisse thesauriert und zugleich andere Aktivitäten Springers gebündelt werden.

Gegenüber Daimler-Vorstand Heinz Schmidt, dem ersten Intendanten des dann verfassungsrechtlich verbotenen Länderfernsehens, der Vorgängereinrichtung des ZDF, hat Springer schon wenig später behauptet, ich erwirtschafte in seinem Privatvermögen mehr, als der ganze Verlag verdient. Wäre damals nicht systematisch ein Privatvermögen für Axel Springer aufgebaut worden, dann hätte die Erbregelung nach seinem Tod wohl nicht so lautlos über die Bühne gehen können.

Des weiteren überzeugte ich Springer, ein aufwendiges Pilotprojekt zu stoppen, das für Tamm und viele andere im Haus bereits zu einem Lieblingskind geworden war. Es handelte sich um ein audiovisuelles Fortbildungsprogramm für Mediziner, das unter der Bezeichnung »medicolloc« lief. Bei der Herstellung der Bildplatten, Vorläufer unserer heutigen Videos, war alles ziemlich glatt gegangen, aber die Wiedergabegeräte waren nicht bis zur Serienreife entwickelt worden. Ich hielt es für klüger, das ganze Projekt aufzugeben, und überzeugte die Verantwortlichen davon, daß es besser sei, wenn sich ein Medienunternehmen wie Springer auf das Kerngeschäft konzentrierte, statt sich mit aufwendiger technischer Forschung zu belasten. Für einen Eintritt in den elektronischen Medienmarkt war es viel zu früh.

Das Zeitungs- und Verlagsgeschäft war eine mir völlig neue Welt. Nicht alles, was in der Wirtschaft gilt, hat auch in einem Verlagshaus Gültigkeit, und so mußte ich mich als Seiteneinsteiger an vieles erst einmal gewöhnen. Ich hatte gelernt, daß Pünktlichkeit und Ordnung zu den für die Führung eines Unternehmens wesentlichen Voraussetzungen zählen, und mein Arbeitstag in der Kochstraße begann pünktlich um neun Uhr. Um diese Zeit irgend jemanden in den Redaktionsetagen zu erreichen, war völlig aussichtslos. Bei Flick hatte ich es mir angewöhnt, daß ich für jemanden, den ich nach Arbeitsbeginn nicht erreichen konnte, den ganzen Tag über nicht mehr zu sprechen war. Hätte ich diese Disziplinierungsmaßnahme bei Springer einführen wollen, wo die Chefredakteure in der Regel nicht vor elf Uhr erschienen, hätte ich ziemlich schnell allein dagesessen. Also mußte ich umlernen. Schließlich arbeiteten die Männer und Frauen in den Redaktionen bis spät in die Nacht.

Meine eigentliche Aufgabe bestand natürlich nicht darin, den Verlagsleuten auf die Finger zu klopfen. Auch in die Leitung der Redaktionen und ins journalistische Tagesgeschäft mischte ich mich nicht ein. Hier hielt ich mich an das Vorbild, das Springer selber gab, der seine Redakteure niemals anwies. Springers Lenkung bestand in der Blattkritik am nächsten Tag. Weil er einen schlechten Schlaf hatte, zählte er zu den ersten Lesern seiner eigenen Blätter, die er morgens um sechs auf seinem Bett ausbreitete. Wenn ihm etwas aufstieß, rief er um neun den zuständigen Chefredakteur zu Hause an; dann freilich brach schon mal ein Donnerwetter los. Manchmal hat er auch noch vor dem Umbruch gegengelesen, und daraus erwuchs dann für die betroffenen Redakteure manches Ungemach.

Vielleicht war es diese hohe Identifikation des Verlegers mit seinen Zeitungen, die umgekehrt zu einer hohen Identifikation der Mitarbeiter mit dem Haus führte. Die meisten arbeiteten gern bei Springer, auch wenn sie, was der Verleger immer wieder herauskehrte, bei Wahlen wahrscheinlich mehrheitlich rot stimmten. Springer war eben kein anonymes Dienstleistungsunternehmen. Mit dem Namensträger verband sich vielmehr eine politische und geistige Gesamtvorstellung, die auch in den vier Essentials zum Ausdruck kam, die für jeden Redakteur verbindlich waren: das Eintreten für die Wiedervereinigung, die Aussöhnung zwischen Deutschen und Juden, die Ablehnung jeder Form des Totalitarismus sowie die Verteidigung der freien sozialen Marktwirtschaft. Zu dem guten Klima im Hause trug sicher auch der Umstand bei, daß es sich bei Springer wie bei allen Medienunternehmen rechtlich zwar um einen sogenannten Tendenzbetrieb handelte – das heißt um einen nicht den Mitbestimmungsgesetzen unterworfenen Betrieb –, daß aber der Inhaber von den ihm daraus erwachsenden Sonderrechten keinen Gebrauch machte.

Springer hatte mich nicht zuletzt deshalb eingestellt, damit ich für ihn – ähnlich wie ich es im Hause Flick viele Jahre lang praktiziert hatte – Kontakte in Wirtschafts- und Politikerkreisen knüpfte. Durch mich begann das Haus Springer plötzlich auch für Leute interessant zu werden, die sich bis dahin nicht sonderlich für das Zeitungswesen begeistert hatten. Alte Bekannte aus der Industrie führte ich gern durch die Redaktionsräume und zeigte ihnen auch die Druckerei. Den Unterschied zu einem Industrieunternehmen habe ich gegenüber Hans-Günther Sohl zugespitzt einmal so formuliert: »In einem Verlag wird nur aufgrund von Nachdenken produziert, und zwar von lautem Nachdenken.«

Nach dem Rundgang durch das Berliner Haus fuhr ich mit meinen Gästen meist in den Journalistenclub im 18. Stock. Springer hatte das 1966 eingeweihte Hochhaus direkt an die Mauer bauen lassen, und von oben hatte man einen großartigen Rundblick über die gesamte Stadt. Jeden, der hier oben stand und aus den großen Fenstern auf den Todesstreifen sah, überkam Nachdenklichkeit. Kaum irgendwo sonst erlebte man das Schicksal der deutschen Teilung so direkt und so bedrückend wie in den oberen Etagen des Springer-Hauses. Nicht zufällig hat Oskar Kokoschka diesen Blick für sein von Springer in Auftrag gegebenes Berlin-Panorama gewählt.

Springer lag daran, das Verhältnis der Wirtschaft zu seinen Zeitungen, insbesondere zur *Welt*, zu verbessern. Hanns Martin Schleyer, der häufig unser Gast im Journalistenclub war, unterbreitete einmal einen ganz simplen Vorschlag: »Wenn Sie die Begehrlichkeit erhöhen wollen«, meinte er zu Springer, »dann statten Sie die leitenden Angestellten aus Industrie und Wirtschaft eine Zeitlang mit Freiexemplaren aus.« Springer wies darauf hin, daß die *Welt* in den Führungsetagen bestens repräsentiert sei. »Das mag sein«, antwortete Schleyer, »Sie sollen die Freiexemplare ja auch an die Privatadresse schicken. Damit auch die Frauen das Blatt lesen.«

Die Beziehungen des Hauses Springer zur gewerblichen Wirtschaft wurden unter meiner Ägide ausgebaut und vertieft. Im Berliner Springer-Haus fanden nun Führungssitzungen des Bundesverbandes der Deutschen Industrie statt, und die Dresdner Bank stattete anläßlich ihres hundertjährigen Jubiläums dem Haus einen Besuch ab. Aber auch mit solchen Aktivitäten gelang es nicht, den Wirtschaftsteil der *Welt* so attraktiv zu gestalten, daß das Blatt mit den drei großen Mitbewerbern, der *Frankfurter Allgemeinen*, der *Süddeutschen* und dem *Handelsblatt* hätte mithalten können.

In der Verlagswelt mischt sich das Private und Gesellige sehr viel leichter mit dem rein Geschäftlichen als in anderen Wirtschaftskreisen. So hatten Klaus Schütz, der Regierende, wie der Bürgermeister in Berlin genannt wird, ein Bankvorstand und ich eine kleine Skatrunde ins Leben gerufen. Wir trafen uns reihum, und als ich an der Reihe war, schlug ich vor, in den Journalistenclub zu gehen. Axel Springer hatte seinen Tisch hinter einer Trennwand, und mir hatte er das Privileg eingeräumt, diesen Tisch zu benutzen. Nachdem wir zu Mittag gegessen hatten, bat ich den Kellner, uns Karten zu bringen. Kurz darauf trat der Geschäftsführer des Clubs an unseren Tisch: »Herr von Brauchitsch, Telefon.« Das war gegen die Gepflogenheiten, denn beim Mittagessen wollte ich grundsätzlich nicht gestört werden. Wie sich sogleich herausstellte, wurde ich gar nicht am Telefon verlangt; der Geschäftsführer wollte mir nur diskret mitteilen, daß in diesen Räumen noch nie Karten gespielt worden war: »Wenn Herr Springer oder Herr Tamm das erfährt …« – »Dann sagen Sie ihnen, es sei mein Wunsch gewesen.«

Es fanden sich schnell ein paar Intriganten, die meinten, mich beim Verleger anschwärzen zu können. Aber sie hatten sich verrechnet. Als ich ein paar Tage später bei Springer auf Schwanenwerder war, fragte er plötzlich: »Sagen Sie mal, Brauchitsch, ist Skat eigentlich schwierig?« – »Das kommt darauf an«, entgegnete ich. »Es ist wie mit den Fremdsprachen. Wenn man Lust hat, lernt man sie leicht, wenn man keine Lust hat, fallen sie einem schwer. Interessieren Sie sich denn für Skat?« – »Eigentlich nicht«, gab er zu, aber er wollte gern an unserer Runde teilnehmen.

Am 1. August 1972 saß ich mit Hanns Martin Schleyer in meinem Arbeitszimmer im 17. Stock des Springer-Hochhauses. Wir wollten gerade zum Essen gehen, als meine Sekretärin hereinkam und mir einen Zettel vorlegte: »Draußen steht der Gerichtsvollzieher des Amtsgerichts Kreuzberg.«

»Draußen steht der Gerichtsvollzieher«, sagte ich fast ein wenig belustigt zu Schleyer. »Ich lasse ihn mal hereinkommen.« Ich war gespannt, was mir der Mann mitzuteilen hatte.

Der Gerichtsvollzieher war ein würdig auftretender Herr, der eine sogenannte Bombe trug, die er mit eleganter Verbeugung vor uns zog. Er kenne mich vom Ansehen, ich brauchte mich nicht auszuweisen, eröffnete er seinen Vortrag. Dann verlas er feierlich den Brief eines Düsseldorfer Notars, in dem mir Auszüge aus dem Testament von Friedrich Flick übermittelt wurden. Aufgrund seiner Sondervollmachten zu Lebzeiten und von Todes wegen bestellte mich der alte Flick zum persönlich haftenden Gesellschafter. Ich hatte sechs Wochen Zeit, mich zu entscheiden. Nach Ablauf dieser Frist galt die Berufung als abgelehnt.

Friedrich Flick war am 20. Juli 1972, zehn Tage nach seinem 89. Geburtstag, in Konstanz gestorben. Seine testamentarische Verfügung stürzte mich in eine gewisse Verlegenheit, auch wenn ich nicht ganz unvorbereitet war.

Schon ein Jahr nach meinem Ausscheiden 1970 hatte Friedrich Karl mich wissen lassen, daß er meine Entscheidung für falsch hielt. Mehrfach hatte er mir über gemeinsame Freunde und auch über meine Frau zu verstehen gegeben, daß er sich gern mit mir über die Frage unterhalten würde, ob unsere Trennung irreparabel sei. Bei der Feier zum siebzigsten Geburtstag unseres Hausanwalts Hans Hengler im Breidenbacher Hof am 1. Februar 1972 hatte er mich im Beisein von Rudi Neumeister gefragt, ob ich anschließend noch ein Stündchen Zeit hätte. Weil wir zu keinen Spekulationen Anlaß geben wollten, fuhren wir in getrennten Wagen in Flicks Haus in Meerbusch. Dort eröffnete mir Friedrich Karl zum ersten Mal persönlich, daß es für ihn hilfreich wäre, wenn ich zu Flick zurückkehrte. Er kenne mich gut genug, antwortete ich ihm, um zu wissen, daß er mich niemals zu einem Vertragsbruch veranlassen könne. Ich sei bei Springer mit einem Fünfjahresvertrag in der Pflicht, und meine Aufgaben in Berlin seien langfristig angelegt. Das Gespräch endete im Dissens, denn Friedrich Karl hielt daran fest, daß er nichts unversucht lassen werde, das Problem zu lösen.

Wie die Verankerung meiner Rückkehr ins Hause Flick durch die testamentarische Verfügung von Friedrich Flick zustande kam, entzieht sich meiner Kenntnis. Es ist abwegig, anzunehmen, daß Friedrich Karl davon überrascht gewesen wäre. Ich halte mich lieber an seine eigene Darstellung, daß er das Sonderrecht des Vaters kannte und in Abstimmung mit Konrad Kaletsch den Vater kurz vor dessen Tod zur »Ernennung von Todes wegen« veranlaßt habe. Wer letztlich die Testamentserweiterung verankerte, ist im Grunde unerheblich. Alle Beteiligten im Hause Flick schienen eine solche Lösung anzustreben – nur ich war nicht unterrichtet. Ich bin nicht sicher, wie ich mich verhalten hätte, wenn durch eine Indiskretion bekannt geworden wäre, daß ich auf diesem Wege zurückgeholt werden sollte. Die letztwillige Verfügung eines der großen deutschen Industriellen konnte man ja nicht einfach beiseite wischen.

Nach der Testamentseröffnung durch den Kreuzberger Gerichtsvollzieher ging ich mit Hanns Martin Schleyer essen und flog am nächsten Tag zu Axel Springer nach Sylt. Ich legte ihm die testamentarische Verfügung des alten Flick vor und bat ihn um Rat. Er zeigte sich in höchstem Maße verärgert und klagte über die Arroganz und Eigenmächtigkeit der Ruhrbarone, die sich über die Interessen Dritter einfach hinwegsetzen zu können glaubten. Von Sylt flog ich direkt zu den Olympischen Spielen nach München. In den folgenden Tagen telefonierten und korrespondierten wir viel.

Springer stand meinem Fortgang eindeutig ablehnend gegenüber, und nichts deutete darauf hin, daß er bereit war, seine Meinung zu ändern. Für mich sei es selbstverständlich, meinen Vertrag einzuhalten, betonte ich gegenüber Springer. Wenn er mich nicht ausdrücklich dazu ermuntere, würde ich Flicks Berufung ablehnen. Die Entscheidung liege bei ihm. Friedrich Karl hielt ich über den Stand meiner Gespräche mit Springer auf dem laufenden.

Anfang September machte sich der alte Konrad Kaletsch auf den Weg zu Springer nach Hamburg. Es muß für beide ein denkwürdiger Tag gewesen sein. Kaletsch legte Springer offenbar überzeugend dar, daß meine Rückkehr zu Flick für den Konzern eine Existenzfrage darstelle, und Springer willigte schließlich ein. Unmittelbar nach seinem Gespräch mit Kaletsch rief er mich in München an und sagte: »Brauchitsch, das müssen Sie tun.«

Wir verabredeten, daß ich mich selber um einen Nachfolger bemühen sollte. Es mußte jemand sein, den wir beide kannten und dem wir beide vertrauten. Unsere Wahl fiel auf Heinrich Prinz von Reuss aus dem Vorstand des Tabakkonzerns Brinkmann. Prinz Reuss konnte allerdings erst Mitte 1973 bei Brinkmann ausscheiden, während ich laut testamentarischer Verfügung spätestens am 1. Januar 1973 meinen neuen alten Posten antreten mußte.

Springer, Flick und ich einigten uns darauf, daß ich formell zum 1. Januar meine Aufgaben bei Springer niederlegte und bei Flick eintrat, aber bis zum 31. Juli 1973 meine halbe Arbeitskraft dem Hause Springer zur Verfügung stellte. Über diese Zeit hinaus sollte ich Springer beratend zur Seite stehen. Gegenüber Flick stellte ich als Bedingung für meine Zustimmung zur testamentarischen Berufung, daß auch die Neffen, Gert-Rudolf und Friedrich Christian, mit meinem Eintritt einverstanden waren. Diese Erklärung erfolgte prompt.

Da in diesem Kapitel auch die Frage meines Gehalts Erwähnung fand, sei am Rande bemerkt, daß meine garantierten Bezüge bei Flick deutlich hinter denen bei Springer zurückblieben. Die Springer-Bezüge hätten den Gehaltsrahmen bei Flick gesprengt. Von einer bestimmten Größenordnung an sollte die Höhe des Gehalts keinen Einfluß auf eine Berufsentscheidung haben.

Für die Zeit der Olympischen Spiele hatte Axel Springer mir und meiner Frau seine Münchner Wohnung zur Verfügung gestellt. Dabei müssen ihn, wie ich hinterher erfuhr, auch Sicherheitsaspekte geleitet haben, denn sein Bogenhausener Domizil war wahrscheinlich besser geschützt als das Hotel Bayrischer Hof, in dem wir als offizielle Vertreter des deutschen Sports eigentlich hätten untergebracht werden sollen. Die Spiele wurden dann tatsächlich zum Fanal des internationalen Terrorismus. Am 5. September 1972 überfiel ein arabisches Terrorkommando das Quartier der israelischen Mannschaft; der Versuch, die Geiseln auf dem Flughafen Fürstenfeldbruck zu befreien, scheiterte, neunzehn Menschen kamen ums Leben.

Als Stellvertreter von Josef Neckermann im Vorsitz der Deutschen Sporthilfe gehörte ich dem Präsidium des Nationalen Olympischen Komitees an. Die ersten Olympischen Spiele auf deutschem Boden seit 1936 empfanden alle, die sich für den deutschen Sport einsetzten, als eine enorme Herausforderung, und wir hatten uns entsprechend sorgfältig vorbereitet. Das Attentat von München löste weltweit einen ungeheuren Schock aus, und wir standen vor der Frage, ob die Spiele abgebrochen werden sollten oder nicht.

Um meine Position in dieser Frage verständlich zu machen, muß ich kurz erläutern, welches die Ziele der Deutschen Sporthilfe waren und wie sich das Verhältnis von Sport und Politik in den sechziger und siebziger Jahren entwickelt hatte. Die Stiftung

Deutsche Sporthilfe war 1967 vom Deutschen Sportbund und der Deutschen Olympischen Gesellschaft ins Leben gerufen worden, um »Sportler und Sportlerinnen, die sich auf sportliche Spitzenleistungen vorbereiten, zum Ausgleich ... ideell und materiell durch alle dazu geeigneten Maßnahmen zu fördern«.

Deutsche Spitzensportler zu unterstützen hatte durchaus einen politischen Hintergrund. Bei den Olympischen Spielen in Tokio 1964 waren die bundesdeutschen Sportler und die Sportler der DDR zum letzten Mal als gesamtdeutsche Mannschaft angetreten. Seither hatte sich der Sport in beiden Teilen unseres Landes auseinanderentwickelt. Während die DDR-Sportler von Rekord zu Rekord eilten und in vielen Disziplinen, insbesondere bei der Leichtathletik und im Schwimmen, immer neue Medaillen einheimsten, stiegen bundesdeutsche Athleten nur noch selten aufs Treppchen. Vier Jahre später ging Neckermann mit dem erklärten Ziel nach Mexiko, das Mißverhältnis zwischen Staatssport und Amateursport auszugleichen.

Nach seiner Rückkehr aus Mexiko gab Neckermann in seinem Versandhaus in der Hanauer Landstraße in Frankfurt ein Fest, zu dem er einige hochrangige Vertreter der gewerblichen Wirtschaft einlud. Auf diesem Fest gelang es ihm, Friedrich Karl und Kaletsch davon zu überzeugen, daß das Engagement der deutschen Wirtschaft für die Sporthilfe aktiviert werden müsse und daß ich genau der richtige Mann für eine solche Aufgabe sei. Da ich es immer für selbstverständlich gehalten habe, daß sich Leute der Wirtschaft für das Gemeinwohl engagieren, und nicht zuletzt aufgrund der Sportbegeisterung meiner Familie eine starke Bindung zum Sport verspürte, habe ich der Bitte von Neckermann, mich zur Verfügung zu stellen, gern Folge geleistet. Die Gewerkschaften verhielten sich übrigens, trotz der Mitgliedschaft von Walter Hesselbach im Vorstand der Sporthilfe, sehr zurückhaltend. Nur beim jährlichen Ball des Sports standen ihre Vertreter in der ersten Reihe.

Der Sport hatte im Staatssozialismus bekanntlich einen hohen

Stellenwert. Sportliche Spitzenleistungen stellten für die Herren des Politbüros eine Art Kompensation für die wirtschaftliche Rückständigkeit des Staatssozialismus dar. Sportler wurden entsprechend hofiert und gefördert und nutzten ihrerseits die Chance, sich persönliche Freiräume zu verschaffen, eine komfortablere Wohnung, ein besseres Auto, freie Reisen. Viele Sportler haben dabei ihre Gesundheit ruiniert, weil sie in Kauf nahmen, daß Funktionäre und Ärzte mit Anabolika und anderen unerlaubten Mitteln nachhalfen – in zahlreichen Fällen auch ohne Kenntnis und Einwilligung ihrer Schützlinge.

Mit oder ohne Doping: die Wettbewerbsbedingungen im Westen waren deutlich schlechtere. In den olympischen Regeln heißt es, daß der Staat verpflichtet sei, seinen Sportlern menschlich beizustehen und ihnen bei der Lösung sozialer Probleme zu helfen. Bei uns kümmerte sich jedoch niemand darum, daß junge Sportler, die täglich mehrere Stunden trainieren müssen, ihren Schulabschluß schafften, daß sie ein Studium oder eine Lehre aufnehmen konnten und später den Anschluß ans Berufsleben nicht verpaßten. Gleichzeitig lebten Spitzensportler bei uns in einer Art Ghetto. Solange sie erfolgreich waren, wurden sie herumgereicht und bestaunt, aber nach einigen Jahren fragte kein Mensch mehr nach ihnen. Aus diesem Ghetto wollten wir sie befreien. Die Gründung der Deutschen Sporthilfe verfolgte im wesentlichen also drei Ziele: die notwendigen Voraussetzungen für sportliche Spitzenleistungen zu sichern, die Ausbildungs- und Trainingsmöglichkeiten zu verbessern und das soziale Umfeld der Leistungssportler zu verbessern.

Es ist eine Kuriosität am Rande, die aber doch erwähnt sein soll, daß ein Vetter, der bekannte Rennfahrer Manfred von Brauchitsch, eine ähnliche Initiative startete – in der DDR. Als Leiter der »Gesellschaft zur Förderung des Olympischen Gedankens« veranstaltete er etwa zur gleichen Zeit eine Spenden- und Sammelaktion zugunsten des DDR-Olympiateams. Als Junge hatte ich in der Wohnung seiner Mutter am Hohenzollerndamm in

Berlin die Trophäen von Manfred bewundert. Dann begegnete mir sein Name wieder Anfang der fünfziger Jahre, als er zusammen mit dem Skispringer Sepp Weiler wegen Hoch- und Landesverrats in München vor Gericht stand; die beiden hatten das als verfassungsfeindlich eingestufte, angeblich von der DDR gesteuerte »Komitee für Einheit und Freiheit des deutschen Sports« gegründet. Manfred entzog sich dem Urteil durch Flucht in die DDR, wo man ihn mit offenen Armen empfing. Er wurde bald zum Aushängeschild des DDR-Sports und später Präsident der Deutschen Olympischen Gesellschaft der DDR.

Eine persönliche Verbindung zu Manfred kam erst 1972 in München zustande, wo aufgrund der hehren Organisationstalente der Veranstalter die Einladungen für ihn und mich regelmäßig verwechselt wurden. Als die Spiele vorbei waren, schrieb ich ihm, daß ich es für albern hielte, wenn wir weiterhin auf dem Weg des falschen Protokolls miteinander verkehrten. Er verstand die Geste, und als er einige Zeit später zu einem Besuch nach Stuttgart kam, trafen wir uns. Als ehemaliger Werksfahrer von Daimler äußerte er damals den Wunsch, am Ende seines Lebens noch einmal einen Mercedes zu fahren. Ich schenkte ihm einen, und mit diesem Wagen fuhr Manfred von Brauchitsch dann regelmäßig über die Autobahn vom Thüringer Wald nach Berlin – wohl ohne sich an die Geschwindigkeitsbeschränkung halten zu müssen.

Die Deutsche Sporthilfe widmete sich dem Sport in allen seinen Facetten. Wir machten keinen Unterschied zwischen populären und weniger populären Disziplinen. Auch unterstützten wir nicht nur Spitzensportler, sondern alle, die sich um Höchstleistungen bemühten, insbesondere auch den Nachwuchs. Die Arbeit der Stiftung war also bewußt breit angelegt, weil wir vermeiden wollten, daß wenige Stars von einzelnen Sponsoren abhängig wurden und alle übrigen auf der Strecke blieben. Dieses Prinzip wurde auf dem in meinen Augen verhängnisvollen IOC-Kongreß 1978 in Baden-Baden über Bord geworfen, als man beschloß, in Zukunft Werbung im Sport freizugeben und auch Werbung am Mann zuzulassen. Willi Daume, der auf seine Wahl zum IOC-Präsidenten bei den anstehenden Spielen 1980 in Moskau spekulierte, hatte sich durchgesetzt.

Die Käuflichkeit von IOC-Mitgliedern, die unlängst in die Schlagzeilen geriet, hat hier ihren Ursprung. Das gleiche gilt für das Doping: Wer mehr Leistung bringt, erzielt höhere Abschlüsse bei den Werbeverträgen. Neckermann und ich warnten vergeblich vor diesen Folgen. Wir sahen in der Kommerzialisierung einen Betrug am Sport und an den Sportlern, der einzig und allein den Markenartiklern Vorteile brachte. Vorreiter in Deutschland war der »Jägermeister«-Produzent Günter Mast gewesen, der lange vor der Zulassung von Werbung die Badeanzüge von Schwimmerinnen mit seinem Hirschgeweih verzierte.

Nicht nur Schwimmen, Tennis und Fußball, sondern alle Disziplinen, die als einigermaßen publikumswirksam gelten, sind inzwischen den Gesetzen des freien Wettbewerbs unterworfen. Die Entscheidungen der großen Firmen werden ausschließlich unter Marketingaspekten getroffen und nehmen keinerlei Rücksicht auf die Belange des Sports und der Sportler. Vorangetrieben wurde diese fatale Entwicklung mit der Wahl von Juan Antonio Samaranch zum Präsidenten des IOC bei den Boykottspielen von Moskau 1980.

Mit diesen Spielen hatte es seine eigene Bewandtnis. Nach dem Einmarsch sowjetischer Truppen in Afghanistan in den Weihnachtstagen 1979 hatte US-Präsident Carter zum Boykott der Olympischen Spiele in Moskau aufgerufen. Ich trat entschieden dafür ein, diesem Aufruf zu folgen. Während der Olympischen Winterspiele im japanischen Sapporo traf ich in der Bar des Bayrischen Hofes zufällig den Kolumnisten der *Bunten*, der unter dem Namen Hunter publizierte. Wir waren uns völlig einig und machten noch am gleichen Abend ein Interview. Darin gab ich meiner Überzeugung Ausdruck, daß sich die Deutschen nicht vor den Karren sowjetischer Propaganda spannen lassen dürften.

Das Argument, Sport und Politik hätten nichts miteinander zu tun, hielt ich für vordergründig. Olympische Spiele sind in hohem Maße politische Veranstaltungen. Das hatte Hitler schon 1936 demonstriert. Die Sowjets versuchten 1980 nichts anderes, als mit »Friedensspielen« die Welt darüber hinwegzutäuschen, daß sie eine brutale Invasionspolitik betrieben.

Mein Interview sorgte für erregte Dementis: Was Herr von Brauchitsch da gesagt habe, ließ das Nationale Olympische Komitee mitteilen, sei seine private Meinung und spiegele nicht die Haltung des NOK wider. Willi Daume rief mich aus Sapporo an und bekam einen Wutanfall. Schon in der Frage der Werbung am Mann war ich mit ihm aneinandergeraten.

Bundeskanzler Schmidt verfolgte eine klare Linie der Ablehnung, die er aber nur mit Unterstützung des NOK durchsetzen konnte. Besonders hilfreich dabei war die Moderation von Bundespräsident Karl Carstens. Regierung und NOK trugen zweifellos eine hohe Verantwortung gegenüber unseren Leistungssportlern, von denen mehr als die Hälfte nur einmal im Leben die Chance auf eine Teilnahme erhält. Anfangs sprachen sich lediglich drei NOK-Mitglieder eindeutig gegen eine deutsche Beteiligung aus: Willi Weyer, Josef Neckermann und ich. Die anderen gaben zu bedenken, daß bei der wankelmütigen Politik des Westens am Ende möglicherweise nur die Deutschen in Moskau fehlen könnten; eine solche Opferrolle sei dem deutschen Sport nicht zuzumuten. Schmidt hat sich in dieser Sache stark engagiert und konnte für die Regierungen der wichtigsten westlichen Nationen erklären, daß sie für die Durchführung des Boykotts Sorge tragen würden, soweit es in ihrer Macht stand. Da die Entsendungsgrundsätze in jedem Land andere sind – in manchen Ländern wird pro Disziplin entschieden –, nahmen am Ende aus einzelnen Ländern einzelne Sportarten teil. Die Bundesrepublik Deutschland war als einziges großes europäisches Land nicht vertreten – neben Albanien, Liechtenstein und Norwegen.

Weil es ihm gelungen war, die starre Haltung des Westens aufzuweichen, wurde Samaranch in Moskau zum neuen Herrn der Ringe gekürt. Damit wurde in meinen Augen die Olympische Idee endgültig preisgegeben. Die Politik von IOC und NOK war nicht mehr die meine, und so beschloß ich noch im gleichen Jahr, meine sämtlichen Funktionen im deutschen Sport abzugeben. Ich begründete dies damit, daß meine Ämter im Sport nicht vereinbar seien mit meiner Wahl zum Präsidenten des BDI – einen Eklat wollte ich vermeiden.

Als es 1972 nach dem Anschlag auf die Israelis darum ging, ob die Spiele fortgesetzt werden sollten oder nicht, habe ich keinen Moment gezögert und mich klar für die Fortsetzung ausgesprochen. Wenn Olympische Spiele politische Veranstaltungen sind, dann heißt das auch, daß man sie gegen alle diejenigen verteidigen muß, die sie für politische Zwecke mißbrauchen wollen. Deshalb plädierte ich gegen die Teilnahme der deutschen Mannschaft bei den Spielen von Moskau – und für die Fortsetzung der Spiele von München.

Die Entführung und Ermordung von Hanns Martin Schleyer

Die Terroristen der siebziger Jahre verbreiteten viel falsches Pathos. Sie nannten sich »Rote Armee-Fraktion«, »Bewegung 2. Juni« oder »Kommando Siegfried Hausner« und kündigten an, unsere freiheitlich demokratische Grundordnung aus den Angeln heben zu wollen. Gnadenlos machten sie Jagd auf Menschen, die ihnen als Repräsentanten dieses Systems galten. Viele Jahre war auch mein Leben und das meiner Familie in höchstem Maße gefährdet.

Nach der Ermordung von Generalbundesanwalt Siegfried Buback und Dresdner-Bank-Chef Jürgen Ponto entführten und ermordeten Terroristen der RAF im Herbst 1977, den einige Nostalgiker später den »deutschen Herbst« nannten, einen meiner engsten Freunde, Hanns Martin Schleyer. Für mich ist das Kapitel RAF deshalb noch heute emotional besetzt, und ich fand es indiskutabel und beschämend, daß zwanzig Jahre nach den Ereignissen hochrangige Vertreter des Staates wie etwa Bundestagspräsidentin Rita Süssmuth um Verständnis für die Radikalisierung der 68er warben.

Mit linker Agitation konfrontiert wurde ich bereits 1970, nachdem ich mich entschieden hatte, zu Springer zu gehen. Am 11. April 1968 war auf dem Berliner Kurfürstendamm auf den Studentenführer Rudi Dutschke geschossen worden. Der Sozialistische Deutsche Studentenbund (SDS) hatte den Schuldigen schnell ausgemacht: Der Attentäter Josef Bachmann, ein einfacher Anstreicher, sei durch die wochenlange Kampagne der *Bild*-Zeitung gegen Dutschke so aufgehetzt gewesen, daß er zur Waffe gegriffen habe. Über die Ostertage kam es in Berlin und anderen

Städten zu regelrechten Straßenschlachten, deren Ausmaß Schlimmes befürchten ließ. In meinen Augen wies die Dämonisierung Bachmanns durch die Linke große Ähnlichkeit auf mit der Kampagne der Nazis nach dem Reichstagsbrand im Februar 1933, als Marinus van der Lubbe dazu herhalten mußte, die rohe Gewalt der braunen Machthaber zu rechtfertigen.

Hauptziel der studentischen Aktionen waren die Häuser des Springer-Verlags. Unter der Parole »Enteignet Springer« wurden Barrikaden errichtet und Brandsätze geworfen, die Auslieferung der *Bild*-Zeitung konnte in diesen Tagen nur mit Polizeigewalt durchgesetzt werden. Seit den Ostertagen 1968 war Springer das Haßobjekt linker Agitation schlechthin. Ich empfand es als beunruhigend, daß die Ausschreitungen in Teilen der Bevölkerung durchaus auf Verständnis stießen. Das reichte bis in die Reihen der Bundesregierung. Regierungssprecher Conrad Ahlers etwa nannte die *Bild*-Zeitung im Februar 1970 eine »Kampfpresse«, deren Berichterstattung mit dem Grundrecht der Meinungsfreiheit nicht mehr zu vereinbaren sei.

Mir war dieser Hintergrund durchaus bewußt. Und mir war ebenfalls klar, daß die Konstellation Flick – Springer – von Brauchitsch eine für die Linke geradezu traumhafte Projektionsfläche bot. Dennoch war ich einigermaßen schockiert, als Anfang 1970 nach meinem Wechsel zu Springer Polizeischutz für meine Familie angeordnet wurde. Wir befanden uns in der Phase des Umzugs; meine Frau wohnte mit unseren drei Töchtern in Metzkausen, ich hatte bereits eine Wohnung in Berlin.

Als erstes sollten wir das Internat unterrichten, in dem unser Sohn untergebracht war. Da die Polizei eine Entführung nicht ausschloß und die Sicherheit unseres Sohnes nicht garantieren konnte, entschloß sich die Leitung des Birkelhofs, ihn noch am gleichen Abend außerhalb der Schule bei einem Hausleiter unterzubringen. Seinen Schulkameraden sollte er erzählen, sein Vater habe einen Herzanfall erlitten, er bedürfe deshalb persönlicher Betreuung und müsse telefonisch jederzeit erreichbar sein.

Zum ersten Mal wurde mir bewußt, daß eine politisch konsequente Haltung eine Gefährdung meiner Familie darstellte.

Mitte der siebziger Jahre nahm der Terrorismus in Deutschland solche Ausmaße an, daß das öffentliche Leben der Bundesrepublik vorübergehend fast lahmgelegt zu sein schien. Auch mein eigenes Leben wurde damals ziemlich auf den Kopf gestellt. Nach der Ermordung von Buback am 7. April 1977 und Ponto am 30. Juli 1977 fand ich mich bei den Sicherheitsbehörden mit an oberster Stelle der Liste gefährdeter Personen. Ich erhielt Personenschutz und bald darauf auch Objektschutz. Meine Frau und ich zweifelten nicht daran, daß der Staat die Lage wohl richtig beurteilte und uns gegebenenfalls auch erfolgreich schützen würde, und fügten uns in die Anordnungen.

Indem wir mit den Sicherheitsleuten gar nicht erst über die Zweckmäßigkeit ihres Tuns diskutierten, konnten wir die Belastungen, die die ständige Bewachung für die ganze Familie mit sich brachte, noch am ehesten ertragen. Die Situation war für alle Beteiligten höchst unbequem. Die Beamten quartierten sich zunächst bei uns im Haus ein, das für so viele Personen gar nicht genügend Platz bot. Später stellten sie dann vor dem Haus einen Sicherheitswagen auf. Meine Frau brachte ihnen gelegentlich Kaffee und Brötchen. Vor allem die Kinder litten darunter, daß jeder ihrer Schritte überwacht wurde. Unsere jüngste Tochter wurde auf ihrem Schulweg von einem pensionierten höheren Polizeibeamten begleitet, und auch die Schule wurde immer wieder Kontrollen unterzogen, was für die Klassengemeinschaft nicht förderlich war.

Die Mißhelligkeiten betrafen sämtliche Lebensbereiche. Unsere Kinder wurden nicht mehr zu Geburtstagsfeiern eingeladen, weil die Eltern es lästig fanden, daß die Sicherheitsbeamten zuvor die Räumlichkeiten durchsuchten. Dorfwirtschaften, in denen wir seit Jahren sonntags eine Kleinigkeit aßen, legten uns nahe, uns das Essen nach Hause bringen zu lassen, weil den Gästen der Auftritt von Polizisten mit Maschinenpistolen nicht zuzumuten sei. Unser Gemeindepfarrer fühlte sich durch das Polizeiaufgebot so stark psychisch belastet, daß er seine seelsorgerische Tätigkeit bei uns einstellte.

Die Aufmerksamkeit der Beamten richtete sich auf alle Personen, die mit uns in Kontakt standen. Auch unbeteiligte Dritte wurden, wenn sie sich ahnungslos unserem Haus näherten, festgehalten und kontrolliert, sobald sie sich nach Ansicht der Sicherheitskräfte irgendwie verdächtig zeigten. Selbst die Bürgermeisterin von Mettmann, eine alte Bekannte von uns, mußte sich ausweisen, wenn sie uns einen Besuch abstatten wollte. Dennoch versuchten sich meine Frau und ich aus der Arbeit der Polizei weitestgehend herauszuhalten, und nur ab und zu, wenn die Beamten unserer Meinung nach allzu forsch vorgingen, kam es zu einem kleinen Disput.

Von anderen, die in der gleichen Situation waren wie wir, wußte ich, daß sie ihre Bewacher immer wieder austricksten und sich geradezu ein Spiel daraus machten, ihnen etwa durch die Hintertür zu entwischen. Ein solches Verhalten war in meinen Augen kindisch und erschwerte den Sicherheitsleuten, die immerhin einen gefährlichen Job übernommen hatten, die Arbeit. Wieder andere engagierten zusätzlich private Sicherheitsdienste, was ich grundsätzlich ablehnte. Wir einigten uns mit den für uns zuständigen Leuten des Sondereinsatzkommandos von Anfang an auf eine Arbeitsteilung: So wie wir ihnen nicht in ihren Bereich hineinredeten, so erwarteten wir umgekehrt Zurückhaltung in allem, was unseren Bereich, Familie und Beruf, anging. Für unsere kleine Gemeinde brachte die dauernde Präsenz der Polizei bei allen Unannehmlichkeiten immerhin einen Vorteil: die Kriminalität ging deutlich zurück, Einbrecher suchten sich ihre Objekte lieber in anderen Ortschaften.

Die Fahrstrecke ins Büro wurde von der Polizei täglich neu festgelegt. Erst am Morgen erhielt mein Fahrer die Instruktion, über welche Strecke er nach Oberkassel fahren sollte, und auch die Abfahrtszeit wurde jeden Tag neu bestimmt. Mein Sekretariat hatte ich angewiesen, wegen der zeitlichen Unwägbarkeiten keine Termine vor 9.30 Uhr mehr zu vereinbaren, was ich als besonders lästig empfand, da ich Termine am frühen Morgen immer ebenso geschätzt habe wie Pünktlichkeit. Keiner meiner Mitarbeiter konnte mein Büro betreten, ohne den Begleitschutz zu passieren, der das Vorzimmer hütete.

Besonders aufwendig wurde das Ganze, sobald ich auf Auslandsreise ging. Im August 1977 feierten meine Frau und ich Silberne Hochzeit. Da unsere Tochter um diese Zeit an den Junioren-Europameisterschaften der Military in Fontainebleau teilnahm, verlegten wir die kleine Feier mit Kindern und Trauzeugen nach Paris. Unseren Schutz übernahm die französische Polizei.

Wie gründlich und umsichtig auch immer der Staat seine Vorkehrungen getroffen hatte: alle rechneten damit, daß es binnen kurzem zu einem weiteren Anschlag kommen würde. Der Staat war gewappnet, aber gegen die fanatische Entschlossenheit von Terroristen, die vor keiner Gewalt zurückschreckten, war er in einer schlechten Ausgangsposition. Die Frage war: Wo würde die RAF als nächstes zuschlagen?

Hanns Martin Schleyer war 1951 bei Daimler-Benz eingetreten und acht Jahre später für das Ressort Personal- und Sozialwesen sowie für Verwaltung in den Vorstand berufen worden. Seit 1962 war er zugleich Vorsitzender des Vorstands der Württembergisch-Badischen Metallindustriellen.

Ich hatte Schleyer über die Beteiligung des Hauses Flick an Daimler-Benz kennengelernt. Aus unseren geschäftlichen Beziehungen entwickelte sich über die Jahre allmählich eine persönliche Freundschaft, auch der Familien. Schleyer war zehn Jahre älter als ich, und dieser Altersunterschied bedeutete für mich eine große Bereicherung. Bei Friedrich Flick und Konrad Kaletsch hatte ich es mit sehr viel älteren, bei Friedrich Karl mit einem

Gleichaltrigen zu tun, Schleyer aber war ein Vertreter jener »Zwischengeneration«, die uns in Düsseldorf fehlte.

In den ersten Jahren unserer Freundschaft waren es vor allem zwei große Themenkomplexe, die Schleyer und mich weit über unseren unmittelbaren Aufgabenbereich hinaus interessierten. Das eine war die Tarifpolitik. Als 1949 die Einzelgewerkschaften unter dem Dach des DGB zusammengefaßt wurden, hatte ich große Bedenken gehabt. Schleyer überzeugte mich, daß die Wirtschaft von der Einheitsgewerkschaft profitieren konnte und daß es vernünftig war, das Prinzip zu akzeptieren, weil es zu größerer Verläßlichkeit in den Tarifverträgen, vor allem in den Manteltarifverträgen, führte. Das abschreckende Gegenbeispiel sind noch heute ÖTV und DAG; sie treten von jeher mit unterschiedlichen Forderungen auf, weil sie sich vor ihrer jeweiligen Klientel profilieren müssen.

Die Entscheidung, welches Tarifgebiet die Vorreiterrolle übernimmt, wird von den Arbeitnehmern getroffen, indem sie den bestehenden Tarifvertrag in diesem Gebiet kündigen. Wo sie zuerst kündigen, müssen sie auch zuerst verhandeln. Nordwürttemberg-Nordbaden wurde aus verschiedenen Gründen schon früh zum Musterländle der Tarifauseinandersetzungen. Dort sind zwei der erfolgreichsten deutschen Unternehmen in der Metallindustrie ansässig, nämlich Daimler und Bosch, die seit je mit höchst sensiblen Lieferfristen kämpfen. Nichts haben beide Firmen in den sechziger und siebziger Jahren mehr gefürchtet als einen Produktionseinbruch durch Streik. Sie waren daher am ehesten erpreßbar und schneller als andere bereit, eine Mark draufzulegen. Da die Verhandlungsführung der Arbeitgeber in diesem Tarifgebiet von den Großen entscheidend mitbestimmt wurde und auch die mittelständische Industrie im Südwesten viele Jahre höchst gesund dastand, haben die Kleinen auch überhöhte Abschlüsse mittragen müssen.

Den Gewerkschaften ist diese Verhandlungsführung gut bekommen, aber die Solidarität unter den Arbeitgebern nahm auf Dauer erheblichen Schaden. Im übrigen Deutschland kam es zu

Unmutsäußerungen und auch zu Austritten von Mitgliedsfirmen, die es leid waren, jedes Jahr aufs neue von den gut verdienenden Baden-Württembergern vorgeführt zu werden.

Wenn die *Bild*-Zeitung Abschlüsse mit Schlagzeilen kommentierte wie »Glückliches Deutschland. Streik konnte verhindert werden«, dann kam darin die ganze Schieflage zum Ausdruck. Streik und Aussperrung gehören zu den verfassungsrechtlich garantierten Arbeitskampfmitteln unserer Marktwirtschaft. Weil sie die Ultima ratio darstellen, sollten sie möglichst vermieden werden, jede friedliche Regelung ist dem Ausnahmezustand vorzuziehen – aber eben nicht um jeden Preis. Die fehlende Bereitschaft auf seiten der Unternehmer und Anteilseigner, einen Streik in Kauf zu nehmen und mit den eigenen Instrumenten gebührend zu beantworten, stellt eine Schwächung des gesamten Systems dar. Ich sehe darin ein Zeichen von Dekadenz und habe deshalb kein Verständnis für einen Unternehmer, der sich hinterher über zu hohe Kosten beschwert.

Die Gewerkschaften haben von Anfang an den Schwerpunktstreik dem Flächenstreik vorgezogen. Die Bestreikung einiger weniger Unternehmen kann dazu führen, daß der gesamte Produktionsverbund einer Branche, ja ganzer Wirtschaftsbereiche weit über das Tarifgebiet hinaus lahmgelegt wird. Die Automobilindustrie mit ihren Tausenden von Zulieferern ist für Schwerpunktstreiks besonders anfällig. Der Vorteil dieser Strategie für die Gewerkschaften liegt auf der Hand: Sie brauchen nur den Mitgliedern Streikunterstützung zu zahlen, die die Schwerpunktstreiks durchführen, und erreichen dennoch die größtmögliche Wirkung. Würden die Arbeitgeber nicht über das Abwehrmittel der Aussperrung verfügen, wären sie chancenlos. Da die Gewerkschaften auch den ausgesperrten Mitgliedern Unterstützungsgelder zahlen müssen, sind sie nämlich ihrerseits an einer zeitlichen Begrenzung des Arbeitskampfs interessiert.

Das Instrument der Aussperrung ist bei uns jedoch weitgehend in Vergessenheit geraten. Damit entfällt die wichtigste Voraussetzung ausgeglichener Abschlüsse, nämlich die Chancengleichheit in den Tarifauseinandersetzungen. Solange die Arbeitnehmerseite davon ausgehen darf, daß die Arbeitgeber nicht kampfbereit sind, wird sie mit ihrer erpresserischen Tarifpolitik fortfahren. Nun verkünden die Gewerkschaften, Streik sei demokratisch, Aussperrung unmenschlich: »Wer aussperrt, gehört eingesperrt«, lautete die entsprechende Parole des DGB Ende der siebziger Jahre, die Aussperrung gehöre auf den Müllhaufen der Geschichte.

Die Gewerkschaften stellen sich auf den Standpunkt, der eigentliche Sinn der Tarifautonomie sei der Arbeitnehmerschutz. Darunter verstehen sie das, was nach ihrer Ansicht den Arbeitnehmern nutzt. Langfristiger Schutz und kurzfristiger Nutzen sind jedoch nicht in jedem Fall dasselbe. Wie die achtziger Jahre gezeigt haben, führen überzogene Lohnabschlüsse zur Gefährdung von Arbeitsplätzen. Das Lohndiktat der Gewerkschaften unterläuft mithin das wichtigste Interesse der Arbeitnehmer, die Arbeitsplatzsicherung.

Der Arbeitnehmer hat Anspruch auf einen fairen Lohn, wie immer der sich zusammensetzt. Aber die Festsetzung dieses Lohns sollte niemals abhängig gemacht werden von der Gewinnlage des Unternehmens, bei dem er beschäftigt ist. Mit solchen Vorschlägen erweisen die Gewerkschaften den Arbeitnehmern einen Bärendienst. Denn was geschieht, wenn auf zwei fette Jahre ein dürres Jahr folgt? Muß der Arbeitnehmer dann nicht konsequenterweise auf eine Lohnerhöhung verzichten, bei roten Zahlen gar von seinem Tariflohn abgehen? Dem Arbeitnehmer können aber nicht Lohnminderungen aufgrund von Unternehmensergebnissen zugemutet werden, auf die er wenig Einfluß hat. Der Arbeitnehmer braucht vielmehr Sicherheit. Die Forderung der Gewerkschaften nach ertragsabhängigen Löhnen ist plump und durchsichtig, weil sie stillschweigend davon ausgehen, daß der Arbeitnehmer nicht bereit sein kann und darf, in weniger guten Jahren Verzicht zu leisten.

Unsere Statistik verfügt bedauerlicherweise weder über ein geeignetes Instrumentarium noch über hinreichendes Material, um die tatsächliche Ertragslage von Unternehmen zu errechnen. Die angeblichen Unternehmensgewinne, auf die sich die Forderungen der Gewerkschaften nach Lohnerhöhungen üblicherweise stützen, entsprechen keineswegs dem, was die Unternehmen am Ende übrigbehalten. Die Statistik liefert eine Mischgröße, die viel Verwirrung stiftet.

Mit der Expansion der Lohnquote in den frühen siebziger Jahren hat eine enorme Umverteilung zu Lasten der Gewinne der Unternehmen stattgefunden. Viele Unternehmen haben damals erhebliche Verluste hinnehmen müssen; als Folge davon kam es zu starken Rückgängen der Investitionen. Da die Investitionslücke bis heute nicht geschlossen werden konnte, war das weitere Ansteigen der Arbeitslosigkeit die zwangsläufige Folge. Nur durch eine vom Gesetzgeber langfristig abzusichernde und von den Gewerkschaften mitzutragende Verbesserung der Unternehmenserträge durch Entlastung auf der Kostenseite wäre gegenzusteuern gewesen. Nach fünfundzwanzig Jahren stehen wir noch immer vor dem gleichen Problem.

Schleyer und ich stimmten darin überein, daß die Arbeitgeber in den Tarifauseinandersetzungen sich nicht mit einem faulen Kompromiß zufriedengeben dürfen. Sie sollten versuchen, einen verläßlichen Konsens auf der Basis klarer Standpunkte zu entwickeln. Wir waren überzeugt und erhielten zahlreiche Bestätigungen dafür, daß auch den Gewerkschaften eine klare, aber verläßliche Haltung am Ende lieber war als die alljährliche Hängepartie. Ähnlich wie im Verhältnis von Wirtschaft und Politik sollte es unserer Meinung nach auch in den Tarifverhandlungen möglich sein, aus der Kompetenz des anderen Nutzen für die eigene Arbeit zu ziehen.

Das zweite große Thema, dem Schleyer und ich viel Bedeutung beimaßen, war die innerbetriebliche Aus- und Fortbildung. Früh hatten wir uns den heute überall geläufigen Grundsatz zu eigen gemacht: Ein Unternehmen ist nur so gut wie seine Mitarbeiter, die Mitarbeiter sind sein wertvollstes Kapital. Fortbildung fördert die Identifikation mit dem Unternehmen und schafft für viele Arbeitnehmer Anreize, besser sein zu wollen als konkurrierende Unternehmen. Dies kann nur funktionieren bei einer transparenten Informationspolitik, die Mitarbeiter auch in strategische Überlegungen des Unternehmens einzubinden sucht. Schleyer förderte jede Form der Bildungsarbeit bei Daimler-Benz – so ging etwa der Bau des Schulungs- und Bildungszentrums auf dem Lämmerbuckel in der Schwäbischen Alb auf seine Anregung zurück – und hat später in der BdA viel dafür getan, daß auch andere und kleinere Unternehmen die Bedeutung der innerbetrieblichen Fortbildung erkannten.

Die Gewerkschaften sind auch in dieser Frage doppelzüngig. Einerseits können und wollen sie sich gegen innerbetriebliche Fortbildung nicht zur Wehr setzen, andererseits wollen sie soviel wie möglich für ihre Leute herausholen. Manteltarifverträge, in denen der Arbeitgeber bezuschußte Fortbildungsfreizeit à fond perdu zugestehen muß, sind ihnen deshalb die liebsten. Ein modernes Unternehmen ist jedoch von sich aus daran interessiert, seine Leute fortzubilden. Wenn neue Unternehmensaktivitäten plötzlich weniger Englisch und mehr Französisch erforderlich machen, dann sorgt ein kluger Unternehmer für Französischkurse – während der Arbeitszeit.

Schleyer war im Daimler-Vorstand für Personal und Verwaltung zuständig, befaßte sich darüber hinaus aber auch konsequent mit Fragen der Unternehmensstrategie. In welchen Produktbereichen sollte der Konzern besonders investieren, wo sah der Vorstand mittel- und langfristig die Zukunft von Daimler? Schleyer machte sich für den Nutzfahrzeugbereich stark, der in der unmittelbaren Nachkriegszeit die tragende Säule des Hauses gewesen war. In der Hausse der Wirtschaftswunderjahre waren dann die Personenwagen schnell zum Hauptgeschäft geworden. Schleyer warnte davor, die Lastwagen bei der langfristigen Planung zu vernachlässigen.

Die Schwerpunkte der Lkw-Produktion lagen in Mannheim und Gaggenau. Anfang der sechziger Jahre hatte das Unternehmen ein großes Gelände in Wörth am Rhein erworben, über dessen künftige Bestimmung im Vorstand lange kontrovers diskutiert worden war. Schleyer setzte sich dafür ein, Wörth zur zentralen Lkw-Montage für die Werke Mannheim und Gaggenau auszubauen. Es ging um eine Investition in Höhe von etwa drei Milliarden D-Mark, für die damalige Zeit eine gigantische Summe.

Für ein überwiegend landwirtschaftlich geprägtes Bundesland wie Rheinland-Pfalz, in dem es, von der BASF in Ludwigshafen abgesehen, keinerlei Großindustrie gab, war die Daimler-Investition von enormer Bedeutung. Für das gesamte linksrheinische Gebiet zwischen Speyer und der französischen Grenze würden hier Tausende von gewerblichen Arbeitsplätzen entstehen, die Anziehungskraft von Wörth würde sich bis weit in den Pfälzer Wald hinein auswirken. Dazu allerdings war einiges an der Infrastruktur zu verbessern. Es ging um eine weitreichende, auch mit Kosten für das Land verbundene, letztlich politische Entscheidung, und so nahm sich der Ministerpräsident persönlich der Sache an. Das war seit 1969 ein junger Nachwuchspolitiker namens Helmut Kohl.

Schleyer traf sich damals regelmäßig mit Kohl, und da er wußte, daß ich mich im Hause Flick auch um dieDaimler-Beteiligung kümmerte, nahm ich an den Treffen teil. Aus diesen Gesprächen über die Daimler-Investition in Wörth entwickelte sich, weit über den ursprünglichen Anlaß hinaus, eine Diskussionsrunde, zu der als Vierter im Bunde Kurt Biedenkopf stieß. Biedenkopf hatte viele Jahre an der Ruhr-Universität Bochum unterrichtet und war als Rektor maßgeblich an der Ausarbeitung der Universitätsverfassung beteiligt gewesen. Parallel dazu hatte er als Vorsitzender der von der Großen Koalition eingesetzten Mitbestimmungskommission erste politische Erfahrungen gesammelt. 1971 bis 1973 war er Mitglied der Geschäftsführung von Henkel. Es schien ihn jedoch in die Bundespolitik zu drängen.

Eines der gesellschaftspolitischen Probleme, das Biedenkopf, Schleyer und mich damals besonders interessierte, war die Frage der Kontinuitätssicherung an der Spitze großer Familienunternehmen. Dabei ging es nicht um Flick – der hatte sein Haus ordentlich bestellt –, sondern um ein gesamtgesellschaftliches Problem. Stirbt der Inhaber eines Unternehmens, der dieses Unternehmen persönlich geführt hat, kann der Erbfall zu einer großen Belastung für den gesamten Betrieb und seine Mitarbeiter werden. Nicht jeder Erbe verfügt über die erforderliche Qualifikation, und auch derjenige, der die Leitung in die Hände einer von ihm bestellten Geschäftsführung legt, ist nicht in jedem Fall gut beraten. Die Frage, wie eine solche Gefährdung der Volkswirtschaft durch unglückliche Erbkonstellationen verhindert werden kann, zielte ins Herz des in der Verfassung verankerten Rechts auf Eigentum.

Auf der einen Seite galt es, den Eigentumsbegriff unangetastet zu lassen, auf der anderen Seite mußte vermieden werden, daß bei der Nutzung des Eigentums Mißbrauch entstand. Das Erbrecht durfte auf keinen Fall angetastet werden, wenn wir unsere freiheitliche Ordnung nicht verlassen wollten. Wir haben versucht, einen Ausweg aus dieser Klemme zu finden und Lösungsvorschläge zu erarbeiten. In diesem Zusammenhang kam es auch zur Gründung des Instituts für Wirtschaft und Gesellschaft in Bonn durch Biedenkopf, das noch heute von seinem ehemaligen Assistenten, Meinhard Miegel, geleitet wird. Das aus Mitteln der Wirtschaft finanzierte Institut, in dem gesellschaftspolitisch drängende Fragen wissenschaftlich systematisch erarbeitet werden, hat sich im Laufe der Jahre als eine der nützlichsten Selbsthilfeinstitutionen der deutschen Wirtschaft erwiesen.

Bei unseren vielen Gesprächen über dieses Thema kamen Schleyer, Biedenkopf und ich bald zu dem Ergebnis, daß die Lösung nur darin liegen konnte, die institutionelle Erbschaft zu fördern, das heißt, die materielle Erbschaft zu sichern, aber die

Funktionen aus der Erbschaft davon zu trennen. Das Instrument der Familienstiftung schien diese Symbiose zu erleichtern. In unsere bereits weit vorangetriebenen und juristisch geprüften Überlegungen platzte 1974 eine der törichtsten Entscheidungen der Nachkriegszeit, die Einführung der Erbersatzsteuer.

Diese Steuer sollte alle dreißig Jahre fällig werden, unabhängig von tatsächlich eingetretenen Todesfällen; auch wenn sich nichts in den Besitzverhältnissen geändert hatte, wurde so getan, als ob ein Besitzwechsel durch Erbschaft stattgefunden hätte. Damit kam auf Familienstiftungen ein unkalkulierbares Risiko zu: Wie hoch wird in dreißig Jahren die Steuer sein, wie hoch wird die Bewertung ausfallen, welche Rücklagen müssen wir bilden? Die Verantwortlichen haben mit diesem Gesetz ein wichtiges gesellschaftspolitisches Instrument nachhaltig beschädigt. Sie haben dem Fiskaldenken Vorrang gegeben, obwohl Erlöse aus der Erbschaftssteuer für den Fiskus damals noch vollkommen unerheblich waren und nur einen Bruchteil des Gesamtsteueraufkommens ausmachten – im Gegensatz zu heute, wo viele mit Recht von einer Erbengesellschaft reden.

Große Vermögen in Familienbesitz waren unerwünscht, sie paßten nicht in die sozialdemokratische Landschaft der siebziger Jahre. Größe wurde als moralische Verfehlung gewertet. Abgesehen davon, daß große Vermögen in privater Hand nur schwer zu kontrollieren seien, so hieß es in SPD-Kreisen, könne ein demokratisch verfaßter Staat wie die Bundesrepublik auch unter moralisch-ethischen Gesichtspunkten Kapitalbildung ab einer gewissen Größenordnung nicht billigen. Nun macht es moralisch-ethisch – wenn man eine solche Kategorie überhaupt gelten lassen will – keinen Unterschied, ob ein Bürger ein Tausendstel einer Aktiengesellschaft hält oder hundert Prozent. Die CDU gab im Bundesrat klein bei. Ihr Sprecher in dieser Sache, der spätere Bundespräsident Roman Herzog, weckte allerdings die Erwartung, unter einer CDU-geführten Regierung das Gesetz so schnell wie möglich wieder abzuschaffen.

Kohls politisches Gespür, Biedenkopfs analytische Brillanz und Schleyers praktische Erfahrung: das ergab Anfang der siebziger Jahre spannende, zukunftweisende Gespräche zu allen möglichen gesellschaftspolitischen Problemen. Im Grunde diskutierten wir freilich nichts anderes als die Frage, wie verhindert werden konnte, daß der deutschen Wirtschaft durch die sozialdemokratische Versorgungspolitik immer neue Wettbewerbsnachteile entstanden. Besonders dramatisch war der Rückgang der Exportquote. Durch Wechselkursmanipulationen in Form von D-Mark-Aufwertungen geriet der Export zunehmend unter Druck. Die gewerbliche Wirtschaft insgesamt mußte sich deutlicher als bisher Gehör verschaffen.

1973 war Hanns Martin Schleyer Präsident der Bundesvereinigung der Deutschen Arbeitgeberverbände (BdA) geworden, nachdem Otto A. Friedrich auf seine Wiederwahl verzichtet hatte. Die BdA ist eine breit angelegte Institution; sie vertritt die Interessen der Arbeitgeber aus sämtlichen Bereichen der gewerblichen Wirtschaft und ist aufgrund ihrer Zusammensetzung stark am Mittelstand orientiert. An der Spitze der BdA standen meist fleißige Leute aus dem Mittelstand, die Großindustrie wurde in der Regel durch das mittlere Management repräsentiert.

Was die Durchsetzung unternehmerischer Interessen der gewerblichen Wirtschaft anging, so war die Arbeit des Bundesverbandes der Deutschen Industrie (BDI) am Anfang sehr viel effektiver. Das lag nicht nur an der strafferen Organisation, sondern auch an der Person des ersten Präsidenten Fritz Berg, der dreiundzwanzig Jahre an der Spitze des BDI stand. Auch sein Nachfolger, Thyssen-Chef Hans-Günther Sohl, war ein Unternehmer aus echtem Schrot und Korn. Mitte der siebziger Jahre setzte sich jedoch in beiden Verbänden die Einsicht durch, daß es für die deutsche Wirtschaft auf Dauer nachteilig sein mußte, nicht mit einer Stimme zu sprechen.

Hanns Martin Schleyer traute man es zu, mit ruhiger Hand die beiden Institutionen zusammenzuführen. Am 1. Januar 1977 wurde er zusätzlich zu seiner Funktion an der Spitze der BdA zum Präsidenten des BDI gewählt. Der selbstlose Verzicht des gewählten BDI-Präsidenten Kurt Hansen, des Vorstandsvorsitzenden von Bayer Leverkusen, darf in diesem Zusammenhang nicht vergessen werden. Die Wahl Schleyers war ein eindrucksvoller Beweis für den hohen persönlichen Kredit, den er in der gewerblichen Wirtschaft besaß. Auf ihm ruhten die Hoffnungen vieler.

Die RAF hat diese Hoffnungen zerschossen.

Am Montag, dem 5. September 1977, gegen 19 Uhr rief mich Heinz Schmidt im Büro an: Vor einer Stunde sei auf Hanns Martin Schleyer ein Attentat verübt worden. Es habe offenbar vier Tote gegeben, noch wisse man nichts Genaues.

Am Abend zuvor hatten Schleyer und ich telefoniert. Er hatte mich aus Stuttgart angerufen, um sich für Montagabend mit mir zu verabreden. Er sei Gast einer bekannten Düsseldorfer Unternehmerfamilie, bei der Elisabeth Noelle-Neumann einen aktuellen Vortrag halten werde; es wäre doch schön, wenn wir uns bei dieser Gelegenheit sehen könnten. In diesem Telefonat klagte er über die zunehmend strenger werdenden Sicherheitsmaßnahmen. Weil rund um sein Haus Scheinwerfer installiert worden seien, habe er neuerdings Ärger mit den Nachbarn. Mir ginge es nicht anders, tröstete ich ihn, aber ich hätte mich damit abgefunden. »Die Leute machen doch nur ihren Job.«

Keine vierundzwanzig Stunden später wurden die drei Beamten, die an diesem Tag in Köln zu Schleyers Personenschutz abgestellt waren, sowie sein Fahrer brutal erschossen. Er selbst wurde in ein Versteck in Erftstadt gebracht, weniger als eine halbe Stunde vom Tatort entfernt. Am 6. September gaben die Entführer ihre Forderungen bekannt: Einstellung aller Fahndungsmaßnahmen und Freilassung von elf inhaftierten RAF-Terroristen, darunter Andreas Baader, Gudrun Ensslin und Jan-Carl Raspe. Von Frankfurt sollten sie in ein Land ihrer Wahl ausreisen dürfen. Die Linie der Bundesregierung war klar: Der Staat wird sich nicht erpressen lassen. Noch am Abend der Entführung hatte sich Bundeskanzler Helmut Schmidt in einer Fernsehansprache an die Bevölkerung gewandt und um Solidarität und Mithilfe bei der Fahndung gebeten.

Am Freitagmittag, vier Tage nach der Entführung Schleyers, wurde beim Pförtner der Flick-Zentrale ein Brief für mich abgegeben:

»8-9-77
abends
Lieber Eberhard! Zunächst einen herzlichen Gruß! Es gibt mich also noch, aber ich wüßte gern mehr über die Entscheidung der Bundesregierung, die ja wohl allein die Fäden in der Hand hält, aber Nachrichtensperre verhängt hat. Die Forderung nach einem Vermittler ist barer Unsinn, weil sich meine Entführer nicht decouvrieren und unseren ›Urlaubsort‹ auch gegenüber einem ›Vermittler‹ nicht preisgeben werden, so daß ein Dreiecks-Kontakt unmöglich ist. Die Ungewißheit ist in meiner Lage natürlich scheußlich. Wenn Bonn ablehnt, dann sollen sie es bald tun, obwohl der Mensch – wie es auch im Krieg war – gerne überleben möchte. An der Entschlossenheit meiner Entführer, zu ihrem Wort auch im für mich negativen Sinn zu stehen, besteht für mich nicht der geringste Zweifel. Noch warten auch sie auf die Entscheidung der Bundesregierung. Vielleicht ist diese Entscheidung gefallen, wenn Dich der Brief erreicht, falls nicht, wäre ich Dir dankbar, wenn Du unseren Freunden meine Auffassung nahebringen würdest.
Grüße die Deinen und die Meinen.
Der Gedanke an Euch ist mir ein großer Halt.
Herzlichst Dein H.M.«

Ich leitete den Brief – die erste einer Reihe von Botschaften an mich – auf der Stelle an die Sicherheitsbehörden weiter, die ihn der Bundesregierung vorlegten.

Am Samstag, dem 10. September, erschien bei mir zu Hause

Staatsminister Hans-Jürgen Wischnewski, der die Aktivitäten des BKA und der Bundesregierung im Kanzleramt koordinierte. Bereits am Abend der Entführung hatte ich Waltrude Schleyer jede denkbare Hilfe angeboten und dies auch der Bundesregierung mitgeteilt. Wischnewski fragte mich im Auftrag von Bundeskanzler Schmidt, ob ich bereit sei, mich mit dem von den Terroristen als Vermittler eingeschalteten, etwas dubiosen Genfer Rechtsanwalt Payot in Verbindung zu setzen und auszuloten, ob die Entführer möglicherweise eine Lösegeldzahlung der deutschen Wirtschaft akzeptieren würden.

Wischnewski wies mich darauf hin, daß die Sache nicht ungefährlich sei. Die Bundesregierung werde in jedem Fall dementieren, jemals mit mir über dieses Thema gesprochen zu haben. »Sie gehen auf eigene Faust.« Ich brauchte nicht nachzudenken. Wischnewski nickte und gab mir verschiedene Telefonnummern von Payot.

Ich griff sofort zum Hörer und wählte die Nummer seiner Kanzlei in Genf. Monsieur Payot sei nicht da, hieß es. »Schade«, antwortete ich, »ich hätte nämlich ein ganz interessantes Thema für ihn, das Thema Schleyer. Das würde ich gern mit dem Herrn Rechtsanwalt erörtern.«

Wenige Minuten später rief Payot zurück.

»Können wir uns sehen?« fragte ich.

»Sofort, wenn Sie wollen«, antwortete Payot.

Auf der Stelle bereitete ich alles vor. Friedrich Karl Flick unterstützte mein Vorhaben ohne Einschränkung und gab mir auch in finanzieller Hinsicht vorerst freie Hand. Wer am Ende für Lösegeld aufkomme, werde sich finden.

Umgehend flog ich mit einer Chartermaschine nach Genf. Am Flughafen wurde ich von drei Männern empfangen, die mich an Polizei und Zoll vorbei in einem Wagen mit abgedunkelten Scheiben zu einem Hotel fuhren. Wir benutzten den Hintereingang.

Ich erklärte Payot die Bereitschaft der deutschen Wirtschaft, ein Lösegeld zu zahlen. »Die Bundesregierung ist damit sicher nicht einverstanden«, erläuterte ich, »sie will sich nicht erpreßbar zeigen. Ich nehme das auf meine eigene Kappe.«

Wie groß denn der finanzielle Spielraum sei, wollte Payot wissen. Das sei Verhandlungssache, meinte ich. Er müsse nach Nordafrika fliegen, um meinen Vorschlag zu besprechen, entgegnete Payot. Ob ich bereit sei, seine finanziellen Aufwendungen zu erstatten. Das sagte ich ihm zu.

Nach dem Treffen flog ich direkt zurück. Nachdem das Flugzeug die Schweizer Grenze passiert hatte, rief ich Wischnewski an: »Ich bin auf dem Rückflug von Genf und hätte einiges zu erzählen.«

»Das interessiert den Kanzler sehr«, meinte Wischnewski. Wir änderten den Kurs, und wenig später traf ich im Kanzleramt ein.

»Hier ist etwas Furchtbares passiert«, begrüßte mich Wischnewski. Am Mittag sei Innenminister Maihofer in die Sitzung des Krisenstabs mit der Nachricht geplatzt, die Schweizer Sicherheitsbehörden hätten mitgeteilt, daß eine Verbindung bestehe zwischen Herrn von Brauchitsch und den Terroristen. Offenbar hatten die Schweizer meine Telefonate mit Payot abgehört, und möglicherweise hatten sie mich bei meinem Besuch in Genf auch beschattet. Für Maihofer, der von meiner Mission nicht unterrichtet worden war, stellte sich das Ganze wohl als Vertrauensbruch des Kanzleramts dar.

Am Montag, dem 12. September, wurde beim Portier des Hotels Breidenbacher Hof in Düsseldorf ein von Schleyer besprochenes Tonband mitsamt Abschrift für mich hinterlegt. Zwei Stunden später wurden mir über ein anderes Hotel eine weitere Kassette und ein weiterer Brief Schleyers übermittelt. Das Band sollte ich an Helmut Kohl weitergeben. »Ich mache mir viele Sorgen um Trutsch + die Kinder, richte sie bitte etwas auf. Ich bin ungebrochen und wie Du siehst – aktiv.«

Auf dem Tonband für Oppositionsführer Helmut Kohl hieß es: »Ich habe nie um mein Leben gewinselt, immer die Entscheidungen der Bundesregierung, wie ich ausdrücklich schriftlich mitgeteilt habe, anerkannt. Was sich aber seit Tagen abspielt, ist Menschenquälerei ohne Sinn … Nachdem … die Bundesregierung sich offenbar nicht zum Handeln entschließen kann … ist es nunmehr Aufgabe der Opposition, die Verantwortlichkeiten klarzustellen und offenzulegen. Ich bin nicht bereit, lautlos aus diesem Leben abzutreten, um die Fehler der Regierung, der sie tragenden Parteien und die Unzulänglichkeiten des von ihnen hochgejubelten BKA-Chefs zu decken.«

Die Bundesregierung spielte von Anfang an auf Zeit. Nur scheinbar ging sie auf die Forderungen der Entführer ein, machte dann aber irgendwelche Schwierigkeiten geltend, insbesondere was die Auswahl der Zielländer betraf, und verlangte immer wieder neue Lebenszeichen von Schleyer. Unterdessen verfolgte das Bundeskriminalamt Zehntausende von Hinweisen, ohne eine wirklich heiße Spur zu entdecken. Die Verhandlungen der Bundesregierung mit Payot zogen sich in die Länge, und die Terroristen wurden von Tag zu Tag nervöser. Am 15. oder 16. September brachten sie Schleyer nach Den Haag. Nachdem es dort am 19. September zu einem Schußwechsel mit der holländischen Polizei gekommen war, schafften sie ihr Opfer in ein weiteres Versteck nach Brüssel.

Die Bundesregierung blieb bei ihrer Linie, die Terroristen hinzuhalten und jede Chance einer Verzögerung der Verhandlungen zu nutzen. Insbesondere der Familie Schleyers fiel es schwer, Verständnis für diese kompromißlose Haltung aufzubringen. Ich bemühte mich, beruhigend auf Waltrude Schleyer einzuwirken.

Nächtelang saß ich mit den Sicherheitsexperten von Bund und Ländern bei mir zu Hause und suchte in den Briefen und Tonbändern von Hanns Martin nach versteckten Hinweisen.

Nach unserem Treffen hatte mir Payot telefonisch mitgeteilt, daß ihm gewaltige Kosten entstanden seien und daß wir auch über sein Honorar reden müßten. Wir schlossen daraufhin einen Vertrag, der ein Erfolgshonorar in Höhe von 500 000 DM sowie eine Spesenpauschale von 25 000 DM vorsah. Das Honorar sollte bei Payot hinterlegt und, falls Schleyer nicht freikam, zurückgezahlt werden. Wir vereinbarten, daß ich das Honorar persönlich übergebe. Als ich Horst Herold, den Leiter des Bundeskriminalamtes, darüber in Kenntnis setzte, stieß ich auf Widerstand. Es sei nicht zu verantworten, meinte Herold, daß ich nach Genf fliege. »Sie kämen wahrscheinlich nicht zurück.« Herold zeigte sich entschlossen, meine Reise mit allen Mitteln zu verhindern: »Notfalls lasse ich Sie festnehmen.«

Statt meiner flog ein Mann des Bundeskriminalamtes nach Genf, den ich Payot gegenüber als meinen Assistenten ausgab. Ich könne wegen Erkrankung nicht selbst fliegen. Es schien alles gut zu gehen. Zwei Tage nach der Übergabe des Geldes hatte ich jedoch einen wütenden Payot an der Strippe: »Sie haben mich reingelegt. Sie haben mir einen Agenten geschickt.« Der BKA-Mann, den Herold ausgewählt und der eine Legende als mein Assistent erhalten hatte, war als Begleitperson deutscher Politiker im Ausland offenbar bekannt. Bis zum heutigen Tag bin ich den Zweifel nicht losgeworden, daß irgend jemand ein Interesse daran gehabt haben muß, die Verbindung zwischen Payot und mir zu kappen.

Der Rest dieses wohl tragischsten Kapitels deutscher Nachkriegsgeschichte ist hinlänglich bekannt. Am 13. Oktober entführen vier arabische Terroristen eine Lufthansa-Maschine auf dem Flug von Mallorca nach Frankfurt. Am 18. Oktober kurz nach Mitternacht wird die »Landshut« von einer Spezialeinheit des Bundesgrenzschutzes auf dem Flughafen von Mogadischu gestürmt. In den frühen Morgenstunden verüben Baader, Ensslin und Raspe in Stammheim Selbstmord. Am gleichen Tag nachmittags gegen 16 Uhr wird Hanns Martin Schleyer von seinen Entführern erschossen. Sein Leichnam wird am nächsten Tag im Kofferraum eines geparkten Wagens im elsässischen Mülhausen gefunden.

»47 Tote«, resümierte Stefan Aust in seiner großen Darstellung des Terrorismus der siebziger Jahre, »das ist die Bilanz von sieben Jahren ›Untergrundkampf‹ in der Bundesrepublik Deutschland.

Es waren sieben Jahre, die die Republik veränderten.« Es scheint mir wichtig, noch eines hinzuzufügen. Zu den verhängnisvollen Ereignissen vom Herbst 1977 wäre es vielleicht nicht gekommen, wenn die meinungsbildenden Kräfte in unserem Land – ich meine die demokratisch verpflichteten Kräfte in Politik und Gesellschaft – ihre Gegensätze in den Grundfragen unserer Staats- und Wirtschaftsordnung weniger radikal ausgetragen hätten. Hätten sich die Meinungsträger, statt die Gräben noch zu vertiefen, die Suche nach einem gesellschaftlichen Konsens zur Aufgabe gemacht, wären die Gewaltmanifestationen am Rande möglicherweise weniger extrem ausgefallen.

Schleyers Ermordung hinterließ ein Vakuum.

Als Schleyer im Januar 1977 mit der Doppelpräsidentschaft betraut worden war, galten in beiden Organisationen andere Prioritäten. Das lag in erster Linie an der unterschiedlichen Aufgabenstellung und der unterschiedlichen Mitgliederstruktur. Schleyer hatte eine Mammutaufgabe geschultert, und die gewerbliche Wirtschaft hatte ihm aufgrund seiner Integrationsfähigkeit und seiner hohen sozialen Verantwortung den Erfolg zugetraut.

Nach Schleyers Ermordung ist meines Wissens kein Versuch mehr unternommen worden, eine Doppelpräsidentschaft erneut aufs Programm zu nehmen. BdA und BDI entschieden sich, vorerst wieder getrennt zu marschieren, und wählten jeweils eigene Leute an die Spitze. Die Präsidentschaft der Bundesvereinigung der Arbeitgeber übernahm für viele Jahre mit großem Erfolg Otto Esser. Beim Bundesverband der Deutschen Industrie stellte sich nach einem unglücklichen Interregnum von Nikolaus Fasolt der Brillenfabrikant Rolf Rodenstock zur Verfügung. Allen war klar, daß dies nur eine Interimslösung sein konnte und daß der BDI mittelfristig einen neuen starken Präsidenten brauchte.

Der gute Klang des Namens Flick, mein persönlicher Kredit in der gewerblichen Wirtschaft und wohl auch meine Freundschaft mit Schleyer führten dazu, daß mein Name ins Gespräch gebracht wurde. Ich hatte klargestellt, daß ich erst dann zur Verfügung stehen würde, wenn die Reinvestition des Daimler-Gewinns und die damit verbundenen Umstrukturierungen des Hauses abgeschlossen wären und Flick persönlich seine Zustimmung gäbe. Im Frühjahr 1980 wurden führende Leute der Industrie wie Hans-Günther Sohl und Egon Overbeck, aber auch Rodenstock selbst bei Friedrich Karl Flick vorstellig. Bundeskanzler Schmidt, so hatte mich Günter Markscheffel, der gute Kontakte in die Führungsspitze der SPD unterhielt, schon im November 1977 wissen lassen, würde meine Wahl ebenso begrüßen wie Willy Brandt, Alex Möller oder Herbert Ehrenberg.

Flick war immer äußerst zurückhaltend gewesen, was Engagements außerhalb des Hauses betraf. So vertrat er die Auffassung, daß es die konzerneigene Arbeit beeinträchtige, wenn man zu viele Aufsichtsratsmandate wahrnehme. Für jedes einfache Mandat sei mindestens eine Arbeitswoche pro Jahr zu veranschlagen. Ich saß nicht nur in den Aufsichtsräten unserer eigenen Unternehmen, sondern hatte daneben Mandate bei der Dresdner Bank, bei BP, Henkel, Klöckner, Krupp, SEL und einigen anderen Unternehmen. Sicher führte das zu einer Mehrbelastung. Andererseits war es für das Haus Flick von nicht zu unterschätzender Bedeutung, daß wir über diese Mandate Einblick in das Denken anderer Unternehmen hatten und gesamtwirtschaftliche Entwicklungen besser beurteilen konnten.

Auch in der Wahrnehmung öffentlicher Funktionen sah Flick keine direkten Vorteile für das Unternehmen. Aber die Wirtschaft drängte auf eine Entscheidung, und so erklärte er sich schließlich bereit, daß ich nach Abschluß der Umstrukturierungsmaßnahmen des Konzerns die Führung des BDI übernehmen könnte. Im März 1981 wurde ich auf Vorschlag des Präsidiums des BDI in geheimer Abstimmung einstimmig zum neuen Präsidenten mit Wirkung zum 1. Januar 1983 gewählt. Damit waren alle Spekulationen über die Zukunft des Verbandes beendet, und das war das

Entscheidende. Ich habe mich auf die Aufgabe gefreut und war mir sicher, auch im Sinne von Hanns Martin Schleyer zu handeln.

Zu seinem Andenken und in Würdigung seiner Verdienste hatten wir im Winter 1977 die Hanns Martin Schleyer-Stiftung ins Leben gerufen, deren Ehrenvorsitzender ich noch heute bin. Die Stiftung arbeitet seit mehr als zwanzig Jahren mit großem Erfolg in den Bereichen Wissenschaft und Praxis, wobei den Nachwuchswissenschaftlern ein besonderes Augenmerk gilt. Da sich BDI und BdA als Stifter auf Dauer verpflichtet haben, den gesamten Verwaltungsaufwand zu tragen, kann jede Spendenmark direkt den Zwecken der Stiftung zugeführt werden.

Im Februar 1982 trat ich von meinem Amt als gewählter BDI-Präsident zurück. Die Eröffnung des Ermittlungsverfahrens im Zusammenhang mit der sogenannten Parteispendenaffäre hatte mich zu diesem Schritt veranlaßt. Ich wollte sicherstellen, daß der BDI aus der sich anbahnenden Kampagne herausgehalten wurde. Der BDI hatte ohnehin Erklärungsbedarf in eigener Sache, da sich Fritz Berg und der gerade verstorbene Gustav Stein über Jahre für die Bereitstellung der Mittel der gewerblichen Wirtschaft für die staatsbürgerliche Arbeit eingesetzt hatten. An den amtierenden Präsidenten des BDI, Rolf Rodenstock, schrieb ich am 24. Februar:

»Sehr geehrter Herr Professor Rodenstock,
die Staatsanwaltschaft teilt mir mit, daß sie nunmehr ein Ermittlungsverfahren eingeleitet habe, um den Vorwurf zu prüfen, ob Zuwendungen an politische Entscheidungsträger erfolgt seien und ob zwischen etwaigen Zuwendungen und den Entscheidungen der Behörden zur steuerneutralen Wiederanlage des Daimler-Erlöses der Flick-Gruppe ein Zusammenhang bestehe. Ich gelte in diesem Ermittlungsverfahren als Beschuldigter. Die Dauer des Ermittlungsverfahrens ist nicht absehbar.

Der Vorwurf ist unbegründet. Dennoch führen die Tatsache dieses Ermittlungsverfahrens und die Aufmerksamkeit, die es in der Öffentlichkeit finden wird, zu einer unzumutbaren Belastung für den Bundesverband der Deutschen Industrie. Der BDI sollte, besonders in einer wirtschaftspolitisch zunehmend schwierigen Zeit, nicht mit einem gewählten Präsidenten verbunden sein, der öffentlich mit einem schweren, wenn auch unbegründeten Vorwurf belastet wird. Ein Präsident des Bundesverbandes der Deutschen Industrie kann unter diesen Umständen nicht erwarten, daß er bei Gesprächspartnern im politischen Raum die Vertrauensbasis vorfindet, die für seine sachgerechte Arbeit unverzichtbar ist. Hinzu kommt, daß das Amt einen Träger erfordert, der auch seinerseits unabhängig und unbefangen für die deutsche Industrie wirken kann. Ich vermag jedoch nicht auszuschließen, daß das Ermittlungsverfahren diese Unabhängigkeit und Unbefangenheit bei meinem Wirken im öffentlichen Raum beeinträchtigt. Bei meinem Verständnis von der dienenden Funktion des Präsidenten für die gesamte Industrie halte ich deshalb eine Trennung meiner Person von jeder Funktion im Bundesverband der Deutschen Industrie für notwendig und nicht aufschiebbar. Daher lege ich hiermit mein Amt als Vizepräsident des Bundesverbandes der Deutschen Industrie nieder und erkläre meinen Verzicht, Ihre Nachfolge als Präsident anzutreten.

Ich bitte Sie, die relevanten Gremien des Bundesverbandes der Deutschen Industrie über meinen Entschluß zu unterrichten und das Notwendige in die Wege zu leiten.«

In einer Presseerklärung gab der Verband einen Tag später folgende Erklärung ab: »Der BDI respektiert diese persönliche Entscheidung, die von hoher Verantwortung gegenüber der deutschen Industrie getragen ist, mit außerordentlichem Bedauern. Vertrauen und Loyalität, die gegenüber Herrn von Brauchitsch vom Präsidium des BDI in seiner letzten Sitzung ausdrücklich bekräftigt wurden, bestehen unvermindert fort.«

Auch in der veröffentlichten Meinung wurde ich für meine Entscheidung gelobt. Sie »ist ehrenwert und beweist die Konsequenz dieses Mannes«, schrieb das *Handelsblatt* am 26. Februar, und die *Frankfurter Allgemeine* meinte: »Der Schritt ist honorig, der Anlaß bestürzend«. Mein Schritt, so forderten manche, müsse Vorbild sein für die Minister Matthöfer, Lambsdorff und andere, gegen die ebenfalls ein Ermittlungsverfahren eröffnet wurde, nun ihrerseits ihre Ämter niederzulegen. Die Regierung sah jedoch keinen Anlaß, einen Minister zu entlassen oder vorübergehend von seinen Pflichten zu entbinden, nur weil auf Verdacht ermittelt wurde. Der böse Anschein galt offenbar nur für Leute der Wirtschaft.

Spekulationen, die darauf hinausliefen, daß der BDI insgeheim einen Posten für mich freihielt, waren gegenstandslos. Mein Rücktritt war ohne Wenn und Aber erfolgt. Um letzte Klarheit zu schaffen, drängte ich beim BDI auf eine rasche Entscheidung über meine Nachfolge. Im Mai wurde der amtierende Präsident, der eigentlich nur ein Übergangspräsident hatte sein wollen, wiedergewählt. Rodenstock hatte darauf gehofft, daß die Vorwürfe gegen mich schnell vom Tisch kämen und ich doch zur Verfügung stehen würde. Seine erneute Kandidatur bezeichnete er öffentlich als »ein echtes Opfer«.

Nach meinem Rücktritt erreichten mich zahlreiche, zum Teil sehr persönliche Schreiben aus Wirtschaft und Politik. Ich erhielt einen langen, bewegenden Brief von Axel Springer. Auch über die Zeilen von Willy Brandt freute ich mich: »Sie wissen, daß wir in Ihnen seit langem einen besonders kompetenten Gesprächspartner sehen.« Viele, die mir schrieben, sahen es so wie Altbundespräsident Walter Scheel: »Wenn aufgrund eines Ermittlungsverfahrens Konsequenzen von solcher Tragweite wie in Ihrem Fall quasi erzwungen werden, so ist dies eine schwere Fehlentwicklung in unserer demokratischen Gesellschaftsordnung, der dringend vorgebeugt werden muß.«

Die Kampagne

Am 11. November 1981 waren die Flick-Büros von der Steuerfahndung St. Augustin durchsucht worden; am 29. November 1983 wurde vor dem Landgericht Bonn Anklage gegen mich erhoben; am 16. Februar 1987 ergingen die Urteile: Die Flick-Affäre kostete mich mehr als fünf kreative Jahre. Was sich in diesen fünf Jahren abspielte, ereignete sich zum Teil weit jenseits von Recht und Gesetz.

Nachdem wir alles hinter uns gebracht hatten, beschlossen meine Frau und ich, diesem Staat, der nicht in der Lage gewesen war, die Persönlichkeitsrechte seiner Bürger zu schützen, den Rücken zu kehren. Seither haben wir unseren Wohnsitz im Ausland. Deutschland bleibt unsere Heimat, unser Vaterland, hier wohnen unsere Kinder und viele unserer Freunde, hier zahlen wir bis zum heutigen Tag unsere Steuern. Aber wir wollten ein Signal setzen.

Meine Frau hatte mich frühzeitig gewarnt. Der 14. September 1976, an dem die ministerielle Genehmigung der Flickschen 6b-Anträge eintraf, war ein großer Tag für mich gewesen. Nicht wegen des Prestiges oder wegen der damit verbundenen Strukturverbesserungen für das Haus Flick, sondern weil wir Recht bekommen hatten. »Das Recht gilt also auch für die Großen«, sagte ich zu meiner Frau, als ich an diesem Tag nach Hause kam. Noch heute sehe ich sie vor mir. Wir saßen am Fenster, und nach einiger Zeit meinte sie nachdenklich: »Da wirst du dich noch ganz schön täuschen. Jetzt geht der Tanz erst richtig los.«

Der Tanz begann Ende 1981. Eröffnet wurde er jeweils montags, durch Veröffentlichung vertraulicher Papiere des Hauses

Flick in dem Hamburger Magazin *Der Spiegel.* Bei meiner Schilderung des Verhältnisses von Wirtschaft und Politik und bei der Darstellung der Diskussionen um den Paragraphen 6b habe ich bewußt darauf verzichtet, die spätere Berichterstattung des *Spiegels* in irgendeiner Weise zu kommentieren oder gar zu korrigieren. Das Blatt verfolgte nämlich von Anfang an eine ganz andere Absicht als die, seine Leser über Parteispenden und die komplexe Materie der Wiederanlage von Industrievermögen aufzuklären. Das hätte *Spiegel*-Leser ziemlich schnell gelangweilt. Auch noch so aufregende Berichte über das Haus Flick wären auf Dauer höchstens auf den hinteren Seiten des Magazins zu verkraften gewesen. Nein, der *Spiegel* versuchte, aus den staatsanwaltschaftlichen Ermittlungen politisches Kapital zu schlagen und einige Politiker aus der ersten Riege ins Stolpern zu bringen. Die Rolle, die das Blatt mir in dieser Kampagne zugedacht hatte, war die des Kronzeugen wider Willen.

Wenn ich hier und im folgenden *Der Spiegel* sage, meine ich zunächst allgemein die Methoden des sogenannten investigativen Journalismus, die damals von keinem zweiten Blatt in Deutschland so konsequent angewendet wurden wie eben von jenem Hamburger Magazin. Dann aber meine ich immer auch die handelnden Personen, welche die angebliche Pflicht zur Aufdeckung angeblicher Skandale rigoros nutzten, um ihre persönlichen Steckenpferde zu reiten und Auflage zu machen. Der Leiter des Düsseldorfer Büros, Hans Leyendecker, konnte sich ebenso profilieren wie die Redakteure Hans Werner Kilz und Joachim Preuss.

Die eigentlichen Antreiber aber, die jeden Rechtsbruch in Kauf nahmen, waren Chefredakteur Erich Böhme und *Spiegel*-Herausgeber Rudolf Augstein. Für ihn war die Flick-Affäre eine Art Wiedergutmachung der *Spiegel*-Affäre von 1962, und voller Pathos übernahm er die Rolle des Anklägers. Als Ende 1983 der öffentliche Vorwurf immer lauter wurde, der *Spiegel* betreibe durch seine Kampagne eine »Vorverurteilung«, zog Augstein seinen Trumpf: »Ich bin *die* öffentliche Person dieses Staatswesens, die der schwersten ›Vorverurteilung‹ ausgesetzt gewesen ist.« Solche Sätze lassen den Schluß zu, daß der *Spiegel*-Herausgeber die Flick-Affäre tatsächlich als späte Rache betrachtete.

Keiner von denen, die damals in den Medien ihre Häme über mich ausgossen, mich abwechselnd »Herrenausstatter« oder »kraftstrotzenden Ex-Boxer« nannten, hat mich je persönlich befragt. Keiner von ihnen hat auch nur den Versuch unternommen, mich kennenzulernen. Sie glaubten, den »Typ« zu kennen, und das genügte ihnen.

Im Dezember 1981 hatte der *Spiegel* noch kleinlaut einräumen müssen, daß es der Staatsanwaltschaft aufgrund des Steuergeheimnisses verboten sei – bedauerlicherweise, wie man wohl am liebsten hinzugefügt hätte –, »über Einzelheiten eines Untersuchungsergebnisses Auskunft zu erteilen«. Die Linie, auf der das Blatt später operierte, war jedoch bereits deutlich erkennbar: »Schon jede Spur des Verdachts, daß die steuerliche Vorzugsbehandlung der Firma Flick und Spenden des Unternehmens miteinander verwoben sein könnten, muß den Liberalen peinlich sein.« Der *Spiegel* schaffte es, diesen Verdacht publizistisch so aufzubereiten, daß noch vor Eröffnung des Ermittlungsverfahrens für breite Kreise daraus eine Gewißheit wurde. Da Beweise fehlten, übte man sich in lautem Nachdenken und juristisch unangreifbaren Formulierungen im Konjunktiv: »Bei der Bonner Affäre um Parteispenden und Steuerhinterziehung könnte auch Bestechung im Spiel gewesen sein.«

Nachdem das Blatt drei Monate lang im trüben gefischt hatte, erschien am 1. März 1982 die erste Titelgeschichte: »Geld von Flick? Staatsanwälte ermitteln«. Sieben weitere Titelgeschichten folgten. Die Republik hatte ihren Skandal und der *Spiegel* seine Auflage. In den heißen Phasen der Kampagne druckte das Magazin fast wöchentlich – besonders ausgiebig aus meinen persönlichen Papieren, ohne daß ich dies hätte verhindern können. Die Frage, wie der *Spiegel* an die Unterlagen gelangt war, beschäftigte zwar den Bundesjustizminister, der die Publikation als einen

»Verstoß gegen den Rechtsstaat« rügte. Da sich Herausgeber und Redakteure aber auf das Informationsgeheimnis beriefen, die Türen zumachten und ihre Quelle nicht preisgaben, wurden die Vorermittlungen irgendwann eingestellt.

Ein einziges Mal gelang es meinem Rechtsanwalt Reinhold C. Vester, beim Oberlandesgericht Düsseldorf eine einstweilige Verfügung gegen den *Spiegel* zu erwirken. Das war Anfang 1983, nachdem das Blatt seitenlang aus meiner von Vester aufgesetzten Verteidigungsschrift zitiert hatte. Die einstweilige Verfügung hinderte den *Spiegel* freilich nicht, in der Buchpublikation »Die gekaufte Republik« die gleichen Passagen noch einmal zu drucken. Gegen das daraufhin verhängte Ordnungsgeld in Höhe von DM 130 000,- legte der *Spiegel* vergeblich Revision ein, in der zweiten Auflage mußten 128 Zeilen geschwärzt werden.

Mein Vertrauen in den Rechtsstaat war immer ungebrochen gewesen. Hätte ich das Gefühl gehabt, vor dem Staat auf der Hut sein zu müssen, dann hätte die Flick KG bereits am 4. November 1981 Einspruch gegen die Durchsuchung ihrer Büroräume eingelegt. An diesem Tag waren die Steuerfahnder zusammen mit der Staatsanwaltschaft das erste Mal in der Mönchenwerther Straße erschienen. Sie ermittelten seit einem Jahr wegen privater Steuerhinterziehungen gegen den Flick-Buchhalter Diehl.

An diesem 4. November fanden die Fahnder in einer Aktentasche in Diehls Büro Hinweise auf Bank-Schließfächer, in denen die Spendenlisten des Hauses Flick deponiert waren. Hätte ich geahnt, daß ein halbes Jahr später Ordner für Ordner beim *Spiegel* abgeliefert wurde, wäre es ein leichtes für mich gewesen, am Abend des 4. November drei Siebentonner von der Spedition Johnen in Düsseldorf zu bestellen, zwanzig Studenten anzuheuern und sämtliche Akten verschwinden zu lassen. Mit einer solchen Aktion hätte ich keinen Moment gezögert. Ich habe jedoch törichterweise auf den Rechtsstaat vertraut.

Schon das Auftreten der Steuerfahnder eine Woche später gab mir zu denken. Am 11. 11. wird im närrischen Rheinland bekanntlich die fünfte Jahreszeit eröffnet, aber der Tag war für mich alles andere als lustig. Kaum hatte ich mein Haus verlassen, meldeten sich die Fahnder, die ein paar Straßen weiter gewartet hatten, bei den für meinen Schutz zuständigen Sicherheitsbeamten und baten darum, das Haus betreten zu dürfen. Es war gegen neun Uhr, meine Frau öffnete.

Entgegen späteren Darstellungen betrugen sich die Steuerfahnder keineswegs höflich. Da eine Stunde später die Durchsuchung der Büroräume in der Flick-Zentrale beginnen sollte, durfte meine Frau mich zunächst nicht anrufen. Das war noch hinnehmbar. Nicht hinzunehmen war jedoch, daß meine Frau daran gehindert wurde, die Betten zu machen, bevor die Steuerfahnder das Schlafzimmer durchsuchten. Es war das einzige Mal, daß Fremde unser Schlafzimmer betraten, ohne daß die Betten gemacht waren. Gegen Mittag zogen die Beamten ab, ohne daß sie irgend etwas mitnahmen. Fündig wurden sie dagegen in der Flick-Zentrale. Sieben Tage lang stellten sie von morgens 10 Uhr bis abends 21 Uhr das Haus auf den Kopf und konfiszierten etwa hundert Aktenordner.

Was die Publikation dieser Dokumente im *Spiegel* betrifft, so steht für mich fest, daß sie von interessierter Seite gesteuert wurde. Eine Zeitlang vermutete ich, daß es in der Staatsanwaltschaft Bonn eine durchlässige Stelle gegeben haben muß, irgendein schwarzes Schaf. Da muß nur einer anfangen, wichtig zu tun und zu quatschen, und schon ist er am Haken der Journaille, ob mit oder ohne Geld. Das Justizministerium von Nordrhein-Westfalen hegte wohl ähnliche Befürchtungen. Im April 1983 wurde angeordnet, daß alle Kopien von Originalakten mit quer aufgedrucktem Nummernstreifen zu versehen und Nummern und Empfänger zu registrieren seien. Von jeder Kopie, die irgendwo herumgeisterte, wußte man von da ab sofort, woher sie stammte. Eine solche Schutzmaßnahme ergreift eine Behörde ja nur, wenn sie nicht sicher ist, daß alles seine Richtigkeit hat. Da war es allerdings schon zu spät. Am Tag der ersten *Spiegel*-

Publikation hätte alles in einen Panzerkeller mit Registratur gehört.

Bereits im Juli 1982 hatte sich Kurt Biedenkopf bei der Düsseldorfer Justizministerin Donnepp beschwert. In der *Süddeutschen Zeitung* hatte er lesen können, was er bei seiner Zeugenvernehmung im Ermittlungsverfahren ausgesagt hatte. »Im übrigen möchte ich Ihnen nicht meine Betroffenheit darüber verhehlen«, so Biedenkopf, »daß es im Lande Nordrhein-Westfalen offenbar nicht möglich ist, die Staatsanwaltschaft zu einer Recht und Gesetz entsprechenden Abwicklung ihrer Ermittlungsverfahren anzuhalten und dafür Sorge zu tragen, daß nicht Details über Akten in die Öffentlichkeit getragen werden können, die den Beschuldigten selbst noch nicht zugänglich waren.«

Ich erlaube mir an dieser Stelle eine Bemerkung über den neuen Bundespräsidenten Johannes Rau. Demnächst hätten wir drei ehemalige Bundespräsidenten, schrieb Johannes Gross in seinem »Notizbuch« kurz vor der Wahl: »Herzog, Weizsäcker, Scheel und einen, der schon wie ein ehemaliger aussieht«. Es steht mir nicht zu, darüber zu befinden, ob sich Johannes Rau die Kraft für das höchste Amt im Staat noch zutraut. Aber eine Bitte möchte ich äußern.

Raus Leitmotiv lautet: versöhnen statt spalten. Durch die Vorreiterrolle, die Nordrhein-Westfalen unter seiner Führung bei der Kriminalisierung der Parteienfinanzierung spielte, hat Rau vor zwanzig Jahren erheblich zum Spaltungsprozeß zwischen Wirtschaft und Politik beigetragen. Ich gehe nicht so weit, Rau in dieser Angelegenheit eine aktive Rolle zuzuschreiben, aber er hat es geschehen lassen. Ich würde es begrüßen, wenn er sich in seinem neuen Amt zu einer Geste der Versöhnung mit der Wirtschaft entschließen könnte.

Für die Belange der gewerblichen Wirtschaft hat sich Rau allerdings nie besonders interessiert. Als er 1978 die Regierungsgeschäfte von Heinz Kühn übernahm, hat er Thyssen-Chef Dieter Spethmann und mich zu einem Gespräch über Strukturprobleme der gewerblichen Wirtschaft in Nordrhein-Westfalen eingeladen. Wir haben ihm dargelegt, daß das eiserne Festhalten an der Grundstoffindustrie, an Bergbau und Kohle, das Land in Kürze ruinieren werde; es sei besser, auf Technologie und Verarbeitung zu setzen und dafür die notwendigen Voraussetzungen zu schaffen. Rau wies das weit von sich: Man dürfe den Menschen an Rhein und Ruhr nicht ihre Heimat nehmen. Man nimmt den Menschen aber ihre Heimat, wenn sie auf der Straße stehen. Nordrhein-Westfalen hinkt noch heute hinterher. Im Vergleich mit Bayern, das Mitte der siebziger Jahre unrettbar verloren schien, sieht Nordrhein-Westfalen geradezu trostlos aus.

Und noch einen Vorschlag möchte ich unterbreiten. Johannes Rau sollte den Weg freimachen für eine Direktwahl des Bundespräsidenten durch alle Wahlberechtigten. Er selbst sollte der letzte Bundespräsident gewesen sein, der durch die Bundesversammlung gewählt wurde. Es kann auf Dauer nicht richtig sein, daß auch bei der Besetzung des höchsten Amtes, das der Staat zu vergeben hat, der Klüngel der Parteien den Ausschlag gibt.

Raus »Wahlkampf« wurde öffentlich geführt, ohne daß die Öffentlichkeit die Möglichkeit gehabt hätte, durch Stimmabgabe die Vorentscheidung der Parteien zu bestätigen oder abzulehnen. Rau wurde von seiner Partei gekürt, weil er aus kosmetischen Gründen in Düsseldorf Platz machen mußte. Sechzehn Jahre sind genug, hatte der Kandidat Schröder im Bundestagswahlkampf mit Blick auf Helmut Kohl immer wieder betont. Da Rau bereits fast zwanzig Jahre im Amt war, konnte die SPD von Nordrhein-Westfalen nicht umhin, ihrem Landesvater den Abschied zu geben – nicht ohne ihm diesen zu versüßen.

Jürgen Möllemann war schnell zur Stelle und plädierte dafür, Rau bei seiner Wahl zu unterstützen. Er tat dies nicht, weil er Rau für den geeigneten Kandidaten hielt, sondern weil er die Grünen im Düsseldorfer Landtag als Koalitionspartner der SPD ablösen will. Die Grünen wiederum stimmten für Rau, weil ihnen dafür im Koalitionsvertrag der Posten eines EU-Kommissars zugesprochen wurde. Solche taktischen Manöver beschädigen das Ansehen aller Beteiligten und sollten unterbleiben, auch und gerade wenn es um den höchsten Repräsentanten des Staates geht.

Mitte Dezember 1982 gab das Präsidium des Deutschen Anwaltvereins eine Erklärung über die Medienberichterstattung aus laufenden Ermittlungsverfahren heraus, die man »mit großer Sorge« beobachte. »Derartige Veröffentlichungen sind mit schwerwiegenden Folgen für die Betroffenen ... verbunden. Sie führen zu einer öffentlichen Meinungsbildung über Täterschaft und Schuld und damit einer ›Vorverurteilung‹ ... Vorverurteilungen in diesem Sinne beinhalten einen schweren Eingriff in den verfassungsrechtlich garantierten Persönlichkeitsschutz und haben in aller Regel konkrete nachteilige Auswirkungen für die Betroffenen ... Darüber hinaus steht eine solche ›Vorverurteilung‹ im Widerspruch zur Unschuldsvermutung, der Verfassungsrang zukommt.« Es spiele keine Rolle, ob die Berichterstattung durch gezielte Indiskretion oder durch Leichtfertigkeit bei der Aufbewahrung der Akten ermöglicht worden sei. Auch wenn man in politisch relevanten Verfahren den Informationsanspruch der Öffentlichkeit anerkennen müsse, so sei es doch »nicht vertretbar, daß um des Sensationseffektes willen Verfahrensbeteiligte bloßgestellt werden«.

Drei Tage nach Veröffentlichung dieser Erklärung richtete der Landtag von Nordrhein-Westfalen einen Untersuchungsausschuß ein, der prüfen sollte, wie es zu dem Mißbrauch der Akten gekommen war. Das Ergebnis, das nach 22 Sitzungen im Oktober 1983 bekanntgegeben wurde, war mehr als mager: Es habe offenbar ein Leck im Justizministerium gegeben – aber wohl auch bei einigen der von den Beschuldigten eingeschalteten Anwaltskanzleien.

Eine mit Sicherheit durchlässige Stelle war der im Mai 1983 eingesetzte Flick-Untersuchungsausschuß des Deutschen Bundestages. Diesem Ausschuß unter dem Vorsitz von Manfred Langner (CDU) und seinem Stellvertreter Willfried Penner (SPD) gehörten unter anderen an: Gerhard Schröder und Peter Struck (SPD), Friedrich Bohl (CDU), Gerhart Baum (FDP) und der heutige Innenminister Otto Schily, der damals noch die Grünen vertrat. Dem Ausschuß standen auf Anforderung sämtliche von der Staatsanwaltschaft beschlagnahmten Akten zur Verfügung. Auch alle Zahlen, die den Abgeordneten Böhme und Spöri als Mitgliedern des Finanzausschusses des Bundestages vorgelegt worden waren, fanden sich nachher in den Medien – etwa wie hoch unser Buchgewinn bei Daimler gewesen wäre, wenn wir ihn hätten versteuern müssen. Das war ein eindeutiger Bruch des Steuergeheimnisses, der ebenfalls nie geahndet wurde.

Nach der Wiedervereinigung hat sich jedoch ein anderer, weit schlimmerer Verdacht erhärtet, der im März 1982 öffentlich zum ersten Mal von Johann Georg Reißmüller in der *Frankfurter Allgemeinen* geäußert worden war. »Das Ermittlungsunheil droht dem mehr rechten Teil der Koalition. Daß der geschwächt werde, daran sind gewisse bebilderte Presse-Erzeugnisse aus Hamburg interesssiert, die sich ständig an Versuchen beteiligen, das politische Koordinatenkreuz in der Bundesrepublik weiter nach links zu verschieben … Die DDR winkt mit Schriftstücken zu der Affäre, die ihr wer weiß wie in die Hand geraten sind und die sie wer weiß wem hat zuschieben lassen.«

Inzwischen scheint festzustehen, wer hier geschoben hat: Hans-Adolf Kanter, geboren 1925, seit 1948 Mitarbeiter des späteren Staatssicherheitsdienstes der DDR und nach NATO-Spion »Topas« der erfolgreichste Agent im Apparat des Markus Wolf. Der war auf die Arbeit von Kanter alias »Fichtel« so stolz, daß er, entgegen seinen sonstigen Gepflogenheiten, in seinen 1997 erschienenen Erinnerungen richtig ins Plaudern kam:

> »Mit Glück und Voraussicht hatten wir unseren dienstältesten Kundschafter in Westdeutschland, Adolf Kanter, in der Umgebung eines rheinland-pfälzischen Nachwuchspolitikers namens Helmut Kohl plaziert. Kanter, Deckname Fichtel, war von der Parteiaufklärung zu unserem Dienst gekommen. Nach

dem Krieg hatte er die FDJ in Rheinland-Pfalz mit aufgebaut ... Kanter schloß sich der jungen CDU-Truppe an, die gegen den Widerstand der Parteihonoratioren den Weg für die Karriere von Helmut Kohl bahnte. Zu Kanters politischen und persönlichen Freunden zählte der Flick-Manager Eberhard von Brauchitsch. Über ihn besorgte er schon früh Spenden für Kohls Mannschaft. Er kannte dadurch den späteren Kanzler persönlich und konnte vertrauliche Beziehungen zu einigen der Männer aufbauen, die Kohl zunächst in Mainz und später in Bonn um sich scharte.

Adolf Kanter war einer unserer wenigen Männer mit einer erfolgversprechenden Perspektive in der Bundesrepublik ... Daß es sich gelohnt hatte ... wußten wir spätestens 1974. ›Fichtel‹ wurde Prokurist und stellvertretender Leiter im Bonner Büro des Flick-Konzerns. Es entbehrte nicht der Ironie, daß ein Mann, der sich dem Sozialismus verpflichtet fühlte, die politische Stabsabteilung eines der mächtigsten Konzerne führte. Kanters Aufgabe war es, für Flick bei Parteien und Regierung Informationen zu sammeln und politisch im Sinne des Konzerns Einfluß zu nehmen. Ähnliches erwarteten auch wir von ihm. Seine Arbeit für uns wurde durch die neue Position natürlich noch effektiver. Dem Vertreter des Flick-Konzerns vertrauten Politiker Geheimnisse an, ohne ein schlechtes Gewissen zu haben ... Lange bevor die illegale Spendenpraxis des Flick-Konzerns der Öffentlichkeit bekannt wurde, waren wir bis in die Details informiert.«

Im März 1995 wurde Adolf Kanter vom Oberlandesgericht Koblenz wegen Landesverrat zu zwei Jahren Gefängnis auf Bewährung verurteilt. Verglichen mit dem über Jahre sich hinziehenden Verfahren gegen Karl Wienand, das von Presse und Öffentlichkeit minutiös verfolgt wurde, überraschte die Diskretion, mit der Kanters Prozeß in nur vier Wochen über die Bühne ging. Kurz vor Eröffnung der Hauptverhandlung besaß Kanter die Stirn, mich in Zürich anzurufen. Ich war perplex und drängte darauf, das Gespräch sofort abzubrechen. Er wolle mir doch nur sagen, daß ich mir keine Sorgen zu machen brauchte. »Ich habe zwei Eisen im Feuer. Ich werde auspacken, und dann müssen die sehen, wie sie damit fertigwerden.«

Im Ermittlungsverfahren gegen Kanter war ich von der Bundesanwaltschaft im Hause des Bundeskriminalamtes in Meckenheim vernommen worden. Das meiste wußten die Ermittler bereits. Zum Beispiel, daß Kanter als Inhaber des angesehenen Pontes-Verlags in den fünfziger und sechziger Jahren Bücher hochrangiger Autoren wie Walter Hallstein zum Thema Europa-Politik verlegte. Oder daß er sich Anfang der siebziger Jahre in Bonn ein Einfamilienhaus als Kapitalanlage zugelegt hatte. Mieter wurde Egon Bahr. Die Netze Kanters in Bonn waren jedenfalls so eng geknüpft, daß bei seiner Verhaftung 1994 das Entsetzen groß gewesen sein muß.

Das Gericht hielt dem Angeklagten – wohl auch aus Gründen der politischen Opportunität – die »geringe Brauchbarkeit des Verratsmaterials« zugute. Hätte die Staatsanwaltschaft damals schon die sogenannten Sira-Daten gekannt, die Ende 1998 entschlüsselt werden konnten und die Aufschluß geben über Art, Umfang und Inhalt der DDR-Auslandsspionage von 1969 bis 1989, wäre Kanter wohl kaum mit einer Bewährungsstrafe davongekommen. Laut Sira lieferte Topspion »Fichtel« von 1969 an mehr als eintausend Informationen, darunter das brisante Material zur Flick-Affäre. Markus Wolf stellte »Fichtel« ein weit besseres Zeugnis aus als das Oberlandesgericht Koblenz: »Kanter hatte nicht den direkten Zugang zur Regierungsspitze wie Günter Guillaume, aber seine Informationen waren kaum weniger wertvoll.«

Ich hatte Kanter um 1950 kennengelernt. Während meines Studiums in Mainz und in der Zeit meines Referendariats in Edenkoben und Landau war ich in der Europa-Union und im Bund Europäischer Jugend engagiert gewesen. Auf Bundesebene begegnete ich Kanter damals häufig; er leitete das »Parteilokal«

des BEJ in Rheinland-Pfalz, das Europahaus in Marienberg im Westerwald. Aus der Bekanntschaft entwickelte sich im Laufe der Zeit eine Freundschaft, auch zwischen den Frauen, und hin und wieder verbrachten wir ein paar Ferientage zusammen.

In vierzig Jahren hat es weder für meine Frau, die in diesen Dingen normalerweise sehr viel Gespür hat, noch für mich irgendein Anzeichen für Kontakte Kanters in den Osten gegeben. Bis auf eine einzige Reise nach Warschau, die Kanter im Auftrag der Europa-Union unternahm, ist mir kein einziger »Besuch« Kanters jenseits der Elbe bekanntgeworden. Er war ein Koblenzer, der ein ganz und gar unauffälliges Leben führte und von seinen Mitbürgern geachtet wurde. Ob seine Frau und seine beiden Söhne etwas gewußt haben?

Kanter war seit Ende der sechziger Jahre als freier Mitarbeiter für das Haus Flick und beratend für Konrad Kaletsch und mich tätig gewesen. 1972 hatte man ihn ins Bonner Flick-Büro berufen. An dieser Nahtstelle des Konzerns zur Politik hatte er von nun an freien Zugang zu sämtlichen Informationen, die das Verhältnis der Flick-Gruppe zu den Politikern aller Parteien betrafen. Auf Wunsch des Büroleiters Walter Schmitz war Kanter zunächst für zwei Jahre auf Probe eingestellt worden. Schmitz mochte Kanter nicht und hat immer wieder an seiner Arbeit herumgemäkelt. Aber auch ihm, einem begabten und klugen Juristen, der aus dem Innenministerium kam und uns von Ernst Benda empfohlen worden war, ist in zehnjähriger Arbeit Zimmer an Zimmer nichts aufgefallen. Ich wußte von Kanters hervorragenden Beziehungen zu Politikern, insbesondere zu Politikern der CDU, und sah in ihm eine gute Ergänzung zu Schmitz, der eher der FDP nahestand.

Die Verbindung zwischen Kohl und Kanter stammte aus den späten fünfziger Jahren, als Kanter im Regierungspräsidium von Montabaur arbeitete und in einem schicken Büro im Schloß residierte. Aber Kanter hatte auch innerhalb der CDU nicht nur Freunde. Er galt als ehrgeizig, als ein Mann, der Karriere machen wollte. Als er aus der Leitung des Europa-Hauses Marienberg ausschied, versuchte man, ihm Mißmanagement vorzuwerfen. Es gab sogar ein Ermittlungsverfahren, in dem geprüft wurde, ob öffentliche Gelder richtig eingesetzt worden waren. Auf die Berufung Kanters zum stellvertretenden Leiter des Bonner Flick-Büros hat Helmut Kohl im übrigen keinen Einfluß genommen. Er hätte sich aber gewiß gemeldet, wenn er das Gefühl gehabt hätte, daß Kanter aus Sicht der CDU nicht der richtige Mann auf diesem Posten war.

Was hilft es, wenn ich mir heute Vorwürfe mache, Adolf Kanter über vierzig Jahre vertraut und ihn gefördert zu haben? Menschlich war es eine der größten Enttäuschungen meines Lebens.

Er habe es als seine Berufung empfunden, sagte Kanter bei seiner Vernehmung, als Dolmetscher im Ost-West-Konflikt zu vermitteln. In meinem Fall hat er glänzend gedolmetscht, genau so, wie seine Ost-Berliner Auftraggeber es von ihm erwarteten. Ob Kanter nach Rücksprache mit Markus Wolf dafür sorgte, daß die brisanten Dokumente an den *Spiegel* gelangten, oder ob sie auf dem Umweg über Ost-Berlin dort plaziert wurden, ließe sich wohl nur klären, wenn das Verfahren gegen Kanter aufgrund der Sira-Daten neu eröffnet werden würde.

Markus Wolf hat zwar bestritten, daß der Staatssicherheitsdienst bei der Parteispendenaffäre seine Finger im Spiel hatte, aber seine Begründung ist nicht stichhaltig: »Um unsere Quelle zu schützen, widerstanden wir der Versuchung, das Material westdeutschen Medien zuzuspielen.« Nachdem das Material von der Staatsanwaltschaft im Zuge der Ermittlungen sichergestellt worden war, war Kanter als Quelle kaum noch gefährdet. Wie immer es gewesen sein mag, fest steht, daß Ost-Berlin ein besonderes Interesse an der Publikation meiner vertraulichen Aufzeichnungen hatte.

Meine grundsätzlichen Vorbehalte gegenüber dem gesamten Ostblock, insbesondere gegenüber der DDR-Führung, waren seit Jahr und Tag bekannt. Als einer der ganz wenigen Unternehmer in den Führungsetagen der deutschen Wirtschaft hatte ich jeglichen Kontakt mit Vertretern des DDR-Establishments immer abgelehnt und mich strikt geweigert, etwa zur Leipziger Messe zu reisen. Ich war öffentlich für die Verschärfung der COCOM-Liste eingetreten, und ich hatte in vorderster Linie für den Boykott der Olympischen Spiele in Moskau gekämpft. Dieser dezidierte »Kommunistenfresser« war im März 1981 mit Wirkung zum 1. Januar 1983 zum Präsidenten des Bundesverbandes der Deutschen Industrie gewählt worden. Die Staatssicherheit hatte mithin fast zwei Jahre Zeit, geeignete Maßnahmen zu ergreifen, um meinen Amtsantritt zu verhindern.

Als durch die Ermittlungen gegen Chefbuchhalter Diehl der Stein ins Rollen kam, ergriff Ost-Berlin die Gelegenheit wohl beim Schopf. Während der *Spiegel* mit jeder neuen Ausgabe neue Zielpersonen in der politischen Arena ausmachte und wild um sich schoß, ohne je richtig zu treffen, hatte die Staatssicherheit ihr Objekt von Anfang an sehr viel präziser im Visier. Ein sorgfältiger Vergleich meiner im *Spiegel* publizierten vertraulichen Notizen mit dem Gesamtbestand der Flick-Unterlagen ergibt zweifelsfrei, daß 1982 genau jene Dokumente beim *Spiegel* landeten, die mich persönlich diskreditieren sollten. Die sogenannten Enthüllungen werden auf seiten Flicks fast ausschließlich mit dem Namen von Brauchitsch personifiziert.

Nicht nur die Art, wie einzelne Zitate aus dem Zusammenhang gerissen und in einen gänzlich anderen Kontext gestellt werden, sondern auch die kuriose Reihenfolge, in der die Dokumente vom *Spiegel* publiziert wurden, bestätigt diesen Befund. Die Redakteure erhielten die Unterlagen ganz offensichtlich häppchenweise, ohne zu merken, daß ihr Lieferant ganz andere Zwecke verfolgte als sie selbst. Die Interessen ergänzten sich freilich auf wundersame Weise. *Spiegel*-Herausgeber Augstein konnte seinem Argwohn gegen »Ruhrbarone« frönen und dazu noch gegen einen Mann anschreiben, der adelig war. Und in Ost-Berlin wird man die durch die Flick-Papiere entstandene allgemeine Unruhe unter Bonner Politikern nicht ohne Genugtuung zur Kenntnis genommen haben.

Mir kommt es nicht darauf an, hinterher festzustellen, wer die vertraulichen Papiere zu welchen Zwecken mißbraucht hat. Wie auch immer die Dokumente an den *Spiegel* gelangt sind, für mich ist entscheidend, daß der Staat die Publikation im Zuge staatsanwaltlicher Ermittlungen beschlagnahmter Akten zugelassen hat. Wer Schriftstücke aus einem laufenden Strafverfahren ganz oder in wesentlichen Teilen im Wortlaut öffentlich mitteilt, bevor sie in der Verhandlung erörtert wurden, wird mit einer Freiheitsstrafe bis zu einem Jahr belangt, sagt das Gesetz. Der *Spiegel* hätte mit allen rechtsstaatlichen Mitteln daran gehindert werden müssen, sein illegales Geschäft der Publikation meiner Tagebücher fortzusetzen. Da sich das Blatt auf die Pressefreiheit berief, hätte es zu einer Rechtsgüterabwägung kommen müssen. Mit Sicherheit wäre dann festgestellt worden, daß das Strafverfolgungsrecht des Staates und die Persönlichkeitsrechte Vorrang haben vor der Pressefreiheit.

Auch hat es mit der Pressefreiheit seine eigene Bewandtnis. Gegen die in der Öffentlichkeit erhobenen massiven Vorwürfe, der *Spiegel* betreibe durch seine Publikation von Akten aus laufenden Strafverfahren eine Vorverurteilung der Angeklagten, ging das Blatt im Juli 1984 in die Offensive und druckte ein Alibi-Interview mit dem Frankfurter Rechtsexperten Winfried Hassemer. Der Rechtsprofessor wies nachdrücklich auf die Strafbarkeit solcher Publikationen hin. Der Straftatbestand sei ihnen bewußt, räumten die *Spiegel*-Redakteure ein, die Veröffentlichung erscheine ihnen trotzdem weiterhin »geboten«. Warum sollte man mit den Angeklagten auch nachsichtig sein: »Beschuldigte wie Lambsdorff, Friderichs oder von Brauchitsch sind der Presse ja nun nicht hilflos ausgeliefert. Sie können die besten Verteidiger bezahlen, sie haben jederzeit die Möglichkeit, sich in Zeitungen oder im Fernsehen zu wehren, verfügen über mächtige Apparate, um zu dementieren und Vorwürfe zu konterkarieren.«

Jeder Kommentar erübrigt sich.

Aber die Herren gingen in diesem Interview noch weiter: »Muß die Presse immer erst vorpreschen in puncto Lebenswirklichkeit, ehe die Realitäten dann in die Gesetzgebung übernommen werden?« fragten sie selbstgefällig. Das heißt im Klartext: Wenn der Gesetzgeber schläft, muß er eben damit rechnen, daß wir von der Presse schneller sind; der Gesetzgeber kann dann nur noch einschwenken und Vollzug melden. Otto Graf Lambsdorff nannte diese Art von Journalismus mit Recht »Hinrichtungsjournalismus«, und mir läuft es bei einem solchen Verständnis der Gewaltenteilung noch heute kalt über den Rücken. Der Fundamentalismus der *Spiegel*-Leute ließ am Ende sogar den Rechtsprofessor einknicken: »Die Aufdeckung von Mißständen«, gab er zu Protokoll, »ist bei uns natürlich eine Aufgabe der Presse.«

Da habe ich meine Zweifel. Zum einen ist eine solche Funktion der Presse in der Verfassung nicht vorgesehen, und nirgendwo ist definiert, wo eigentlich die Grenzen dieser Ermittlungstätigkeit liegen. Zum anderen verfolgen die Medien ja nicht die Interessen des Gemeinwohls, sondern ihre jeweils eigenen. Sie stehen unter dem Druck, Auflage zu machen, und können sich deshalb nur »Mißständen« zuwenden, deren Offenlegung eine Auflagensteigerung erwarten läßt. Vor allem aber verfolgen sie, allen voran die Printmedien, politische Interessen.

So nutzte der *Spiegel* die Spendenaffäre, um der Reihe nach folgende politische Szenarien zu konstruieren und den Sturz folgender Personen herbeizuführen:

- Amnestiegesetz scheitert am Widerstand der SPD-Fraktion, die FDP fühlt sich im Stich gelassen. Kohl könnte für die FDP zum »Retter aus der Not« werden, Spekulationen über Koalitionswechsel (28. Dezember 1981)
- Lambsdorff und Matthöfer müssen gehen (Kommentar Augsteins vom 1. März 1982)
- Titelgeschichte: »Wohin flossen die Flick-Millionen?« Dazu die Porträts von Friderichs, Lambsdorff, Matthöfer, Dregger,

Halstenberg, Lahnstein, Nau, Scheel und Strauß. Daß in diesem Heft Politiker *aller* Parteien aufs Bänkchen gesetzt wurden, hing wohl mit dem Regierungswechsel am 1. Oktober zusammen (29. November 1982)

- Titelgeschichte: »Flick-Affäre. Regierung unter Druck, Störer Strauß«. Spekulationen über einen Wechsel von Strauß nach Bonn (5. Dezember 1983)
- Titelgeschichte »Affäre Barzel«, erster Anlauf zum Sturz Helmut Kohls (22. Oktober 1984)
- letzte Titelgeschichte, zweiter Anlauf zum Sturz Helmut Kohls: »Verstrickt«. Das besonders miese Titelbild zeigt den Bundeskanzler, seine Sekretärin Juliane Weber und mich in einem Netz (24. Februar 1986).

Mit der Parteienfinanzierung hatte diese Berichterstattung so wenig zu tun wie mit den 6b-Genehmigungen. Beides diente lediglich als Vorwand für den Versuch, politische Agitation zu betreiben. So verschwindet der Name Matthöfer mit dem Regierungswechsel, während Helmut Kohl, der bis dahin nur am Rande aufgetaucht war, vom Frühjahr 1983 an in den Mittelpunkt rückt.

Einige der betroffenen Politiker haben mir damals oder auch später direkt oder indirekt zu verstehen gegeben, daß sie meine Angewohnheit, alles schriftlich zu fixieren, für eine gefährliche Manie hielten. Auch manche Freunde schlugen die Hände über dem Kopf zusammen, als sie im *Spiegel* lesen konnten, was ich da so alles notiert hatte. Sie vermochten nicht jenen Humor aufzubringen, den der Vorsitzende Richter des Hauptverfahrens Hans-Henning Buchholz an den Tag legte, der mich während des Prozesses wiederholt bitten mußte, ihm bei der Entzifferung meiner Handschrift zu helfen. »Sie wußten ja damals noch nicht, daß es mir eines Tages zum Lesen vorgelegt werden würde«, meinte er großzügig. »Herr Vorsitzender«, antwortete ich ihm, »wenn ich das gewußt hätte, hätten Sie sehr viel weniger zu lesen bekommen.«

Wer nicht selbst in einem großen Wirtschaftsunternehmen gearbeitet hat, wird den Stellenwert von Aktennotizen, Gesprächsprotokollen und Hausmitteilungen wahrscheinlich nur schwer ermessen können. Der Informationsfluß ist nur aufrechtzuerhalten, wenn die einzelnen Schritte eines über längere Zeit sich hinziehenden Entscheidungsprozesses schriftlich festgehalten werden. Im Hause Flick kam jedoch noch etwas Besonderes hinzu. Friedrich Flick war ein visuell veranlagter Mensch. Alles, was mündlich besprochen wurde, wollte er hinterher kurz und knapp nachlesen können, bevor er eine Entscheidung traf. Vertrauliche Aktennotizen waren deshalb schon lange vor dem Krieg ein wesentlicher Bestandteil der Führung des Flick-Konzerns gewesen. Vor allem auf diese Papiere stützte sich dann die Anklage in den Nürnberger Prozessen; Kaletsch erhielt von den Amerikanern den Spitznamen »Mr. Documenty«. »Konrad, bei uns wird ab sofort nichts mehr aufgeschrieben«, soll Flick zu Kaletsch damals gesagt haben.

Aber der alte Flick konnte nun einmal nicht aus seiner Haut. »Das ist wichtig, Eberhard, was du da gesagt hast«, so endeten viele unserer Gespräche. »Schreib mir das doch einmal auf.« Friedrich Karl erbat ebenfalls von jedem Vorgang eine schriftliche Notiz. Auch wenn er im Gespräch meist die Augen geschlossen hielt, so war es doch ratsam, ihn nicht zu unterschätzen; er war immer hellwach und blitzschnell. Dennoch liebte er es, sich ein Gespräch hinterher zusammenfassen zu lassen und die Entscheidungsgrundlagen noch einmal in Ruhe zu überdenken. So ist es heute noch. Die Notizen waren allerdings auch deshalb unumgänglich, weil Friedrich Karl die meiste Zeit im internationalen Bereich unterwegs war und Kaletsch gegen Ende seines Lebens nicht mehr nach Düsseldorf kam.

In einem Familienunternehmen muß man sich ein wenig nach dem richten, was die Inhaber vorgeben, daran ist nichts Verwerfliches. Also wurde in Notizen auch vieles festgehalten, was normalerweise nicht festgehalten zu werden braucht; es gab Berge von Entwicklungsprotokollen, Begründungsprotokollen, Beitragsprotokollen, wo in der Regel ein Beschlußprotokoll ausgereicht hätte. Richtig bleibt indes, daß in einem Wirtschaftsunternehmen das Prinzip des lauten Nachdenkens wesentlich zur Entscheidungsfindung beiträgt. Viele der von mir geschriebenen Aktennotizen stellen nichts anderes dar als Protokolle solcher Denkprozesse. Manches mußte auch zum Zwecke der persönlichen Kontrolle schriftlich formuliert werden, damit es später nachgelesen werden konnte. Zuletzt gab es die kurzen, oft handschriftlichen Notizen, auf denen nur einige Stichworte standen, etwa zur Vorbereitung auf ein Telefongespräch. Von diesen Notizen waren *Spiegel* und Staatsanwaltschaft besonders angetan. Je flüchtiger eine Notiz formuliert war, desto mehr beflügelte sie später die Phantasie der Öffentlichkeit.

Heute, da ich weiß, wie die Dinge später dargestellt wurden, würde ich nicht, wie ich dem Richter sagte, weniger schreiben, sondern mehr. Ich habe offenbar nicht genug geschrieben. Hätte ich geahnt, daß ein Telefonvermerk wie »Kohl wg. Barzel« ein paar Jahre später dazu führte, daß der eine zurücktritt und der andere in arge Bedrängnis gerät, hätte ich ausführlich und präzise formuliert. Ich würde heute allerdings etwas vorsichtiger sein, was die Aufbewahrung vertraulicher Notizen angeht. So wie ich es mit einem Tagebuch tun würde. Auch ein Tagebuch ist in der Regel nicht für Dritte bestimmt. Eltern, die das Tagebuch ihrer heranwachsenden Tochter entwenden, um in deren Intimleben herumzuschnüffeln, begehen einen nicht wiedergutzumachenden Vertrauensbruch. Hätte ich gewußt, daß meine privaten Aufzeichnungen gestohlen werden, hätte ich mit Sicherheit einen anderen Stil gewählt – so wie ich am Telefon anders rede, wenn ich weiß, daß mein Apparat abgehört wird.

Der Vergleich ist nicht abwegig. Das Stehlen von intimen Akten – das ist mein Vorwurf an die Justizverwaltung von Nordrhein-Westfalen -- war nichts anderes, als wenn im Sitzungszimmer des Vorstands eine Wanze installiert worden wäre. Das Geschriebene hatte keinen anderen Charakter als das gesprochene Wort in einer vertraulichen Sitzung. Wenn das Abhören mit staatlicher Billigung geschieht und erkennbar nicht geahndet wird, dann läuft dies auf eine permanente Beugung des Rechtsstaates hinaus. Mein Vertrauen in den Rechtsstaat ist nicht wegen schlechter Staatsanwälte und Richter geschwunden, sondern weil das illegale Geschäft des *Spiegels* von politischer Seite geduldet wurde. Es wurde geduldet, weil es in die politische Landschaft paßte und der eine oder andere hieraus politische Vorteile zu ziehen hoffte.

Unabhängig von allen politischen Implikationen hat der *Spiegel* auch sein Sondergeschäft gegen Flick gemacht. Durch das perfide Zitieren von Halbsätzen aus intimsten Aufzeichnungen wurde aus einem hoch seriösen Unternehmen eine Halbmafia. In den sechziger und siebziger Jahren gehörte Flick zu den Firmen, die den Weltruf der deutschen Wirtschaft begründeten. Jetzt sprach selbst die sonst so zurückhaltende *Frankfurter Allgemeine* von dem »Ludergeruch jenes Unternehmens«. Woche für Woche wurde den Lesern des *Spiegels* enthüllt, mit welch kriminellen Methoden große Unternehmen angeblich ihre Geschäfte machen. Damit es auch der letzte begriff, gab es historischen Nachhilfeunterricht: »Das Große Schmieren«, eine vierteilige Serie über Korruption in Deutschland seit Bismarcks Zeiten.

Andere Blätter wollten da nicht hintanstehen. Besonders skurril war die Berichterstattung des Hamburger Konkurrenzorgans *Stern.* Im August 1985 startete das Magazin eine siebenteilige Serie über »den Mann, der Flick jagte«. Ausgebreitet wurde die Lebensgeschichte des Steuerfahnders Klaus Förster, der als Leiter der Steuerfahndung St. Augustin seit 1975 in Sachen Parteispenden recherchiert hatte. Im Januar 1980 war er wegen Widerborstigkeit an das Finanzamt Köln-Ost versetzt worden – Anlaß für den *Stern* , darüber zu spekulieren, welch finstere Mächte Försters Abberufung wohl betrieben hatten, und den Regierungsdirektor zum eigentlichen Helden der Flick-Affäre zu erklären.

Allerdings hatten die Ermittlungen Försters mit dem Hause Flick gar nichts zu tun. Lediglich im Zusammenhang mit Steuerhinterziehungen durch die »Soverdia«, eine Organisation der Steyler Mission in St. Augustin, war im Januar 1980 auch bei uns recherchiert worden. Dabei ging es aber weder um Parteispenden noch um den Vorwurf der Bestechung; hier wurden vom *Stern* Zusammenhänge konstruiert, die selbst Klaus Förster verblüfft haben dürften. Er ließ sich die Geschichte immerhin mit 200 000 DM vergolden – abzüglich fünfzehn Prozent Vermittlungsprovision für Monica Böhme, die Ehefrau des *Spiegel*-Chefredakteurs, die den Deal mit dem *Stern* eingefädelt hatte.

Als ich nach Beendigung des Prozesses einen Journalisten fragte, warum in der Berichterstattung übergangen wurde, was Flick an gemeinnützigen Einrichtungen geschaffen, an Kirchen, Krankenhäusern, Altenheimen gebaut hatte, erhielt ich zur Antwort, dadurch zeichne sich die Mafia immer aus, daß sie sich durch solche Aktivitäten ein Alibi verschaffe.

Als Friedrich Karl sein Unternehmen 1985 an die Deutsche Bank verkaufte, wurden Spekulationen laut, er habe sich wegen des publizistischen Malus von seinem Besitz getrennt. Ich schließe das aus. Öffentlichem Druck nachzugeben entsprach nicht seinem Naturell. Bei einer nüchternen Betrachtung über die Zukunft der Gruppe wird er vielmehr zu dem Ergebnis gekommen sein, daß es für ein Familienunternehmen dieser Größe gesellschaftlich in Deutschland keinen Raum mehr gab. Da war es klug, das Gesetz des Handelns bei sich zu behalten und rechtzeitig zu verkaufen.

Auch ich habe es immer vorgezogen, das Geschehen so weit wie möglich selber zu bestimmen. Ich stand lieber allein, als mir von anderen das Heft aus der Hand nehmen zu lassen. Deshalb habe ich im November 1982 auch der von Friedrich Karl Flick gewünschten Trennung zugestimmt. Im Zuge personeller Neubesetzungen an der Konzernspitze war es damals zu grundlegenden Meinungsverschiedenheiten über die mittelfristige Unternehmensplanung zwischen Flick und mir gekommen. Beraten von seinem Anwalt Detlef Wunderlich, glaubte Flick, durch meine Entlassung ein Zeichen setzen zu können und auf diese Weise elegant aus der ganzen Affäre herauszukommen.

Zwar gab es zwischen den Anwälten beider Seiten einen Dissens über die Frage, ob Friedrich Karl Flick mich ohne Einberufung einer Gesellschafterversammlung überhaupt entlassen konnte. Aber was nutzte mir ein formelles Recht, wenn der Alleininhaber an einer Fortführung des Verhältnisses nicht interessiert war. Da eine Formel gefunden wurde, die unsere Trennung in angemessener Weise beschrieb, und auch die materielle Ausgestaltung schnell geklärt werden konnte, ging ich auf Flicks Angebot ein. Niemand, der die Prozeßakten kennt, wird behaupten können, ich hätte Friedrich Karl Flick hinterher in irgendeinem Punkt in die Verantwortung nehmen wollen. Hätten wir jedoch gemeinsam vor Gericht gestanden, wäre uns manche direkte Konfrontation möglicherweise nicht erspart geblieben.

Eine Führungspersönlichkeit zeichnet sich auch dadurch aus, daß sie bereit ist, sich zu ihrem Handeln zu bekennen. Deshalb habe ich den Prozeß lieber allein geführt und versucht, andere nicht mit hineinzuziehen. Das gilt insbesondere für die betroffenen Politiker. Jede Form der Denunziation ist mir zuwider, und ich habe es stets abgelehnt, schmutzige Wäsche zu waschen. Sicher wäre das Strafverfahren gegen mich entschärft worden, wenn einige hochrangige Politiker unter dem Druck gestanden hätten, mir beispringen zu müssen. Ich habe aber keinem der Mächtigen gedroht, mein Wohlverhalten aufzugeben. Sie wußten, daß sie sich in diesem Punkt auf mich verlassen konnten. Einhundertsiebenundzwanzig Verhandlungstage lang.

Der Preis des Schweigens waren Jahre der Einsamkeit.

Als unzuverlässig erlebte ich in diesen Jahren allerdings nicht nur die Politiker. Bald nach meinem Ausscheiden bei Flick, im Frühjahr 1983 bat mich die Dresdner Bank, mein Aufsichtsratsmandat aufzugeben. Aufsichtsratsmitglieder der Obergesellschaft sollten nach einem ungeschriebenen Gesetz der Großbanken eine aktive Funktion in der gewerblichen Wirtschaft einnehmen. Man bot mir statt dessen zwei Aufsichtsratsmandate in Tochterunternehmen an. Mit Hinweis auf mein laufendes Strafverfahren habe ich gebeten, diese Ersatzmandate zurückzustellen. Nach Abschluß des Verfahrens habe ich daran erinnert, aber man hat sich gedreht und gewunden. Als die Bank vor kurzem ihr 125jähriges Jubiläum in Berlin feierte, wurde ich als ehemaliges Aufsichtsratsmitglied eingeladen, und selbstverständlich bin ich der Einladung gefolgt.

Es gab einige wenige rühmliche Ausnahmen. Ich will an dieser Stelle drei Menschen nennen, die trotz der Anfeindungen dieser Jahre fest zu mir standen und dies auch öffentlich bekundeten: Axel Springer, der mir unmittelbar nach meinem Ausscheiden bei Flick einen Beratervertrag anbot. Edzard Reuter, der meinte: »Werfen wir doch mal einen Stein ins Wasser«, und mir einen Sitz im nordatlantischen Advisory Board von Daimler-Benz gab. Und Hubert Burda, für den ich noch heute beratend tätig bin.

Am Ende habe ich geschafft, was auch meine Freunde nicht für möglich gehalten hätten: Ich erhielt die Chance zu einem Comeback, mein Rat wurde wieder gefragt. Viele von denen, die bemüht gewesen waren, meine persönliche Integrität anzugreifen, und die diesen Zustand gern perpetuiert hätten, versteckten sich feige und versuchten sich als Heckenschützen. Ich habe deshalb ein wenig nachhelfen und einige Leute daran erinnern müssen, daß ich für sie die Kastanien aus dem Feuer geholt hatte.

Ein Journalist, dem ich Anfang der neunziger Jahre die Zusammenhänge zu erläutern suchte, meinte prompt, es habe sich für mich unterm Strich also doch gelohnt. Eine solche Kosten-Nutzen-Rechnung habe ich niemals aufgestellt. Hätte ich mich denn bei Eröffnung des Strafverfahrens fragen sollen, wie ich besser wegkomme: indem ich einige Leute in die Pfanne haue, oder indem ich sie decke und darauf vertraue, später von ihnen »belohnt« zu werden. Dann wäre ich nicht besser gewesen als die, deren Opportunismus mir zutiefst zuwider war.

Was mich in meiner Verteidigung bestimmte, war vielmehr die Überzeugung, daß die Praxis der Parteienfinanzierung erstens nicht von mir erfunden worden war und zweitens von allen Beteiligten, einschließlich des Gesetzgebers und der Finanzbehörden, über Jahre und Jahrzehnte geduldet und gedeckt wurde. Weder hatte ich mich persönlich bereichert, noch waren die gegen mich sonst erhobenen Vorwürfe begründet. Das wollte ich von einem deutschen Gericht klargestellt wissen.

Der *Spiegel* war mit dem Urteil ganz und gar nicht zufrieden. Der Tag der Urteilsverkündung, der 16. Februar 1987, war ein Montag, und so hatte der *Spiegel*, der den ermittelnden Staatsanwälten jahrelang meist um eine Nasenlänge voraus gewesen war, das Nachsehen. Das wurmte. »Die Milde des Landgerichts ist kaum nachvollziehbar«, befand das Blatt voller Wut, das Urteil sei schlicht »eine Nummer zu klein« ausgefallen. Anhand von Präzedenzfällen rechnete man dem Bonner Landgericht auf Heller und Pfennig vor, was meine eigentliche Strafe hätte sein müssen. »Die Gründe, warum das Gericht das maßlose Millionenspiel der Angeklagten als Kleinkriminalität einstufte, lassen sich auf einen Nenner bringen: Im Kern waren es doch ehrenwerte Leute, die da außerhalb von Recht und Verfassung gerieten ... Wer solche Milde erfährt, muß es schon weit gebracht haben.«

Schatten auf Helmut Kohl

Lang ist die Reihe der Politiker, die sich in den Jahren meiner öffentlichen Diffamierung an nichts mehr erinnern wollten. Zu denen, die plötzlich auf Abstand zu mir bedacht waren, zählte auch der neue Bundeskanzler. Einen Tag nach seinem Wahlsieg am 6. März 1983 schrieb ich an Helmut Kohl:

»Lieber Helmut,
voller Freude und Respekt haben wir die Wahlauszählungen verfolgt. In der langen Wegstrecke, die ich Dich nun schon begleiten durfte – ich denke auch an schwierige Perioden –, ist dies sicher der herausragendste Tag gewesen. Möge Dir Gottes Segen zur Seite stehen, um in Gesundheit die schwere Aufgabe zu meistern, die vor Dir liegt, um das Vertrauen Deiner Wähler zu rechtfertigen.

Nun nach dem Wahlkampf ist es meines Erachtens auch an der Zeit, daß die führenden demokratischen Politiker unserer Republik der Öffentlichkeit reinen Wein einschenken über die Selbstverständlichkeit der wesentlichen finanziellen Unterstützung aller demokratischen Parteien durch die Wirtschaft seit Beginn der Republik. Nur so können der unglaublichen Diffamierungskampagne Einhalt geboten und die Stellvertreter-Vorverurteilungen beendet werden. Es werden ohnehin schmerzliche Wunden bestehen bleiben. Jedenfalls scheint es mir besser und kontrollierbarer zu sein, wenn die führenden Politiker diese Initiative ergreifen, als wenn die sogenannten ›Beschuldigten‹ hierzu gezwungen werden, um sich wirksam verteidigen zu können.

Ich warte auf ein Zeichen von Dir und verbleibe mit allen guten Wünschen

Dein Eberhard«

Mir lag an einer öffentlichen Erklärung der neuen Regierung, daß diejenigen, die ihrer Spendenpflicht nachgekommen waren, sich nicht schuldig gemacht hatten. Ich wollte keinen Freispruch, sondern Rückendeckung, keinen Persilschein, sondern mehr Ehrlichkeit. Einen im zweiten Absatz gleichlautenden Brief schickte ich an Hans-Dietrich Genscher. In meinen Unterlagen finde ich weder von ihm noch von Kohl eine Antwort.

Ein Dreivierteljahr später, vor meiner ersten Vernehmung durch den Untersuchungsausschuß Anfang 1984, bat mich der Geschäftsführer der CDU/CSU-Fraktion, Wolfgang Schäuble, um ein persönliches Gespräch. Wir sollten uns möglichst an einem vertraulichen Ort treffen; das Büro Kanter schien mir für diesen Zweck bestens geeignet. Schäuble redete auf mich ein: Der Kanzler bitte mich inständig, jetzt keinen Fehler zu machen und Michael Kohlhaas zu spielen. Ich brauchte mich doch gar nicht so genau zu erinnern. Wir stünden unmittelbar vor einer Amnestie, dann sei ohnehin Schluß mit dem ganzen Zirkus. Ich habe meine Verteidigung daraufhin in einigen Punkten zurückgenommen.

Was die Amnestievorlage der Regierung Kohl anging, die Anfang Mai 1984 eingebracht wurde und binnen zwei Wochen am Widerstand der FDP-Basis scheiterte, so habe ich von Anfang an meine Zweifel gehabt. Das Bundesverfassungsgericht hätte das Gesetz wohl kaum passieren lassen. Was die Regierung jedoch vollkommen unterschätzte, war der geballte Widerstand in der Öffentlichkeit. Schamlosigkeit, Verhöhnung des Rechtsstaats, Verfall der Rechtskultur, pervertiertes Staatsverständnis, so das wütende Echo der Presse. Die *Frankfurter Allgemeine* nannte das Ganze ein Schelmenstück: »Man kann Taktik auch übertreiben«. Die Basis der FDP machte mobil. Genschers Wendemanöver im Oktober 1982 hatte die Partei ohnehin vor eine Zerreißprobe gestellt. Es mußte so aussehen, als habe die Führung der FDP mit dem Koalitionswechsel auch das leidige Thema Parteispenden loswerden wollen. Genscher konnte nicht standhalten.

Der Anfang meiner Beziehung zu Helmut Kohl reicht zurück in die frühen siebziger Jahre. Nachdem er 1969 Ministerpräsident von Rheinland-Pfalz geworden war, bemühte sich Kohl verstärkt um Kontakte zur Wirtschaft. Die Gespräche, die Schleyer und ich damals über die Daimler-Investition in Wörth mit ihm führten, waren für ihn zweifellos hilfreich. Er erfuhr an einem konkreten Projekt, wie Vertreter der Wirtschaft denken, und bald schon tauschten wir uns auch in grundsätzlichen Fragen aus. Hatte ich geschäftlich in Frankfurt zu tun, machte ich auf dem Rückweg gern bei ihm Station. Wir verabredeten uns meist nach Dienstschluß in seinem Büro und gingen dann in die geschmackvoll bescheidene Weinprobierstube in der Staatskanzlei, wo Kohl immer einen guten Tropfen und eine Brotzeit bereithielt.

Schleyer und ich machten Kohl deutlich, wie wichtig es war, daß er frühzeitig erkennen ließ, für welche Wirtschaftspolitik er stand. Nach der Bundestagswahl vom 3. Oktober 1976 gaben wir ihm zu verstehen, daß er mit unserer Unterstützung rechnen könne, wenn er sich entschließe, sein Amt als Ministerpräsident aufzugeben und als Oppositionsführer nach Bonn zu gehen. Kohl hatte mit 48,6 Prozent ein hervorragendes Ergebnis erzielt und war nur knapp an der sozialliberalen Koalition gescheitert. Jetzt zögerte er mit einem Wechsel nach Bonn. Er fürchtete, sich in der Doppelfunktion als Partei- und Fraktionsvorsitzender zu verschleißen. Auch war er in Bonn den Attacken des bayerischen Ministerpräsidenten Strauß in stärkerem Maße ausgesetzt als in Mainz; die Landes-CDU ihrerseits tat alles, um Kohl zu halten.

Ich argumentierte dagegen, daß die Möglichkeit, sich in der Opposition zu profilieren, nur über das Parlament gegeben sei. Kohl habe sich mit dem Wahlergebnis eine hervorragende Ausgangsposition geschaffen, die er nutzen sollte. Ein Regierungswechsel innerhalb der Legislaturperiode rücke nur dann in den Bereich des Möglichen, wenn die politische Auseinandersetzung mit SPD und FDP differenziert geführt werden könne, und das sei nur aus der Fraktionsführung heraus denkbar. Kurz und gut: Kohl war im Herbst 1976 der einzige, der die Kraft zur Integration von Partei *und* Fraktion besaß. Ein Verbleib in Mainz wäre ihm als Rückzug ausgelegt worden.

Kohl gab Amt und Würden auf und ging ins Bonner Feuer. Es war der schwerere Weg, und ich habe ihm das damals hoch angerechnet. Als wir im Frühjahr 1977 eine Bilanz der ersten hundert Tage des neuen Oppositionsführers zogen, konnten wir feststellen, daß wir uns nicht verkalkuliert hatten. Der übliche Hickhack bei der Bildung der Bundestagsausschüsse war ausgeblieben, Kohl führte die Fraktion bald schon an kurzen Zügeln.

Hannelore Kohl als Mutter zweier heranwachsender Söhne betrachtete den Wechsel nach Bonn in erster Linie unter dem Aspekt der Zukunftssicherung und machte sich durchaus Sorgen. Darüber kam es dann zu engeren Kontakten mit meiner Frau, deren Rat sie auch in Erziehungsfragen bisweilen einholte. Hannelore Kohl war von Anfang an sehr umtriebig, und da sie davon ausging, daß ihr Mann in Industriekreisen nicht sehr geschätzt wurde, hat sie die familiären Verbindungen zu uns wohl auch unter diesem Aspekt gesehen.

Von alten Kontakten in der Heimat abgesehen, reichten Kohls Drähte zur Wirtschaft in der Tat nicht sehr weit. So wie ich ihn 1971, während meiner Zeit bei Springer, in Berlin eingeführt hatte, so bemühte ich mich auch nach seinem Wechsel nach Bonn um neue Kontakte. Er hatte sich in Rheinland-Pfalz zwar substantielle Verdienste um den Aufbau neuer Industrien erworben und Modelle entwickelt, die auch bundesweit Schule machten. So war er zum Beispiel der Initiator des Zentralkrankenhauses, ohne das unser heutiges Krankenhauswesen nicht denkbar wäre. Bedauerlicherweise hat es Kohl aber versäumt, aus diesen Erfahrungen Kapital zu schlagen – und sei es nur, um sich seinen Kritikern gegenüber in das rechte Licht zu setzen. Kohl war einer der erfolgreichsten Gesundheitspolitiker auf Länderebene.

Wäre Kohl in Rheinland-Pfalz geblieben, hätte er diese Erfolgspolitik zweifellos fortgesetzt. Aber Kohl, der Landespolitiker mit Witterung für alles, was in Bonn passierte, wollte mehr, und er verstand es immer wieder, auf sich als einen kommenden Mann aufmerksam zu machen. Dabei eilte ihm allerdings der Ruf des Provinzpolitikers voraus, den er bis weit in seine Kanzlerjahre hinein nicht abzustreifen vermochte. Auch für seine Popularität im Bereich der gewerblichen Wirtschaft hat Kohl in der ersten Zeit wenig getan; im Gegenteil, er war unvorsichtig genug, im kleinen Kreis schon mal zu fragen, wie viele Wähler die Wirtschaft denn repräsentiere. Das Thema hatte für Kohl einfach keine Priorität. Auch die Herz-Jesu-Marxisten, die ihn in wirtschafts- und sozialpolitischen Fragen berieten, Männer wie Heiner Geißler oder Norbert Blüm, genossen nicht unbedingt das Vertrauen der Wirtschaft. Unter dem Patronat der FDP kam das Wirtschaftsministerium in der Ära Kohl – um es vorsichtig auszudrücken – auf den Hund.

Interessiert an Fragen der Wirtschaftspolitik war der niedersächsische Ministerpräsident Ernst Albrecht. Ich kannte ihn noch als Finanzchef von Bahlsen. Hermann Bahlsen hatte den fleißigen jungen Mann, der durch kluge Analysen zur europäischen Wettbewerbspolitik auf sich aufmerksam machte, aus Brüssel geholt. Später förderte er nach Kräften seine politische Karriere, zunächst als Oppositionsführer, dann als Regierungschef von Niedersachsen.

Hermann Bahlsen gehörte zu den großen Unternehmerpersönlichkeiten der ersten Stunde, deren Verantwortungsgefühl für das Gemeinwesen mustergültig war. Zu Hanns Martin Schleyer und mir hatte er ein enges und vertrauensvolles Verhältnis entwickelt. Alljährlich am Vorabend der Hannover-Messe gab Bahlsen, der auch im Wirtschaftsrat der CDU eine wichtige Rolle spielte, einen großen Empfang, der für viele das eigentliche Ereignis der Messe war. Hier stellte er uns Albrecht das erste Mal vor.

Nachdem Kohl im Oktober 1976 die Bundestagswahlen knapp verloren hatte, mehrten sich die Stimmen, auch außerhalb der CDU, die den seit einem dreiviertel Jahr amtierenden Ministerpräsidenten von Niedersachsen für einen geeigneten Kandidaten auch auf Bundesebene hielten. Albrecht und ich standen in einem lebhaften Meinungsaustausch. In der Tat wirkte er im Auftreten jünger als Kohl, weniger barock, und er sah »hungriger« aus. Auch hatte er schnell über die Landesgrenzen Niedersachsens hinaus politische Akzente gesetzt. Aber so sehr ich ihn persönlich und in seinen Urteilen schätzte, so deutlich glaubte ich doch auch seine Grenzen zu erkennen. Albrecht war ein Seiteneinsteiger, der sich innerhalb seiner eigenen Partei nicht durchzusetzen vermochte. Er war kein wirklicher »Steher«, und als Alternative zu Kohl habe ich ihn nie gesehen.

Einer der wenigen führenden Politiker der Union, die sich vom traditionellen linkskatholischen Mißtrauen gegenüber einer freien Wirtschaftsordnung freigemacht hatten, war Franz Josef Strauß. Es hat deshalb niemanden verwundert, daß die gewerbliche Wirtschaft in der Frage der Kanzlerkandidatur für die Wahlen 1980 fast geschlossen zu Strauß überwechselte. Die Mehrheit traute Kohl noch immer nicht genügend ökonomische Sachkenntnis und Standfestigkeit zu. Ich habe mich als einer der wenigen jedoch auch weiterhin uneingeschränkt für Kohl stark gemacht. Als Franz Josef Strauß dann seinen Anspruch auf die Kanzlerkandidatur durchsetzte, blieb ich skeptisch.

Zwischen Kohl und Strauß lagen Welten. Außer ihrer Leibesfülle und ihrem Bekenntnis zum Katholizismus gab es kaum Gemeinsamkeiten. Sich für den einen zu entscheiden hieß, sich gegen den anderen zu stellen. Auch im Hause Flick gingen die Meinungen auseinander. Wie schon sein Vater und Konrad Kaletsch hatte Friedrich Karl Flick dank seiner bayerischen Verwurzelung zu Strauß ein besonders herzliches Verhältnis. Die beiden lagen auf der gleichen Wellenlänge, während Kohl und Flick sich nur flüchtig kannten und nie recht warm miteinander wurden.

Ich hatte ein respektables Verhältnis zu Strauß. Besser war allerdings das Verhältnis meiner Frau zu Marianne Strauß. Das war auch darauf zurückzuführen, daß sich unsere Kinder und die Kinder von Strauß sowie sein späterer Schwiegersohn, der Mann von Monika Hohlmeier, auf vielen Reitturnieren trafen. Höhepunkt des reiterlichen Jahres waren die Turniere in Achselschwang am Ammersee, die zu den großen Ereignissen der Military zählen.

Die Frage, wer von beiden die größeren Chancen haben würde, Kohl oder Strauß, war für mich eindeutig zu beantworten. Ich bin noch heute überzeugt, daß Kohl die Wahlen schon 1980 hätte gewinnen können. Die Regierung Schmidt war am Ende; der NATO-Doppelbeschluß zur Nachrüstung bei gleichzeitigem Verhandlungsangebot an die Russen hatte die Partei endgültig gespalten. Die FDP war für jede Koalition zu haben, solange sie nur an der Macht blieb. Alles hing vom Kandidaten der Union ab, und ich konnte mir nicht vorstellen, daß Strauß nördlich der Mainlinie auch nur annähernd die 48,6 Prozent erreichen würde, die Kohl 1976 vorgelegt hatte.

Wenn ich in Interviews und Vorträgen, in den Verbänden und am Rande gesellschaftlicher Veranstaltungen immer wieder betonte, daß der Kandidat Kohl für das bürgerliche Lager eher Erfolg versprach als der Kandidat Strauß, kam ich mir vor wie der Rufer in der Wüste. Es gab damals Leute, die meinten, ohne mich gäbe es den Kandidaten Kohl gar nicht mehr. Als Rocher de bronze stand ich da und warnte, auf Strauß zu setzen: Strauß könne die Wahlen nicht gewinnen. Strauß selber fühlte sich wohl verletzt, ließ es mich aber nur durch die Blume merken. Als wir uns bei einem Essen beim Landeshauptmann von Salzburg gegenübersaßen, gab er sich erstaunt, daß ich wie Peter Schlemihl ohne meinen Schatten erschienen sei.

Helmut Kohl ist ein Volkstribun im positiven Sinn. Seine Kontaktfreudigkeit, seine Kunst im Umgang mit Menschen, seine Lust am Bad in der Menge, sein vollkommen unprätentiöser Stil: das sind Eigenschaften, die einen Vollblutpolitiker auszeichnen. Eine kleine, aber für mich bezeichnende Geste war es, daß Kohl von einem bestimmten Tag an bei Staatsbesuchen nicht mehr mit der Wagenkolonne fuhr, sondern mit den Leuten seines Stabs und ein paar Journalisten in den »Mannschaftsbus« stieg. Auch wenn es ihn mitunter tief gekränkt haben muß, wie Teile der Presse und sogenannte Intellektuelle sein anfangs ungelenkes Auftreten und seinen durch Dialekt eingefärbten Sprachstil dem Spott aussetzten, so wußte er doch instinktiv, daß es besser war, gar nicht erst auf solche Verbalinjurien einzugehen. Kohl sammelte Punkte lieber dort, wo es sich für einen Politiker auszahlt.

Zum Beispiel an der Basis. Jeden Morgen telefonierte Kohl mit einigen Orts- oder Kreisvorsitzenden, fragte nach dem Wetter, nach den Kindern, nach der Arbeit der Partei. Diese Bodenhaftung zahlte sich für ihn doppelt aus: Er konnte Stimmungen frühzeitig erkennen und, wo es ihm nötig schien, auch personell eingreifen, und er verpflichtete sich die Leute an der Basis. Meine Frau war in der CDU in Mettmann engagiert. Strahlend empfing sie der Ortsvorsitzende eines Tages: »Stellen Sie sich vor, ich habe heute morgen den Bundeskanzler am Telefon gehabt.« Er schwebte den ganzen Tag auf Wolke sieben, und anderen wird es ähnlich gegangen sein. Gemacht haben sie dann zwar doch, was sie wollten, aber im traditionell starken Obrigkeitsdenken der Deutschen war ein Kanzler, der sich zu einem Telefonat herabließ, genau der richtige Platzhalter. Auf alle, die er anrief, fiel ein Strahl der Macht.

Die Kehrseite der Medaille war das Besitzergreifende, dem man sich nur schwer entziehen konnte. Bei seinem ersten Besuch bei uns hat sich Kohl das Wohlwollen meiner Kinder dadurch verscherzt, daß er durchs Haus ging und Bilder umhängte. Das war durchaus gut gemeint, nur verfehlte es seine Wirkung. Ähnlich erging es meiner Frau und mir 1983, in der Hochphase der

Parteispendenaffäre, auf dem Ball des Sports. Kohl, Hannelore Kohl und Genscher liefen ein paar Tische weiter an uns vorbei, und Kohl rief mit lauter Stimme durch den Saal: »Eberhard, Helga, kommt doch mit, wir trinken ein Bier zusammen.« Mit jovialer Geste wollte er demonstrieren, daß er, der Bundeskanzler, zu mir stand und daß die alte Männerfreundschaft Kohl – Genscher – Brauchitsch noch galt. Diese polternde, etwas unsensible Art ist wohl landsmannschaftlich begründet, der Pfälzer liebt es, laut aufzutreten. Wäre Kohl kurz an unserem Ehrentisch vorbeigekommen, hätten es auch alle gesehen. Meine Frau und ich blieben sitzen.

Kohl hatte in Mainz eindrucksvoll unter Beweis gestellt, daß er in der Lage war, eine solide Administration zu führen. Die beiden Landesteile Rheinland und Pfalz, die historisch und strukturell wenig miteinander zu tun hatten, waren unter Kohls umsichtiger Führung zusammengefügt worden. Aus einem verschlafenen Kunststaat war ein respektables Bundesland geworden, das Investoren lockte. Fleiß, Zuverlässigkeit und Weitsicht waren die politischen Tugenden, die ihn auszeichneten und die wir in den siebziger Jahren in Bonn schmerzlich vermißten. Dort war eine Tänzertruppe am Werk, deren Politik zur Folge hatte, daß die Einnahmen des Staates aus Einkommen- und Körperschaftsteuer in manchen Landstrichen gegen Null tendierten.

Nach seiner Regierungsübernahme hätte Kohl für eine schnelle Beendigung des aktiven Sozialismus in der deutschen Wirtschafts- und Sozialpolitik sorgen können. Die Bürger hatten mit ihrem Wählervotum vom März 1983 demonstriert, daß sie bereit waren, die Verwerfungen aus dreizehn Jahren sozialliberaler Koalition durch Opfer auszugleichen. Sie rechneten durchaus mit unpopulären Maßnahmen. Die nahezu unbegrenzte Bereitschaft der Bevölkerung und den Bonus des Neubeginns hätte Kohl nutzen können, um alles abzuschaffen, was auf Dauer ruinös für dieses Land ist. Aber Kohl hat diese Chance nicht ergriffen. Er glaubte wohl, auch so durchzukommen.

1989/90 wiederholte sich die Situation, allerdings mit viel weiterreichenden Folgen. Den Westdeutschen war klar, daß die Wiedervereinigung ungeheure Anstrengungen erfordern und horrende Geldmittel verschlingen würde. Sie akzeptierten deshalb ohne großes Murren die Einführung des Solidaritätszuschlags und die bis an die Grenze gehende Aufblähung der Staatsverschuldung. Es war mir ein Rätsel, warum sich die Regierung Kohl bei allen diesen Maßnahmen so zierte und eine völlig überflüssige, geradezu gespenstische Diskussion entfachte; am Ende empfand die Mehrheit den Solidaritätszuschlag als eine Zumutung. Kohl gab sich überzeugt, daß die Kosten der Einheit auch ohne größere Mehrbelastung der Bevölkerung zu begleichen seien, aber im Grunde hat er die Rechnung nie wirklich gemacht. Er war umgeben von Jasagern wie Seiters und Schäuble und hat in allem die Variante durchgesetzt, die ihn die wenigsten Wählerstimmen kostete.

Der Bonus von 1983 war schnell verbraucht. Das, was man bald das Aussitzen nannte, Kohls Methode, sich durchzuwursteln, ist nur die Folge dieses Versäumnisses der ersten Stunde. Das Aussitzen war nichts anderes als der praktizierte Versuch, es sich mit niemandem zu verderben. Statt die Richtlinienkompetenz des Bundeskanzlers voll auszuschöpfen, hat er sich aus Streitigkeiten so lange herausgehalten, bis sich deutliche Mehrheiten abzeichneten. In meinen Augen beruht dieses Prinzip auf einer Fehleinschätzung des Wahlbürgers, der von seiner Regierung Signale erwartet und sich durch eine Politik des Sowohl-als-auch vernachlässigt fühlt.

Manches Problem erledigte sich durch Kohls Wankelmut zwar von selber. Aber zugleich stießen in das Vakuum machtbewußte Leute wie Geißler und Blüm. Die Rechts- und Sicherheitspolitik hat Kohl ganz und gar dem linken FDP-Flügel um Gerhart Baum und Frau Leutheusser-Schnarrenberger überlassen. Er hätte öfter auf den Tisch hauen und die Regierungsmannschaft zur Ordnung rufen müssen, aber er hat die offene Auseinandersetzung gescheut. Aus diesem Grund hat er auch in der Personalpolitik Treue vor Sachverstand gesetzt und sich mit verdienten Weggefährten, insbesondere aus der Mainzer Zeit, umgeben. In seinem tiefsten Innern kann Kohl über diese Facetten seines Tuns nur enttäuscht sein.

Läßt man die deutschen Kanzler seit 1949 Revue passieren, so steht die Innen- und Wirtschaftspolitik auf der Sollseite, die Außenpolitik auf der Habenseite. Das gilt mit Abstrichen selbst für Ludwig Erhard. Erhard war der mit Abstand bedeutendste Wirtschaftsminister, den das Land hatte, aber als Bundeskanzler wurde er zum Watschendepp der Nation. Während sie ihn auf Präsident Johnsons Farm in Texas mit Cowboyhut und Zigarre vorführten, sägten ihm die gleichen Leute zu Hause wegen der Inflationsrate den Stuhl ab. Diese Erniedrigung hat Erhard nicht verdient. Adenauer hatte ihn richtig eingeschätzt: Er widersetzte sich Erhards Ernennung zu seinem Nachfolger im Kanzleramt nicht aus persönlichem Ressentiment oder weil er den Machtverlust fürchtete, sondern weil er Erhards Grenzen kannte.

Außenpolitische Erfolge sind von den Kanzlern der Bundesrepublik immer wieder mit Defiziten in der Innen- und Wirtschaftspolitik erkauft worden. Womöglich hat die Tüchtigkeit der Deutschen die Regierenden zu der Annahme verleitet, dem arbeitenden deutschen Volk sei eigentlich jede wirtschaftliche Belastung zuzumuten. Mit dem Überschuß, den ein Millionenheer fleißiger und sparsamer Arbeitnehmer Jahr für Jahr erwirtschaftete, wurde im Ausland Reputation erkauft. Deutsche Arbeiter, so hatte es den Anschein, sind zu jeder Einschränkung bereit, solange ihnen nur der äußere Frieden erhalten bleibt. Dieses Harmoniebedürfnis, der Wunsch, den anderen endlich beweisen zu können, daß man demokratiefähig ist – und sei es auch nur in Form von Geldtransfers –, rührt wahrscheinlich aus einem grundsätzlich mangelnden Selbstbewußtsein der Deutschen. Unverarbeitete Schuldgefühle als Folge des Zweiten Weltkriegs haben uns im Übermaß spendabel gemacht.

Helmut Kohl war in dieser Beziehung keine Ausnahme. Hierher gehört auch sein vielzitiertes Wort von der Gnade der späten Geburt, das meines Erachtens immer mißverstanden wurde. Es ging Kohl nicht darum, sich aus der Verantwortung zu stehlen und endlich einen Schlußstrich zu ziehen. Die Tatsache, daß sein Jahrgang nicht mehr in persönliche Schuld verstrickt sein konnte, verstand er vielmehr als eine Chance des Neuanfangs in Europa. Die europäische Einigung über alle Gräben der Vergangenheit hinweg bestimmte sein ganzes Denken. Er empfand es wirklich als eine Verpflichtung und als eine Gnade, als Deutscher die Hand zur Versöhnung ausstrecken zu können.

Mit dem Vertrag von Maastricht hat Kohl den europäischen Gedanken wirtschafts- und finanzpolitisch zur Vollendung gebracht. Es bleibt sein Verdienst, den Euro als gemeinsame europäische Währung durchgesetzt zu haben – unter Verzicht auf einen der höchsten Souveränitätsposten, die ein moderner Staat hat, die Finanzhoheit. Das internationale Ansehen Deutschlands ist unter Kohls Regierung weiter gewachsen, die Bundesrepublik gilt heute in allen Bündnissen und Verträgen als verläßlicher Partner. Vieles wurde teuer bezahlt, zu teuer, wie ich meine; die finanziellen Verwerfungen der öffentlichen Hand, unter denen wir heute zu leiden haben, sind zum Teil auch auf Kohls Spendabilität zurückzuführen. So wäre es zum Beispiel nicht nötig gewesen, den Russen als Preis für die Wiedervereinigung Milliardenbeträge zu zahlen, die zum größten Teil gar nicht angekommen sind. Kohl war in dieser Beziehung zu sehr Männerfreund und Künstler, zu wenig Buchhalter.

Der eigentliche Vorwurf aber, den man Kohl nach sechzehn Jahren Regierungszeit nicht ersparen kann, betrifft die Regelung seiner Nachfolge. Eine solche gibt es nämlich nicht. Kohl hat sein Haus nicht bestellt. Aufbauend auf seiner ersten politischen Maxime, die da lautet: Stabilisierung der politischen Macht, hat er alles getan, die Frage seiner Nachfolge gar nicht erst aufkommen zu lassen. Das hat dazu geführt, daß schon jede Andeutung zur

Vorbereitung seiner Nachfolge als Thronsturz, zumindest aber als Reduzierung seiner Macht erscheinen mußte.

Im Hause Flick gab es eine systematische Wiedervorlage: Spätestens ein Jahr nach Anstellung eines Spitzenmannes wurde dieser nach Düsseldorf gebeten und gefragt, ob seine Nachfolge geregelt sei. Jeder Vorstand hatte in seinem Panzerschrank eine Notiz mit dem Namen des potentiellen Nachfolgers zu hinterlegen. Wir in Düsseldorf wollten nicht wissen, wer der Kandidat war. So wie der Vorstand das Recht haben mußte, den Namen jederzeit durch einen anderen zu ersetzen, so waren auch wir frei, dem Vorschlag zu folgen oder ihn zu verwerfen. Jedenfalls war es eine Option, die beiden Seiten Kontinuität sicherte. In der Politik mag eine solche Lösung etwas schwerer durchzuführen sein, aber das Grundproblem ist das gleiche.

Der Bonner Regierungswechsel von der sozialliberalen zur christlich-liberalen Koalition fiel in die Zeit der Eröffnung meines Ermittlungsverfahrens. Schon in diesen Monaten war eine deutliche Abkühlung im Verhältnis Kohls zu mir spürbar gewesen. Als dann im November 1983 Anklage erhoben wurde, verstärkte sich bei mir der Eindruck, daß der Bundeskanzler auf Distanz ging.

Ein Jahr später kam es zum Eklat. Anlaß war, wie so oft, eine Publikation des *Spiegels.* Am 22. Oktober 1984 behauptete das Blatt, Bundestagspräsident Rainer Barzel habe 1973 den Stuhl des CDU-Vorsitzenden nur geräumt, weil ihn der Flick-Konzern über einen Beratervertrag mit der Frankfurter Anwaltskanzlei Paul finanziell abgesichert habe. Kohls Weg an die Spitze der Partei, so die kühne These des Magazins, sei durch Flick-Millionen freigeschaufelt worden.

Barzel verlor die Nerven und trat drei Tage später als Bundestagspräsident zurück. Seither stellt er sich als Opfer dar und versucht den Eindruck zu erwecken, er habe sein Amt aufgrund von Publikationen aus dem Hause Flick verloren. Das ist schon deshalb falsch, weil die entsprechende Korrespondenz nicht vom Hause Flick, sondern vom *Spiegel* veröffentlicht wurde. Es ist aber auch objektiv falsch.

Richtig ist, daß Barzel nach seiner Wahlschlappe gegen Willy Brandt im November 1972 Partei- und Fraktionsvorsitzender auf Abruf war. Unter dem Druck der Parteimehrheit legte er Anfang Mai 1973 den Fraktionsvorsitz nieder und verzichtete wenige Tage später auch auf eine Neukandidatur zum Parteivorsitz. In diesen Wochen hat er sich auf verschiedenen Wegen angelegentlich um eine finanzielle Absicherung bemüht und auch im Hause Flick um Empfehlungen nachgesucht.

Dafür zu sorgen, daß ein verdienter Politiker nicht ins Leere fällt, und zu prüfen, ob man bei seinem Übertritt ins Wirtschaftsleben Hilfestellung leisten kann, scheint mir eine Selbstverständlichkeit. Auch darf man nicht vergessen, daß ein erfahrener Politiker wie Barzel, der über zahlreiche Verbindungen verfügt, als Berater in der gewerblichen Wirtschaft durchaus begehrt ist. Wie der Kontakt zwischen Barzel und der Frankfurter Anwaltskanzlei Paul zustande kam, entzieht sich jedoch meiner Kenntnis. Die Kanzlei Paul, eine erste Adresse in Frankfurt, war seit Jahren regelmäßig für Flick tätig und hat viele Vorgänge des Hauses gutachterlich begleitet.

Einen direkten Zusammenhang zwischen dem Eintritt Barzels bei Paul als wissenschaftlicher Mitarbeiter und einem Beratervertrag zwischen Flick und Paul hatte erst Günter Max Paefgen 1984 in seiner Aussage vor dem Untersuchungsausschuß hergestellt und damit den Stein ins Rollen gebracht. Zwischen 1973 und 1980 waren Paul jährlich gut DM 200 000,- Honorar überwiesen worden. Ich weiß weder, für welche Leistungen im einzelnen Paul dieses Honorar erhielt oder ob es sich um eine Pauschalgebühr handelte, noch kannte ich die Vereinbarung zwischen Paul und Barzel.

Biedenkopfs Formulierung von 1973, Barzel dürfe nicht zum »Sozialfall« werden, konnte sicher mißverstanden werden. Seine

Bitte, Barzel bei der Suche nach einer neuen Position zu unterstützen, hatte jedoch ganz und gar nichts Anrüchiges. In seinen 1987 erschienenen Erinnerungen hat Barzel selbst zugegeben, daß nach der verlorenen Bundestagswahl »meine Zeit an der Spitze nur noch kurz bemessen« war. Von einer Verschwörung zum Sturz Barzels zu reden ist abwegig. Kohl war der Mann der Stunde. Da brauchte niemand nachzuhelfen. Dennoch war der Fall Barzel, als er 1984 durch die Presse hochgespielt wurde, für den Bundeskanzler recht unerquicklich. Und vielleicht hat er sich schon damals gefragt, was da wohl noch alles aus den Flick-Papieren ans Tageslicht gezerrt werden würde.

Die nächste Attacke kam aus einer völlig unerwarteten Richtung. Am 17. Januar 1986 berichtete die *Süddeutsche Zeitung*, daß der Parlamentarische Staatssekretär im Bundesinnenministerium, Carl-Dieter Spranger (CSU), im Dezember 1984 den Präsidenten des Bundesamtes für Verfassungsschutz, Heribert Hellenbroich, aufgefordert hatte, geheimdienstliche Erkenntnisse über meine Person zusammenzustellen. Spranger war bereits mehrfach mit ungewöhnlichen Anfragen bei den Nachrichtendiensten aufgefallen; so hatte er unter anderem Erkundigungen über grüne Abgeordnete eingeholt.

Die Aussagen darüber, was Spranger am 5. Dezember 1984 vom Verfassungsschutz genau wissen wollte, gingen auseinander. Spranger und sein Dienstherr Zimmermann behaupteten stets, es habe lediglich geprüft werden sollen, ob die Flick-Affäre auf Desinformationen gegnerischer Nachrichtendienste zurückgehe. Aber offenbar hatte sich Spranger nicht ganz deutlich ausgedrückt. Hellenbroich jedenfalls notierte sich im Anschluß an die Unterredung: »Am 5. Dezember beauftragte mich Spranger, Erkenntnisse über von Brauchitsch (Flick) zusammenzustellen. Wenn das BfV keine nachrichtendienstlichen Erkenntnisse habe, soll auch der BND angefragt werden. Gibt es in diesem Zusammenhang irgendwelche Hinweise auf active measures in Zusammenhang mit der Spendenaffäre?«

Vierzehn Tage später notierte Hellenbroich nach einem weiteren Gespräch mit Spranger: »Weder bei mir noch beim BND seien Erkenntnisse über von Brauchitsch vorhanden … Zu diesem Punkt wies ich Spranger auf den Fall Kanter hin.« Diesen Namen hatte Hellenbroich auch am Rande seiner Notiz über Sprangers Anfrage am 5. Dezember handschriftlich hinzugefügt, weil der Name Kanter offenbar der einzige Anhaltspunkt für geheimdienstliche Aktivitäten in meinem Umfeld war. Wie man heute weiß, war der Verfassungsschutzpräsident damit durchaus auf der richtigen Spur.

Als die Zeitungen Mitte Januar 1986 den Fall ausgruben, ging Kanter zum Angriff über. Bei Staatssekretär Spranger mahnte er eine »ehrenrechtliche Wiedergutmachung« an: »Ausweislich eines Beitrages in *Die Welt* vom 22. 1. 1986 sollen Sie in einem Gespräch mit dem damaligen Leiter des Bundesamtes für Verfassungsschutz, Herrn Hellenbroich, am 5. 12. 1984 Informationen über gegen mich vorliegende Erkenntnisse angefordert haben. Laut *Frankfurter Rundschau* vom 21. 1. 1986 ist aus Ihrem Haus erklärt worden, mir seien schon öfters Kontakte zu Geheimdiensten nachgesagt worden.« Er, Kanter, verlange vom Bundesinnenministerium deshalb Kenntnis sämtlicher Daten, die über ihn vorlägen. Auch bitte er den Staatssekretär, ihm mitzuteilen, welche Maßnahmen man ergreifen werde, »um meine durch die Verlautbarungen Ihres Hauses verletzte Ehre wiederherzustellen«. Andernfalls sehe er sich gezwungen, »die Rechtmäßigkeit Ihres behördlichen Verhaltens in diesem Punkt streitig überprüfen zu lassen«.

Die Männer des Markus Wolf waren gut geschult. Anfang Februar schaffte es Kanter sogar, einen Leserbrief in der *Welt* zu plazieren: »Geheimdienste östlicher Provenienz kenne ich aus Filmen, Büchern und einschlägigen Fernsehserien.« Die *Welt* entschuldigte sich: Kanters Name sei »aufgrund eines Versehens in diesen Zusammenhang gebracht worden. Die *Welt* bedauert dies.«

Am 11. März 1986 antwortete Staatssekretär Neusel auf Kanters Beschwerde, das Bundesamt für Verfassungsschutz gewähre Privatpersonen grundsätzlich keine Auskünfte. »Andernfalls könnten sich interessierte Personen unschwer Aufschlüsse über den Erkenntnisstand der Verfassungsschutzbehörden verschaffen ... Ausnahmsweise bin ich in Ihrem Falle jedoch bereit, Ihnen mitzuteilen, daß Ihre Person in den Unterlagen des Ministeriums und der Sicherheitsbehörden des Geschäftsbereichs lediglich im Zusammenhang mit Ihrer Zeugenschaft in einem auch Ihnen bekannten Ermittlungsverfahren gegen Unbekannt vermerkt ist.«

Der Brief des Staatssekretärs war wahrscheinlich das schönste Geschenk, das Adolf Kanter je erhalten hat. Bei dem erwähnten »Ermittlungsverfahren gegen Unbekannt« wäre Kanter 1983 im übrigen beinahe aufgeflogen. Der Spionageabwehr war es gelungen, Kanters langjährigen Kontaktmann zu Ost-Berlin zu enttarnen, einen Dr. Werner K., der als Wirtschaftsjournalist unter den Namen »Jennrich« und »Dr. Frank« auftrat. Die beiden waren in der von Kanter gemieteten konspirativen Wohnung in Andernach verabredet gewesen. Der Verfassungsschutz hatte Werner K. von seinem Grenzübertritt an beschattet, mit dem Zugriff in Andernach dann aber sträflicherweise zu lange gezögert. Während die Ermittler vor dem Haus warteten, erhielt Werner K. – buchstäblich in allerletzter Minute – aus Ost-Berlin den Anruf, daß er enttarnt sei und sich auf der Stelle absetzen müsse. Kanter schaffte ihn offenbar durch einen Hinterausgang aus dem Haus und fuhr ihn mit seinem Wagen zum Bahnhof in Koblenz. Hinterher redete er sich mit irgendwelchen Schweizer Geschäftsverbindungen heraus.

Es entbehrt nicht der Ironie, daß Kanter im Januar 1986 dazu herhalten mußte, den Fauxpas des Parlamentarischen Staatssekretärs Spranger auszubügeln. Der hatte nämlich, vertraut man den Unterlagen Hellenbroichs, ganz offensichtlich Auskünfte über mich verlangt. Als man im Ministerium merkte, was Spranger damit angerichtet hatte, berief man sich darauf, daß es in meinem Umfeld einmal zu Verdachtsmomenten gekommen sei, und deshalb sei eine Anfrage, ob die Spendenaffäre möglicherweise von östlichen Geheimdiensten gesteuert werde, durchaus berechtigt gewesen. Mich selber, so ließ die Regierung Ende Januar durch Regierungssprecher Ost versichern, habe man »zu keinem Zeitpunkt wegen Landesverrats verdächtigt«.

Zu dieser Erklärung verstand sich die Regierung allerdings nicht ganz freiwillig. Nachdem sämtliche Zeitungen die erste Meldung der *Süddeutschen* vom 17. Januar aufgegriffen und über Sprangers Informationsbedürfnis spekuliert hatten – »v. Brauchitsch ein KGB-Spion?« lautete die Schlagzeile des Düsseldorfer *Express* fünf Tage später –, griff meine Frau zur Feder. Am 28. Januar 1986 schrieb sie an Bundeskanzler Helmut Kohl und Bundesinnenminister Friedrich Zimmermann folgenden Brief:

»Sehr geehrter Herr Bundeskanzler,
sehr geehrter Herr Bundesinnenminister,
mit Empörung wende ich mich an Sie, nachdem offenbar geworden ist, daß nach der unglaublichen Verleumdungskampagne der letzten Jahre mit Ihrem Wissen gegen meinen Mann, den Sie besser kennen als manch anderer, auch noch der Verdacht des Landesverrates entstehen konnte.

Stillschweigend haben meine Kinder und ich geduldet, daß von Eberhard v. Brauchitsch jahrelang in den Medien ein Menschenbild gezeichnet wurde, das von allen, die ihn kennen, widerlegt werden kann, wenn man es will. Zu jenen gehören auch Sie. Ihr Wort als verantwortliche Träger dieses Staates hätte Gewicht gehabt. Sie haben geschwiegen. Verständnis kann ich dafür nicht haben und viele andere auch nicht. Müssen Politiker so sein?

Diese vorerst letzte Kabale überschreitet nun aber alle Grenzen des Erträglichen. Wie ist es möglich, daß hinter dem Rücken eines Mannes, dessen Fähigkeiten und Tatkraft Sie oft und gern zum Wohl der Allgemeinheit und des Staates in Anspruch genommen haben, der Verdacht ausgelöst wurde, er sei

Agent eines ausländischen Geheimdienstes? Sie müssen mir erlauben, daß sich nun meinerseits der Verdacht aufdrängt, Sie hätten bei all diesem nur politische Macht im Sinn gehabt und die Verfassung unserer Republik sowie die Grundrechte seiner Bürger nicht geachtet, wie man es von Ihnen erwartet …

Als freie Bürgerin dieser Bundesrepublik habe ich ein Recht darauf, daß die ungeheuerlichen Verdächtigungen gegen meinen Mann unverzüglich, eindeutig und für jedermann erkennbar aus dem Weg geräumt und die Verantwortlichen zur Rechenschaft gezogen werden. Sie, meine Herren, kennen die Wahrheit. Es ist deshalb nur recht und billig, daß ich dieses gerade von Ihnen erwarte.«

Kohl antwortete noch am gleichen Tag:

»Liebe Helga,

mit großer Betroffenheit habe ich Deinen Brief vom 28. Januar 1986 erhalten. Der Vertreter des Innenministeriums hat unmittelbar nach dem Bekanntwerden der Verdächtigungen, von denen ich sehr wohl verstehe, daß sie Dich und Deine Familie sehr belasten, mit Deinem Mann telefonisch Kontakt aufgenommen. Er hat dabei klargestellt, daß zu keinem Zeitpunkt irgendein Gedanke dergestalt existierte, daß gegen Deinen Mann Anhaltspunkte für Landesverrat oder etwas Ähnliches bestanden haben …

Ich selbst habe von diesen Vorgängen erst durch die öffentlichen Erörterungen der jüngsten Tage Kenntnis erhalten. Der Gedanke, daß ich von Nachforschungen wegen des Vorwurfs des Landesverrats gegen Eberhard gewußt hätte, ist absurd. Über mein Verhältnis zu Eberhard habe ich die deutsche Öffentlichkeit zu keinem Zeitpunkt in Zweifel gelassen …«

Einen Tag später steckte Kohl wieder mitten im Spenden-Schlamassel. Am 29. Januar erstattete der Grünen-Abgeordnete Otto Schily die erste von zwei Strafanzeigen gegen den Bundeskanzler. Die Aussage Helmut Kohls vor dem Untersuchungsausschuß des Mainzer Landtages vom Juli 1985, daß ihm in seiner Zeit als Ministerpräsident von Rheinland-Pfalz die Rolle der Staatsbürgerlichen Vereinigung bei der Spendenbeschaffung nicht bekannt gewesen sei, stehe, so Schily, in offenem Widerspruch zu Aussagen des Bundeskanzlers vor dem Bonner Untersuchungsausschuß. Überdies habe Kohl Bargeldzahlungen des Hauses Flick verschwiegen, die von seiner langjährigen Sekretärin Juliane Weber entgegengenommen worden seien.

War der Bundeskanzler der uneidlichen Falschaussage überführt? Um abzuwiegeln, meinte Heiner Geißler Mitte Februar in einem Fernseh-Streitgespräch mit Schily, der Kanzler habe in Mainz »möglicherweise einen Blackout« gehabt und die Tragweite seiner Aussage nicht ermessen. In den Führungskreisen der CDU machte sich Katastrophenstimmung breit, die internationale Presse erging sich in Rücktrittsspekulationen. »The Flick affair becomes the Kohl affair«, schrieb die *Financial Times* am 27. Februar 1986.

Der Betrag von 30 000 DM, den Juliane Weber laut Diehl-Listen am 6. Dezember 1977 persönlich bei mir abgeholt hatte, war in den Büchern der CDU nicht aufzufinden. Die Weitergabe eines Betrages von 25 000 DM vom März 1979 ließ sich ebenfalls nicht belegen. Die Rekonstruktion des Geldflusses in jedem Einzelfall und die exakte Bestimmung einzelner Beträge hatten sowohl im Untersuchungsausschuß als auch bei den staatsanwaltschaftlichen Ermittlungen immer wieder zu Mißverständnissen Anlaß gegeben. Grund war das berüchtigte Kürzel »wg.« in den Listen des Flick-Buchhalters Diehl.

Ich schließe nicht aus, daß die fraglichen Beträge gar nicht für Helmut Kohl bestimmt waren. Er hat mich gelegentlich angerufen und nur gesagt »Juliane kommt«. Frau Weber erklärte mir dann, daß in diesem oder jenem Landesverband dieser oder jener Vertrauensmann Kohls unterstützt werden müsse. Frau Weber wartete zehn Minuten, während ich bei Diehl das Geld anforderte. Diehls Eintrag »wg. Kohl« heißt also nicht in jedem Fall, daß Helmut Kohl auch der Empfänger war. Nur eines stand für mich außer Zweifel: Kohl wäre niemals auf die Idee gekommen, eine für die Partei bestimmte Zuwendung für private Zwecke abzuzweigen.

Im Mai wurden die beiden aufgrund von Schilys Anzeigen gegen Helmut Kohl eingeleiteten Ermittlungsverfahren eingestellt. Kohl hatte die schwerste Krise seiner Kanzlerschaft überstanden. Von dieser Zeit an scheint ihm mein Name wie ein Menetekel vorgekommen zu sein. In den folgenden Jahren sind wir uns persönlich kaum noch begegnet.

Drei Tage nach dem Fall der Berliner Mauer, am Sonntag, dem 12. November 1989, rief ich Klaus Kinkel in Bonn an. Kinkel, den ich aus der Zeit kannte, als Genscher noch Innenminister war, bekleidete damals den Posten des Staatssekretärs im Bundesjustizministerium. In dieser Funktion war er sicher nicht der ideale Ansprechpartner, aber zum einen saß er mit am Kabinettstisch, zum anderen vertraute ich auf sein enges Verhältnis zu Genscher. Der Außenminister selbst war in den Tagen der Wende genauso unerreichbar wie der Bundeskanzler.

In Anbetracht des desolaten Zustands der ostdeutschen Wirtschaft, sagte ich zu Kinkel, sei vor allem ökonomischer Sachverstand nötig. Falls man dies von seiten der Bundesregierung wünsche, würde ich mich zur Verfügung stellen; ich sei sowohl parteipolitisch als auch den deutschen Wirtschaftsunternehmen gegenüber unabhängig. Kinkel begrüßte meine Initiative: Er werde Genscher bei erster Gelegenheit ansprechen. Ich müsse allerdings wissen, daß Genscher keine Entscheidung ohne Rücksprache mit Kohl treffe. Ich betonte, daß ich die persönlichen Querelen mit Kohl zurückstellen würde. Wenn der Bundeskanzler auf mein Engagement Wert lege, wäre das für mich eine Art Korrektur seines bisherigen Verhaltens.

Neun Tage später rief mich Kinkel in New York an. Genscher

habe Kohl auf das Thema angesprochen, und der Bundeskanzler sei »enthusiasmiert« gewesen; ob er sich schon gemeldet habe. Als ich verneinte, versprach Kinkel, bei Juliane Weber nachzufassen. Zum Jahreswechsel schrieb mir Kinkel, es sei ihm höchst peinlich, daß ich in der besprochenen Angelegenheit noch keine Reaktion erhalten hätte.

Bei der Feier zum sechzigsten Geburtstag von Tyll Necker am 2. Februar 1990 sprach Kohl mich an. Wir sollten uns bald einmal unterhalten; im Moment sei sein Terminkalender voll, er werde sich jedoch Anfang März melden. Auf Kohls eigener Geburtstagsfeier am 3. April 1990 hatte ich Gelegenheit zu einem kurzen, freundlichen Wortwechsel mit Helmut und Hannelore Kohl sowie zu einem Geplänkel mit Juliane Weber, die sich über Kohls Wunsch nach einem Treffen mit mir unterrichtet zeigte. »Wenn uns nur der *Spiegel* nicht zusammensieht«, meinte sie scherzend, »dann gibt es gleich neuen Ärger.«

Am 29. Oktober 1990 kam es dann endlich zu einem Besuch im Kanzleramt. Kohl eröffnete das Gespräch mit einigen privaten Fragen, erkundigte sich nach dem Wohnsitz meiner Familie und interessierte sich insbesondere auch für die Verhältnisse im Hause Flick. Nach einigen einleitenden Bemerkungen meinerseits stießen wir zum Kern der Sache vor. Es bringe meines Erachtens nicht viel, die Dinge, die seit einigen Jahren offensichtlich zwischen uns stünden, aufzuarbeiten. Nur zwei Details wolle ich klarstellen: Erstens habe es niemals irgendwelche Privat-Dossiers des Hauses Flick über Politiker gegeben. Zweitens sei ich auch nach meinem Weggang aus Deutschland niemals steuerflüchtig gewesen. Das seien gezielte Desinformationen.

Auch wenn die Narben noch immer nicht ganz verheilt seien, müsse man jetzt nach vorn schauen. Wenn Kohl bereit sei, in bezug auf meine Person Flagge zu zeigen, gäbe es mehrere Optionen. Da ich meine Kollegen in der gewerblichen Wirtschaft immer dazu angehalten hätte, mit sechzig Jahren sämtliche Exekutivposten niederzulegen, könnte ich aus Gründen der Glaubwürdigkeit keinen Vorstandsposten annehmen. Für einen geeigneten Aufsichtsrats- oder Verwaltungsratsposten stünde ich dagegen zur Verfügung. Das gelte sowohl für die Treuhandanstalt, sollte Jens Odewald sich zurückziehen, als auch für die Lufthansa oder die Deutsche Bahn. Aufgrund meiner Erfahrungen bei der Lufthansa und als langjähriger Vizepräsident des Verwaltungsrats der Bahn hielt ich mich für ausgewiesen.

Die Lufthansa käme nicht in Betracht, meinte Kohl, da der Bund sich hier in Kürze auf eine Schachtelbeteiligung zurückziehen werde, und bei der Bahn wolle er keinen Einfluß nehmen. (In Klammern sei angemerkt, daß Kohl wenig später dafür sorgte, daß Wolfgang Röller den Aufsichtsrat der Lufthansa übernahm und sein Freund Heinz Dürr mit dem Vorstandsvorsitz der Bahn belohnt wurde.) Kohl versprach, über eine geeignete Verwendung für mich nachzudenken. Nach den Bundestagswahlen vom 2. Dezember werde er auf mich zukommen.

Die Monate gingen ins Land. Bei mir verfestigte sich der Eindruck, daß Kohl, der Vakanzen gern nach Opportunitätsgesichtspunkten besetzte, sich auch in meinem Fall fragte, wie eine neuerliche Verbindung zwischen ihm und mir von Kritikern wohl aufgenommen werden würde. Weil er offenbar fürchtete, daß es ihm persönlich schaden könnte, wenn ich auf seinem Ticket fuhr, hielt er sich, entgegen seiner Ankündigung, bedeckt. In diesem Zusammenhang sollte freilich berücksichtigt werden, daß der SPD für ihre Zustimmung zu verfassungsändernden Gesetzen im Zusammenhang mit der Wiedervereinigung Präferenzen bei der Restrukturierung der Wirtschaft in den neuen Bundesländern eingeräumt worden waren. Die unglückliche zentralistische Struktur der Treuhandanstalt wäre andernfalls ebenso unverständlich wie die Ernennung von Detlev Karsten Rohwedder oder Reiner Maria Gohlke.

Nachdem mehr als ein halbes Jahr seit unserem Treffen vergangen war, rief ich am 29. Mai Juliane Weber an und fragte, ob ich noch mit einem Ergebnis rechnen könne. Im Juli kam über meinen alten Freund Josef von Ferenczy ein Kontakt zum stellvertretenden Leiter des Bundespresseamts, Wolfgang Gibowski, zustande, dessen Bemühungen jedoch ebenfalls fruchtlos blieben. Es bedarf keiner allzu großen Phantasie, zu erraten, welche Kräfte in Kohls politischem Umfeld ein Interesse daran hatten, mich fernzuhalten. Lange nach Beginn meiner Tätigkeit bei BSL gestand mir Wirtschaftsminister Rexrodt: »Wenn Sie wüßten, welche Leute sich gegen Ihre Verwendung stark gemacht haben, würden Ihnen die Haare zu Berge stehen.«

Am 11. November 1991, auf den Tag genau zehn Jahre nach Beginn der Parteispendenaffäre, schrieb ich an Helmut Kohl. Es sei seit unserem Gespräch nunmehr ein Jahr vergangen, ohne daß er das angekündigte Zeichen gegeben habe. »Ich glaube, lieber Helmut, wir sollten es nun dabei belassen. Schade, meine Gedanken über Geschichte und Verlauf unserer Bekanntschaft hätten eine Abrundung verdient.«

Vierzehn Tage später gratulierte mir Kohl zu meinem 65. Geburtstag: »Mein Glückwunsch gilt einem Mann, dem das Leben viele Erfolge geschenkt, aber auch manche Prüfung auferlegt hat. Wie Du diese Herausforderungen bestanden hast, verdient Respekt und Anerkennung. Trotz aller Anfechtungen hast Du nie resigniert, den Blick immer nach vorne gerichtet und Dich neuen Aufgaben gewidmet. Ich denke, daß Du Dich jetzt nicht – wie viele andere zu diesem Zeitpunkt – davon zurückziehen, sondern auch weiterhin Dein Wissen, Deine Kompetenz und Erfahrung in den Dienst der Wirtschaft stellen wirst.«

Angesichts unseres Gespräches vom Oktober 1990 mußte ich einen so allgemein gehaltenen Brief geradezu als Hohn empfinden. Zumal Kohl in einem handschriftlichen Postskriptum hinzugefügt hatte: »Auf Deinen Brief vom 11. XI. will ich noch gesondert antworten.« Bei dieser Ankündigung ist es geblieben. Die Hinhaltetaktik, das Bemühen, jede Konkretisierung einer Zusage möglichst zu umgehen, lag offen zutage. Kohl war ein Pragmatiker, der darauf achtete, wo die stärkeren Bataillone standen.

Wahrscheinlich hat er mich nach Beendigung meines mehrjährigen Strafverfahrens als verbraucht angesehen und über ein konkretes Angebot nicht weiter nachgedacht. Ich wollte mich mit einer solchen Ausgrenzung durch Helmut Kohl jedoch nicht abfinden, ich wollte Butter bei die Fische.

Im November 1990 hatte ich an der Talkshow von Radio Bremen, Drei nach neun, teilgenommen und dabei den Journalisten Giovanni di Lorenzo schätzen gelernt. Di Lorenzo hatte mir ein großes Interview im Magazin der *Süddeutschen Zeitung* angeboten, und in zwei ausführlichen Gesprächsrunden, einmal in Zürich, einmal auf der Bühlerhöhe, war ein umfangreicher Text zustande gekommen. Dieses Interview gab ich jetzt frei. Es erschien am 13. Dezember 1991 als Aufmacher des *SZ*-Magazins unter dem Titel »Der Preis des Schweigens«.

Am Ende des Interviews richtete ich einen direkten Appell an Helmut Kohl: »Im September vergangenen Jahres hat mir die 7. Große Strafkammer des Landgerichts Bonn meine Strafe erlassen. Die Bewährungsfrist war vorbei, ich habe mir nichts zuschulden kommen lassen. Die Männer, denen ich durch meine Haltung genutzt habe – ich meine die Politiker und persönlich den Bundeskanzler –, hätten jetzt viele Monate die Chance gehabt, irgendein Signal zu setzen und zu sagen: Die Strafe ist erlassen, die Sache ist vorbei, scheißegal. Es gibt genug Wirtschaftsunternehmen, die haben Signale gesetzt und meine Geschichte nicht wie Porno behandelt. Warum zum Teufel sind die Burschen bei der Bundesregierung zu feige, um hier einfach ein Signal zu setzen?«

Die Wirkung des Interviews war fulminant. Es erschien am Tag der Eröffnung des CDU-Parteitags, und alle Delegierten hatten es gelesen. Zum ersten Mal in unserer langen Geschichte versäumte es Kohl, mir einen Weihnachtsgruß zu schicken. Im Februar hörte ich aus zuverlässiger Quelle, daß er »stinksauer« sei.

Ende März schrieb ich Kohl zum Geburtstag: »Du hast Dich in

den letzten Jahren entschlossen, Entscheidungen zu fällen und Wege zu gehen, die von Leuten, auf deren Urteil Du früher Wert gelegt hast, kritisch begleitet worden sind. Und gewiß wirst Du auch Gründe gehabt haben, warum Du im Umgang mit solchen alten Wegbegleitern Deine Identität relativiert hast.« Es klang ein wenig nach Abschied.

In der Zwischenzeit suchte Klaus Kinkel, der im Dezember 1990 zum Justizminister ernannt worden war, meinen Rat in der Frage der durch die Wiedervereinigung verursachten Restitutionsansprüche. Mit Wilfried Scharnagl und Jürgen Möllemann sprach ich über die Nachfolge von Jens Odewald bei der Treuhand. Direkte Anfragen aus der gewerblichen Wirtschaft häuften sich. Alle waren überrascht zu hören, daß ich für neue Aufgaben zur Verfügung stand und nur auf ein Zeichen wartete.

Am 7. Mai 1993 war es soweit. An diesem Tag wurde Birgit Breuel im Neuen Schloß in Stuttgart der Preis der Hanns Martin Schleyer-Stiftung überreicht. Beim anschließenden Empfang ging ich mit einem Glas Wasser auf die Terrasse. Helmut Kohl stand dort mit Waltrude Schleyer. »Eberhard, stell dich zu uns und laß uns einen Schluck trinken,« rief er, wie immer laut und mit ausladender Geste. Er goß etwas von seinem Rotwein in mein Glas und stieß mit mir an. »Man hört ja gar nichts mehr von dir«, meinte Kohl. Der altvertraute Ton in seiner Stimme überraschte mich.

Nachdem er mich beim Empfang nur mit Mühe begrüßt hatte, war ihm offenbar aufgefallen, daß ich bei den anderen Ehrengästen sehr viel herzlichere Aufnahme fand. Das veranlaßte Kohl wohl zu einer Wende in seinem Verhalten mir gegenüber. Wir unterhielten uns etwa eine halbe Stunde, was von den Anwesenden aus der Entfernung mit großer Verwunderung aufgenommen wurde. Dann mußte ich aufbrechen. Wir sollten das Gespräch bald fortsetzen, meinte Kohl, und ich erwiderte: »Wenn der Kanzler mich ruft, komme ich.«

Am 1. Juni hatte ich meinen Termin bei Kohl. Wie schon im Oktober 1990 tasteten wir uns zunächst vorsichtig ab. Ich suchte ihm klar zu machen, warum ich verärgert und enttäuscht sei. Ich hätte fest damit gerechnet, daß er Flagge zeige. Es sei alles eingeleitet gewesen, unterbrach mich Kohl. »Aber dann erschien dieses Interview. Da habe ich alles gestoppt.« Ob er hier nicht Ursache und Wirkung verwechsle, fragte ich, schließlich wäre das Interview niemals erschienen, wenn er mich nicht so lange hingehalten hätte, daß bei mir der Eindruck entstehen mußte, er wolle mich verschaukeln.

Dann kamen wir auf meine zukünftige Verwendung zu sprechen. Gleich nach unserer Stuttgarter Begegnung habe er Weisung gegeben, so Kohl, entsprechende Möglichkeiten zu prüfen, mehr könne er im Moment nicht sagen. Ich würde mich also erneut in den Wartestand begeben, antwortete ich. Um mich nicht dem Vorwurf mangelnder Offenheit auszusetzen, müsse ich ihn, Kohl, allerdings darauf aufmerksam machen, daß demnächst ein weiteres kritisches Interview in der *Super Illu* erscheine. Kohl machte ein Gesicht, als wenn er Zitronen gegessen hätte.

Drei Tage später rief Birgit Breuel an: »Ich hatte gerade einen Anruf des Kanzlers. Ich höre, Sie vertragen sich wieder.« Wie wir denn jetzt zusammenkämen? Die Vorschläge von Frau Breuel waren allgemeiner Natur – so sollte ich die Verkäuflichkeit von Ost-Produkten auf dem Weltmarkt evaluieren –, während ich darauf aus war, eine konkrete Aufgabe zu übernehmen.

In einem Gespräch mit dem für den Bereich Chemie zuständigen Treuhand-Vorstand Klaus Schucht zeichnete sich dann schnell ab, daß mein Rat und meine Erfahrung bei der Suche nach einem Gesamtkonzept für die mitteldeutsche Chemie nützlich sein konnten. Im Winter 1993/94 übernahm ich den Vorsitz im Aufsichtsrat der Buna AG in Schkopau und der Sächsischen Olefinwerke SOW AG in Böhlen.

Der Wiederaufbau von Buna

Kein Berliner, der je auf der Transitstrecke Richtung Leipzig fuhr, vergißt die Elbbrücke kurz vor Dessau mit dem gemauerten, quadratischen Brückenturm. In altmodischen Schnörkeln prangte dort groß die Inschrift: »Plaste und Elaste aus Schkopau«. Das Ensemble aus Wehrhaftigkeit und propagiertem Fortschritt wirkte besonders skurril. Wie an vielen anderen Stellen der Transitstrecke wurde hier stolz für Produkte geworben, die im Westen nicht einmal dem Namen nach bekannt waren.

Hinter Dessau wurde die Landschaft grau und grauer, und das ganze Elend der DDR faßte einen an. Über dem Großraum Halle, im Chemiedreieck Wolfen–Bitterfeld–Leuna, lag fast immer ein übelriechender gelber Schleier. Wer hier wohnte und arbeitete, wurde von der übrigen Bevölkerung nicht beneidet. Einer der Hauptverursacher der Staub- und Schadstoffemissionen in dieser ökologischen Wüste war das Kombinat VEB Chemische Werke Buna, auf halbem Weg zwischen Halle und Merseburg.

Der Grundstein für die Anlagen zur Gewinnung von Synthetikkautschuk in großem Maßstab war im April 1936 gelegt worden. Bauherr war die IG Farben, den Standort Schkopau hatte das Heereswaffenamt bestimmt. Deutschland sollte unabhängig werden von kriegswichtigen Rohstofflieferungen aus dem Ausland. Das wichtigste Verfahren zur Herstellung von künstlichem Kautschuk basierte auf *Bu*tadien und *Na*trium; sie gaben Buna den Namen.

Die Kriegsschäden durch Bombeneinwirkung hielten sich in Grenzen, im April 1945 waren die Anlagen weitgehend funktionstüchtig. Erst kamen die Amerikaner, die das Werk stillegten,

Anfang Juli zogen die Russen ein. Unter ihrer Aufsicht wurde die Produktion wiederaufgenommen und erweitert. Grundstoff für die meisten der in Schkopau hergestellten Produkte war Karbid, und Buna wurde zum größten Karbiderzeuger Europas. Ein trauriger Erfolg angesichts der giftigen Ablagerungen von Karbid und Quecksilber, die metertief das Gebiet um Schkopau noch heute schwer belasten.

Als größter Plastehersteller der DDR mit fast 30 000 Beschäftigten zählte das Kombinat in den achtziger Jahren zu den wichtigsten Produktionseinheiten der DDR. Mit der Wirtschaftlichkeit freilich war es wie überall im Staatssozialismus: Da es Markt und Wettbewerb nicht gab, wußte niemand zu sagen, wie realistisch die jährlich mitgeteilten Erfolgszahlen waren und ob die Produkte aus Schkopau am Weltmarkt überhaupt konkurrieren konnten. Die letzte zu DDR-Zeiten erstellte Bilanz wies eine Summe von mehr als 8,6 Milliarden Mark der DDR aus. Mit der Währungsunion im Sommer 1990 war diese Bilanz auf einen Schlag hinfällig.

Unter dem Druck der Öffentlichkeit hatte der Ministerrat der DDR im Februar 1990 in einem halbherzigen Konzept eine schrittweise Stillegung der Karbochemie bis Mitte der neunziger Jahre beschlossen. Die extremen Umweltbelastungen einer völlig veralteten und unwirtschaftlichen Technologie waren der Bevölkerung nicht länger zumutbar gewesen. Wollte man den Industriestandort retten, mußte das Karbid durch Grundstoffe auf petrochemischer Basis ersetzt werden. Diese Notwendigkeit hatte die Plankommission der DDR schon Ende der sechziger Jahre erkannt; wegen mangelnder Devisen waren die Pläne zur Umstellung jedoch immer wieder aufgeschoben worden.

Als sich 1989/90 das ganze Ausmaß des Desasters der DDR-Wirtschaft abzeichnete, haben die verantwortlichen Politiker in Bonn sämtliche Warnungen in den Wind geschlagen. Weder die Bundesbank noch renommierte Wirtschaftsforschungsinstitute noch die gewerbliche Wirtschaft konnten die Bundesregierung von ihrem Kurs der wohlfeilen Beitrittspolitik abbringen. Aus Gründen, die unter ökonomischen Gesichtspunkten nicht nachvollziehbar waren, suchte Bonn, allen voran der Bundeskanzler, eine »politische« Lösung. Um den Exodus Richtung Westen zu stoppen und die Menschen im Lande zu halten, müsse man so schnell wie möglich gleiche Lebensbedingungen schaffen, hieß es. Voraussetzung dafür war die Einführung der D-Mark in der DDR, die in jenen Monaten als »Beitrittsgebiet« bezeichnet wurde.

Bundesbankpräsident Karl Otto Pöhl und andere hatten immer wieder einen Kassensturz angemahnt. Den von der Bundesregierung gewünschten Umrechnungskurs 1 : 1 beziehungsweise 2 : 1 hielt er für unrealistisch. Dennoch wurde am 1. Juli 1990 die Währungs-, Wirtschafts- und Sozialunion eingeführt und die Mark der DDR der D-Mark mehr oder weniger gleichgesetzt. Da der Umtausch ohne Nachweis der Mittelherkunft erfolgte und die Notenpressen der DDR bis zur letzten Stunde arbeiteten, hängt das Damoklesschwert vagabundierender D-Mark-Milliarden aus Ostvermögen noch immer über uns.

Es ist meine feste Überzeugung, daß in den Verhandlungen über die Währungs-, Wirtschafts- und Sozialunion die Vertreter Bonns sich von den Profis aus dem Osten über den Tisch haben ziehen lassen. Der Einigungsvertrag zählt zu den miserabelsten Vertragswerken, die je in deutscher Sprache abgefaßt wurden. Es wäre durchaus denkbar, daß uns im Zuge der Wiedervereinigung 1989/90 auf kaltem Wege doch noch der Sozialmarxismus der SED eingeholt hat. Das Techtelmechtel zwischen SPD und PDS könnte ein Beweis dafür sein, daß die vereinigte Linke von der Hoffnung getragen ist, aus dem Bankrott des Staatssozialismus am Ende noch Honig zu saugen und gemeinsam auf einen späten Sieg hinzuarbeiten.

Die Probleme der Wiedervereinigung lassen sich am Beispiel Berlins besonders gut ablesen. Die Stadt ist nicht in der Lage, ihre Hauptstadtfunktion auch nur zu erkennen, geschweige denn wahrzunehmen. Der Westberliner Klüngel hat sich offenbar auf ewige Zeiten in der Schrebergartenmentalität der siebziger und achtziger Jahre eingerichtet, als Berlin mit Milliardensubventionen aus Bonn zur Insel der Glückseligen wurde. Im Osten der Stadt läuft kaum etwas ohne die PDS, die es in den Nostalgiebezirken auf fünfundzwanzig Prozent und mehr Wählerstimmen bringt. An der Spitze der beiden großen Parteien stehen seit Jahren unverändert die gleichen Personen.

Es wird leider immer wieder vergessen, daß das freie Berlin ein halbes Jahrhundert nur dank eines starken Engagements einzelner überleben konnte. Um in den Zeiten des kalten Krieges die Westalliierten bei der Stange zu halten und dem Ostteil etwas Lebensfähiges entgegenzusetzen, waren zahlreiche, auch private Initiativen nötig. Das Verdienst von Axel Springer, der neben allem anderen auch Hans-Jochen Vogel und Richard von Weizsäcker überredete, nach Berlin zu kommen, kann in diesem Zusammenhang nicht genug gerühmt werden. Mit der Wiedervereinigung aber schienen Menschen, die sich bis an die Grenze persönlicher Gefährdung ein Leben lang für Berlin eingesetzt haben, plötzlich vergessen.

Seit Kriegsende lag die Führung der Stadt meist in Händen von Leuten, die von außen gekommen waren: von Ernst Reuter über Willy Brandt bis Richard von Weizsäcker. Es wären auch noch andere gekommen, wenn der Wechsel nach Berlin nicht soviel Ungemach bedeutet hätte. Nachdem Weizsäcker der Stadt den Rücken gekehrt hatte, wurde die Führung Berlins zweitklassig. Weizsäcker hatte wiederholt erklärt, das Amt des Regierenden Bürgermeisters sei die Erfüllung seiner politischen Karriere, nichts könne ihn aus dieser Stadt wieder wegbringen. Dann hat man ihn angeblich ins höchste Amt gedrängt. Weil er nach solchen Weihen strebte, zog er von dannen, ohne daß er sein Haus bestellt hätte. Seither ist Berlin endgültig in der Mittelmäßigkeit versunken.

Die »Frontstadt« war bis zur Wende eine künstliche Stadt, zugleich Brückenkopf der Freiheit und beschauliche Idylle. Ein solches Gebilde mußte nach eigenen Regeln regiert werden. Aber es war ein Irrtum, 1989/90 zu glauben, daß Leute, die über Jahrzehnte mit künstlicher Nahrung am Leben gehalten worden waren, in der Lage sein könnten, unter extremen Bedingungen eine Hauptstadt aufzubauen. Statt die Momper und Diepgen weiter zu päppeln, hätten die Bonner Parteizentralen jeweils eine Handvoll Spitzenleute an die Spree entsenden und die dortigen Führungsmannschaften austauschen müssen.

In den neuen Bundesländern wurde es ja ebenso gehandhabt, weil es dort ersichtlich an kompetenten Politikern fehlte. Hätte man die Stadt von Anfang an wie das sechste der neuen Bundesländer behandelt – was ja auch finanziell der Wirklichkeit nähergekommen wäre –, dann wäre Berlin viel leichter in die neue Hauptstadtfunktion hineingewachsen. Statt dessen versucht man seit zehn Jahren, den Anachronismus des Sonderstatus aufrechtzuerhalten, und wird doch nur von drittklassigen Ministerialbeamten am Gängelband geführt.

Unmittelbar nach dem Fall der Mauer hatten sich die ersten Abgesandten der großen Chemieunternehmen an Rhein und Main im Raum Halle–Leipzig–Dessau umgeschaut. Nicht nur die Nachfolgefirmen der IG Farben – Bayer, Hoechst und BASF –, sondern auch zahlreiche andere deutsche wie nichtdeutsche Unternehmen bekundeten in der Stunde des Aufbruchs durchaus berechtigtes Interesse. In Schkopau knüpften sich viele Hoffnungen an die Hüls AG, die als eine Art Schwesterunternehmen betrachtet wurde. Das 1938 als zweites großes Buna-Werk von der IG Farben in Marl gegründete Unternehmen hatte sich nach dem Krieg zum führenden Produzenten von Synthesekautschuk in der Bundesrepublik entwickelt.

Am 10. Mai 1991 war Helmut Kohl in Schkopau gewesen und hatte der Belegschaft die Hilfe der Bundesregierung garantiert.

Niemand dürfe sich jedoch Illusionen hingeben, das Ausmaß der zu bewältigenden Schwierigkeiten sei enorm. Oberstes Ziel müsse es sein, »ein Optimum an Arbeitsplätzen unter wirtschaftlich vertretbaren Bedingungen zu gewährleisten«.

Die traditionelle Kautschukproduktion hätte unter wirtschaftlichen und ökologischen Gesichtspunkten schon zu DDR-Zeiten aufgegeben werden müssen. Zweifellos zeugten die Buna-Produkte von einer guten Qualität, aber angesichts der Produktionskosten waren sie unrentabel und konnten im internationalen Wettbewerb nicht bestehen. Eine Alternative zur Stillegung schien es nicht zu geben, und bis zum Herbst 1994 hätte niemand einen Sechser darauf gewettet, daß ein Investor dazu zu bringen wäre, in Schkopau auf eigene Kosten eine moderne Kautschukfabrik zu bauen.

Die Sicherstellung der Rohstoffbasis – Öl oder Gas statt Kohle – war für die Zukunft von Buna von existentieller Bedeutung. Diese Frage konnte jedoch nur im Zusammenhang mit einem Gesamtkonzept für das mitteldeutsche Chemiedreieck beantwortet werden. Eine traditionelle Verbindung bestand zwischen der Buna in Schkopau und den Sächsischen Olefinwerken in Böhlen (SOW). Das Hydrierwerk war in den zwanziger Jahren in Betrieb genommen worden und stand später, ähnlich wie die Kautschuksynthese in Buna, im Zeichen der Autarkiebestrebungen des Dritten Reichs. Aus Kohle sollte hier in großen Mengen Öl und Benzin gewonnen werden.

Wenige Monate nach Schließung der Karbochemie in Buna, um die Jahresmitte 1991, waren wegen der Umweltbelastung auch in Böhlen sämtliche Aktivitäten zur Kohleveredlung und der Betrieb des eigenen Kohlekraftwerks eingestellt worden. Die Technologie der in den siebziger Jahren in Böhlen parallel entwickelten Erdölverarbeitung erwies sich unter Marktbedingungen zwar als ineffizient. Da aber die Olefinerzeugung und -verwertung als Kerngeschäft von Böhlen in die Zukunft gerettet werden sollte und andererseits das Hauptprodukt von Böhlen, das Ethylen, vollständig in Buna und Leuna weiterverarbietet wurde, war eine Privatisierung der drei Betriebe nur im Verbund denkbar. Die Verschmelzung von Buna und SOW Ende 1993 war für die Treuhand deshalb der erste Schritt zur Privatisierung; die Polyethylenanlage von Leuna kam als sinnvolle Ergänzung hinzu. Der Kernbereich von Leuna einschließlich einer neuen Raffinerie wurde zusammen mit der Minol von dem französischen Konzern Elf Aquitaine übernommen.

In Böhlen gab es starke Bedenken gegen den Verbund mit Buna. Geschäftsführung und Betriebsrat fürchteten, daß dies zu Lasten der SOW gehen und diese als reiner Zulieferer von der Buna an die Wand gedrückt werden könnten. Die Rivalität zwischen den Ländern kam erschwerend hinzu. Böhlen liegt in Sachsen, zuständig war die Landesregierung in Dresden; Buna gehört zu Sachsen-Anhalt, hier regierte Ministerpräsident Höppner. Das jahrzehntelange Mißtrauen der gesamten DDR-Bevölkerung gegenüber der privilegierten Hauptstadt Berlin war nach der Wende umgeschlagen in einen starken Länderegoismus. Jeder Landeschef wachte eifersüchtig darüber, welche Gelder wohin flossen. Auch als es später um den Sitz des fusionierten Unternehmens ging, waren wir noch einmal mit dieser Frage konfrontiert. Im Laufe der Zeit konnte die Standortkonkurrenz jedoch abgebaut werden, heute stellt sich das Problem nicht mehr.

Als ich im Winter 1993/94 den Vorsitz in beiden Aufsichtsräten übernahm, bestand die Hauptaufgabe darin, die Umstrukturierungsmaßnahmen an beiden Standorten zu begleiten und voranzubringen. Es galt, ein neues Management einzusetzen, das Vertrauen der Belegschaft wiederherzustellen und die Kommunikation mit dem Alleininhaber Treuhand aufrechtzuerhalten. Es handelte sich also um die klassischen Funktionen eines Aufsichtsrats, der im Zusammenwirken mit seinem Gesellschafter die unternehmerische Politik begleitet.

Die Stimmung in Schkopau war miserabel. Wenn ich morgens früh an meinem Schreibtisch Platz nahm, konnte ich sehen, wie die Männer und Frauen vor Schichtbeginn erst einmal zum Schwarzen Brett liefen, um die neuesten Hiobsbotschaften zu studieren. Das Mißtrauen der Arbeitnehmer war grenzenlos. Außer einer allgemeinen Zusage des Bundeskanzlers zur Standorterhaltung hatten nur negative Meldungen die Runde gemacht. Seit der Wende waren mehr als zwanzigtausend Menschen entlassen worden. Alle vierzehn Tage stand ein neuer Privatisierer vor der Tür, alle vierzehn Tage wurde ein neues Konzept vorgestellt. An jeder dieser Tatarenmeldungen hingen Aberhunderte Menschenschicksale.

Bis zur Fusion mit Böhlen bestand das Buna-Management aus drei DDR-Direktoren, Chemie-Fachleuten, die in ihrer Entscheidungsbefugnis immer weiter eingeschränkt worden waren. Die Treuhand stellte ihnen verschiedene Vorstandsmitglieder westdeutscher Chemieunternehmen zur Seite, insbesondere Manager aus den Nachfolgebetrieben der ehemaligen IG Farben, je nach dem, wie und mit welchem Unternehmen die Zukunft von Buna gerade gestaltet werden sollte. Die Interessenten gaben sich die Klinke in die Hand, winkten aber früher oder später alle ab. Auch wenn sie alles an Know-how mitgenommen haben, was ihnen interessant schien, so ist doch der im Osten immer wieder zu hörende Vorwurf des Ausverkaufs nicht berechtigt.

Entgegen allen Vorurteilen der Westdeutschen habe ich mich schnell davon überzeugen können, daß die Chemiefacharbeiter in Mitteldeutschland besser ausgebildet waren als viele ihrer Kollegen in den IG-Nachfolgebetrieben an Rhein und Main. Kommunismus hin, Kommunismus her: Die Tradition der alten IG Farben, die schon 1936 ihre besten Leute nach Schkopau schickte, war von der DDR aufgegriffen und an die nächste Generation weitergegeben worden. Die akademische Begleitung war adäquat. Natürlich fehlte den DDR-Chemikern der ökonomische Sachverstand zur Leitung eines Unternehmens. Aber das ist zu trennen von der Fachkenntnis, insbesondere der Naturwissenschaftler.

Die Treuhand hatte mir bei der Neubesetzung der Geschäftsführung Sparsamkeit auferlegt. Ich durfte nur zwei Geschäftsführer bestellen, die Schkopau und Böhlen möglichst in Personalunion führen sollten. Für eine solche Herkulesaufgabe mußte ich Führungskräfte gewinnen, die ein so breites Spektrum abdeckten, daß sie einen ganzen Vorstand ersetzen konnten. Mit promovierten Naturwissenschaftlern der Ex-DDR war das nicht zu machen, und so mußte ich den einen oder anderen aus der operativen Ebene in die Direktionsebene zurückstufen. Mir lag daran, diese Leute, auf deren Wissen ein Unternehmen in der Umbauphase nur schwer verzichten kann, weiterzubeschäftigen. Ich glaube sagen zu dürfen, daß es mir gelungen ist, Vertrauen herzustellen. Die Kunst besteht darin, »Nicht-Gespräche« zu führen, sowohl mit einzelnen als auch mit Vertretern des Betriebsrats. Beide Seiten können sich darauf verlassen, daß man hinterher nicht gesprochen hat.

Ich habe mir verschiedene Leute angeschaut und mich schnell für Bernhard Brümmer entschieden. Brümmer hatte für Dow Chemical das Werk in Stade aufgebaut und genoß einen guten Ruf. Er war von Dow freigestellt worden und arbeitete als Berater der Treuhand eng und harmonisch mit dem Chemievorstand der Treuhand, Klaus Schucht, zusammen. Auch der zweite Mann, Werner Bayreuther, kam von der Treuhand. Die Freude bei der Belegschaft hielt sich in Grenzen. Die Arbeitnehmervertreter hatten schon meiner Bestellung zum Aufsichtsratsvorsitzenden nur mit Vorbehalt zugestimmt. Sie meinten, sie hätten bereits genug schlechte Erfahrungen mit importierten »Wessis« gemacht.

Der Betriebsrat unter dem Vorsitz von Ingrid Häußler, die später ebenso wie Klaus Schucht ins Kabinett von Sachsen-Anhalt wechselte, klammerte sich an ein Konzept vom Sommer 1993, das die Eigenprivatisierung von Buna vorsah. Diesem Konzept lag nicht mehr zugrunde als die Zusage der Bundesregierung, den Standort zu erhalten. Das Hauptproblem, auf welcher Basis produziert und wo der Rohstoff herkommen sollte, war nicht gelöst.

Das erste Gesamtkonzept zur Umstrukturierung der mitteldeutschen Chemieindustrie mit den Kernbereichen Schkopau und Böhlen zeichnete sich ab, als Anfang 1994 die russische Gazprom und Thyssen Handel Berlin Verhandlungen mit Schucht aufnahmen.

Da die Treuhand von Anfang an sehr teure Consulting- und Beraterfirmen im Schlepptau hatte, gab es kaum Verhandlungen von Gewicht, bei denen nicht Dritte mit am Tisch gesessen hätten. So hat Goldman Sachs sowohl die Verhandlungen mit Thyssen/Gazprom als auch die späteren Verhandlungen mit Dow begleitet. Ähnlich war die Rolle von Consulting-Firmen wie Chem Systems und ADL. Verallgemeinernd läßt sich feststellen: Je schlechter die Treuhand in den entsprechenden Abteilungen besetzt war, desto größer war der Einfluß der Beraterfirmen. Dies meine ich keineswegs wertend: Das Know-how international operierender Maklerfirmen kam vielen Transaktionen der Treuhand zugute.

Das Management von Buna allerdings war nicht eingeschaltet. Vielleicht wurde hier und da ein Experte aus Schkopau nach seiner Meinung gefragt, aber der Betrieb insgesamt war Objekt der Verhandlungen, nicht Subjekt. Wer unter einer bestimmten Ägide einen bestimmten Weg geht, wie der Vorstandsvorsitzende Karl-Heinz Saalbach, von dem ist nicht zu erwarten, daß er sich unter einer neuen Ägide um 180 Grad dreht.

Thyssen Handel Berlin hatte sich auf verschiedenen Wegen schon früh in die Treuhandanstalt eingeschlichen und galt als großer Makler für alle industriellen Interessen, die in Berlin wahrgenommen wurden. Auch auf Gebieten, von denen die Firma nichts verstand, wie der Chemie. Im Grunde stand Thyssen Handel Berlin in der Tradition der Wirtschaftsmakler des späten 19. Jahrhunderts. Aufgrund langjähriger guter Beziehungen nach Moskau trat die Thyssen-Tochter auch als Berater der Gazprom auf. Das Angebot der Russen jedenfalls versetzte die Treuhand in helle Begeisterung.

Die Russen wollten das Gas via Thyssen Handel Berlin zu fünfzehn Prozent unter Weltmarktpreis frei Haus liefern. Die gesamte Rohstoffversorgung einschließlich der Bereitstellung der Rohrleitungen sowie der Bau der Umwandler sollte von ihnen übernommen werden. Bei der Frage, in welcher Form das Gas transportiert und wo es umgewandelt werden sollte, tauchte jedoch das erste Problem auf. Die Gasfelder von Jamal liegen hinter Workuta, im hohen Norden Sibiriens. Die Pipeline hätte durch Dauerfrostboden geführt werden müssen, was technisch kaum lösbar war. Weil eine Lösung für Buna unter allen Umständen politisch gewollt war, kam es im März 1994 zu einer Absichtserklärung auf höchster Ebene, ein deutsch-russischer Staatsvertrag sollte vorbereitet werden. In beiden Aufsichtsräten saß je ein Vertreter von Thyssen Handel Berlin und Gazprom.

Ich konnte mit den Vorschlägen von Thyssen/Gazprom genausowenig anfangen wie Bernhard Brümmer. Zwar gab es, was die Herstellung von Endprodukten anging, einige vage Zusagen eines italienischen Konsortiums unter Leitung der ENI, aber dabei handelte es sich offensichtlich eher um eine Art verlängerte Werkbank. Wettbewerbsfähige Technologie war nirgendwo in Aussicht gestellt. Noch mehr Kopfzerbrechen bereitete uns der Vertrieb durch Thyssen Handel Berlin. Sich im weltweiten Wettbewerb der Chemie einem Vermarkter auszuliefern, der nichts von diesem Markt versteht, ist selbstmörderisch. Das eigentliche Problem aber war nach wie vor der Rohstoff. Es zählt zu den unternehmerischen Essentials, einem Lieferanten niemals die Preisgestaltung zu überlassen.

Nach der Absichtserklärung wurden alle Verhandlungen zwischen der Treuhand und Thyssen/Gazprom in meiner Gegenwart und in Gegenwart Brümmers und Bayreuthers geführt. Auch ein Vertreter der Eni saß immer mit am Tisch. Im Sommer 1994 mündeten diese Gespräche unter der Leitung von Schucht in einem Übereinkommen, in dem die Kompetenzen festgelegt werden sollten. Von einer einheitlichen Leitung konnte keine Rede mehr sein, jeder der drei Träger beanspruchte eigene Zuständigkeiten, nämlich für die Rohstofflieferung einschließlich Cracker, die Produktion und den Vertrieb.

Ein Industrieunternehmen kann aber nur erfolgreich wirtschaften, wenn die Entscheidungsbefugnis für das Ganze und die Verantwortung nach aktienrechtlichen Grundsätzen bei einem Gesamtvorstand liegen. Der Aufsichtsrat ist nach aktienrechtlichen und Mitbestimmungsgrundsätzen für Kontrolle und Genehmigung zuständig. Das alles sollte bei dem Konzept von Thyssen Handel Berlin und Gazprom außer Betrieb gesetzt werden.

Brümmer und ich machten Front und konnten dabei auch auf Unterstützung durch den Betriebsrat zählen. Was hier vorgesehen war, bedeutete eine Zerschlagung, die industriell niemandem nützen würde. Brümmer und ich kündigten an, im Fall der Unterschrift unter ein solches Vertragswerk unsere Ämter mit sofortiger Wirkung niederzulegen.

Unsere Alternative war die auch von den Betriebsräten favorisierte Eigenprivatisierung. Wenn die Bundesregierung schon bereit war, für alle Risiken aufzukommen, die mit den russischen Gasleitungen und mit dem Umwandler in Jamal verbunden waren, dann konnte sie das Geld ebensogut direkt in Buna investieren. Warum sollten wir es nicht ohne Partner versuchen? Auf der Grundlage dessen, was die Treuhand zu zahlen bereit war, trauten wir uns zu, es selber zu schaffen. Man konnte Buna und Böhlen zunächst in Staatsbesitz überführen, dann den Börsengang vorbereiten und – eine alte Idee von mir – fünfundzwanzig Prozent der Aktien an die Arbeitnehmer verteilen. Erwartungsgemäß wurden diese Pläne von allen Seiten höchst kritisch beurteilt. Aber das »Stand alone« schien mir noch immer besser als die Zerschlagung.

Für den 28. September 1994 hatte sich Bundeskanzler Kohl zu einem Besuch in Böhlen angesagt. Am Morgen kam Klaus Schucht in mein Zimmer und erklärte, daß wir in zwei Stunden aller Voraussicht nach eine Absichtserklärung mit Dow Chemical über die Privatisierung des Olefinverbunds unterschreiben würden. In einer Tag- und Nachtaktion war zwischen der Treuhand und dem Dow-Konzern in Midland, Michigan, die Grundlage für Verhandlungen geschaffen worden. Als Aufsichtsratsvorsitzender war ich nicht informiert worden, wie die Treuhand mit Thyssen/Gazprom verblieben war. Ich kannte Dow aus meiner Flick-Zeit, und Brümmer war dort zu Hause. Nachdem ich mich mit den Vorstellungen des neuen Interessenten vertraut gemacht hatte, kam ich zu dem Ergebnis, daß die Kombination Dow – Buna ein Glücksfall war.

Doch beim Betriebsrat und in der Öffentlichkeit regte sich zum Teil heftiger Widerstand gegen eine »amerikanische« Lösung. Dow bedeutete für viele die allerhöchste Alarmstufe: Jetzt bekommen wir auch noch die Amerikaner ins Land, den Erzfeind. Zwei Generationen lang war die Bevölkerung der DDR im Geist des »Antiimperialismus« erzogen worden, Amerika war für viele das Böse schlechthin. Da die Vorurteile auf Unkenntnis beruhten und kaum jemand über Vergleichsmöglichkeiten verfügte, haben wir uns in den folgenden Monaten verstärkt um betriebsinterne Aufklärung bemüht. Dow, das sprach sich bald herum, war eine erste Adresse in der Welt der Chemie, die Nummer zwei in den USA. Für Schkopau eröffnete sich hier erstmals die Chance eines Neuanfangs im Verbund mit einem international operierenden Chemieunternehmen.

Die Landesregierung von Sachsen-Anhalt verhielt sich unter dem Druck der Öffentlichkeit abwartend bis ablehnend und gab ein Gutachten in Auftrag, das die beiden Konzepte – das Dow-Konzept und die Buna-Eigenprivatisierung – gegeneinander abwägen sollte. Das Votum der Gutachter hätte eindeutiger nicht ausfallen können. Ob Marktchancen, Preis- und Ergebnisplanung, Arbeitsplatzsicherheit, Eigenkapitalausstattung, EU-Beihilfen oder Synergieeffekte: in allen Punkten waren die Planungsansätze von Dow vorteilhafter als eine unsichere Eigenprivatisierung, der es an politischer, sprich finanzieller Unterstützung fehlte. Die Gutachter hoben besonders hervor, daß durch die Einbindung von Buna in das weltweite Logistiknetz von Dow die relativ stabilen Absatzmärkte für Massenkunststoffe auch tatsächlich erreicht werden konnten. Das bedeutete andererseits den weitgehenden Abbau dispositiver Funktionen bei Buna wie Marketing und Vertrieb, Forschung und Entwicklung. Brümmer, der ja von Dow kam, hat die Pläne mit großem Engagement begleitet.

Inzwischen war bei der Treuhand die Entscheidung zum Bau einer Rohstoffpipeline für den Cracker in Böhlen gefallen. Im Winter gab es dann Ärger mit Gazprom wegen der Modalitäten des Vertragsausstiegs; wahrscheinlich hat die Treuhand viel Geld sowohl an die Russen als auch an Thyssen Handel Berlin gezahlt.

Ein halbes Jahr lang, von Oktober 1994 bis März 1995, hatte die Treuhandanstalt beziehungsweise deren Nachfolgeorganisation BvS einen Privatisierungsvertrag mit Dow ausgehandelt. Unterschrieben wurde der endgültige Vertrag zwischen der Bundesanstalt für vereinigungsbedingte Sonderaufgaben und Dow am 4. April 1995. Sie begrüße es, meinte die Betriebsratsvorsitzende Ingrid Häußler, daß die »Hängepartie zu Ende« sei: Dow sei »der sicherere Weg«.

Am 1. Juni 1995 hat Dow vertragsgemäß die unternehmerische Führung des sogenannten Olefinverbunds übernommen. Bis 31. Mai 2000 sollen die Umstrukturierungsmaßnahmen beendet und die Privatisierung abgeschlossen sein. Dann wird Dow auch die restlichen zwanzig Prozent Anteile, die noch von der Treuhand gehalten werden, übernehmen. Drei Voraussetzungen müssen bis dahin erfüllt sein: keine wettbewerbsrechtlichen Beanstandungen aus Brüssel, reibungslose Versorgung über die Rohstoffpipeline aus Rostock und die Beseitigung des gesamten Altlastenkomplexes unter Verantwortung der öffentlichen Hand.

Letzteres ist von Anfang an auf Schwierigkeiten und Verzögerungen gestoßen. Hier sind Bund und Länder gleichermaßen befaßt, und zwar sowohl was Genehmigungsverfahren als auch was die Finanzierung angeht. Daß in Sachsen-Anhalt die Grünen auf der Regierungsbank saßen und eine grüne Umweltministerin verantwortlich war, machte die Sache paradoxerweise nicht einfacher. Ob Ost oder West: Für die Grünen ist alle Chemie vom Teufel – selbst dann, wenn es um die Austreibung des Teufels geht.

Das Stichdatum Mai 2000 bleibt das Ziel, und wir sind auf gutem Weg. Zwar bleiben die zweitausend Arbeitsplätze im Kernbereich, die Dow zugesichert hat, erhalten. Daß aber die darüber hinaus angestrebten tausend Arbeitsplätze plus x bis Frühjahr 2000 zu schaffen sind, setzt eine gewaltige Anstrengung voraus. Sie sollen durch Zusammenwirken mit neu anzusiedelnden fremden Unternehmen entstehen, die von Buna Halbzeug abnehmen und daraus Endprodukte fertigen. Weil die öffentliche Hand mit der Altlastenbeseitigung im Verzug war und deshalb die Bereitstellung von Baugrund verzögert wurde, lief das Ansiedlungsprogramm für Investoren nicht mehr nach Zeitplan.

Dow bemüht sich rund um die Uhr, kleine und mittelständische Unternehmen in die Region zu holen. Die neugeschaffene Infrastruktur des Standorts ist weltweit einmalig, der deutsche Steuerzahler ist mit beachtlichen Summen in Vorleistung gegangen. Wer sich hier ansiedelt, kommt in den Genuß von hochmoderner Infrastruktur. Nur stellt niemand ein Gebäude auf einen Boden, der durchschnittlich zweieinhalb Meter tief verseucht ist. Die Tiefenenttrümmerung ist Sache der öffentlichen Hand in Zusammenwirken mit der BvS. Hier sei deshalb mit Nachdruck an die Verantwortlichen appelliert.

Als hemmender Zeitfaktor bei der Bewältigung der Restrukturierung erwies sich immer wieder auch die Zuständigkeit der EU. Der Privatisierungsvertrag vom April 1995 war von der Wettbewerbskommission zwar genehmigt worden, aber das sogenannte Hauptprüfungsverfahren, das im Winter 1997/98 eingeleitet worden war, ist erst Ende Mai 1999 abgeschlossen worden. Wie die Kommission feststellte, verstießen die von der Bundesregierung gewährten Subventionen in Höhe von etwa 9,5 Milliarden DM nicht gegen geltendes EU-Recht. Zunächst hatte die Kommission bemängelt, daß die zulässigen Kapazitäten in zwei Teilbereichen möglicherweise überschritten werden würden. Die im Prinzip nicht negativ eingestellten Beamten in Brüssel haben letztlich anerkannt, daß die Bedingungen eines solchen gewaltigen Aufbauwerkes dauernden Veränderungen unterliegen.

Von seiten der Dow ist das Projekt BSL (Buna, SOW, Leuna) entscheidungsreif. Was den Aufbau Ost angeht, ist Brüssel wegen einiger Unregelmäßigkeiten beim Umgang mit Subventionen für den Aufbau Ost seit einiger Zeit jedoch besonders empfindlich. Die Deutschen haben dort einen schlechten Ruf und gelten gelegentlich sogar als Betrüger. Einzelne Verdächtigungen wie bei EKO-Stahl und Elf/Leuna, Mauscheleien bei den Werften oder die Volkswageninvestitionen in Sachsen haben die Wettbewerbshüter in Brüssel zu unzulässigen Verallgemeinerungen verleitet. Der erbitterte Streit zwischen Ministerpräsident Biedenkopf und EU-Kommissar van Miert hat dieses heikle Thema auf den Punkt gebracht. Biedenkopf war der Ansicht, daß ein Ministerpräsident in den neuen Bundesländern die politischen und ordnungspolitischen Notwendigkeiten besser beurteilen könne als eine supranationale Behörde. Das ist genausowenig von der Hand zu weisen wie die Tatsache, daß Brüssel bemüht sein muß, eine gemeinsame Linie für alle EU-Staaten zu finden. Der ursprüngliche Enthusiasmus von Brüssel für den Aufbau Ost ist jedenfalls nachhaltig gestört.

Nicht unproblematisch ist zuletzt die Position der BvS. Die Nachfolgeorganisation der Treuhand ist Gesellschafter mit zwanzig Prozent. Gleichzeitig ist sie Partner des Privatisierungsvertrages und Vertreter der öffentlichen Hand. Die Anstalt übt Kontrollfunktionen im Auftrag des Finanzministeriums und des Finanzausschusses des Bundestages aus, und sie ist verlängerter Arm des Bundesrechnungshofes. So vertritt die BvS mehrere Interessen zugleich, und welchen Hut ihre Vertreter jeweils aufhaben, sagen sie nicht. Dieser Interessenkonflikt, der sich zurückführen läßt auf die falsche Grundstruktur der Treuhand, ist für das Gegenüber oft mißlich und manchmal auch essentiell störend.

Seit Dow im Juni 1995 die Führung der BSL übernahm, konnten alle größeren Probleme aus dem Weg geräumt werden. Nicht zuletzt bei der Besetzung der Geschäftsführung bewies Dow eine glückliche Hand. Die Konzernzentrale in Midland entschied sich für zwei Manager, die über eine umfangreiche Auslandserfahrung verfügen und bei vergleichbaren Projekten reüssiert hatten. Brümmer wechselte in den Aufsichtsrat.

Die Anteilseigner sind im Aufsichtsrat entsprechend ihrer Beteiligung vertreten, Dow verfügt über acht, die BvS über zwei Mandate. Dow trat jedoch ein drittes Mandat an die BvS ab: Neben dem Präsidenten Günter Himstedt und dem Präsidenten des Verwaltungsrates der BvS, Manfred Fühler, lud Dow auch deren Fachaufsicht, den zuständigen Ministerialdirektor im Finanzministerium, Eberhardt Rolle, in den Aufsichtsrat. Ich empfand es als einen persönlichen Vertrauensbeweis der Amerikaner, daß ich auf Dow-Ticket als Aufsichtsrat übernommen und weiterhin mit dem Vorsitz betraut wurde. In dieser Funktion war und ist es meine Pflicht, mich zwischen den Gesellschaftern so weit wie möglich neutral zu verhalten.

Große Investitionen außerhalb der Landesgrenzen gehören zu den heikelsten Themen der Unternehmenspolitik überhaupt. In den letzten vierzig Jahren, seit Beginn der Internationalisierung, ist wohl durch nichts soviel volkswirtschaftliches Vermögen vernichtet worden wie durch falsche oder falsch angefaßte Auslandsinvestitionen. Das liegt nicht nur an falschen Produkten und einer Fehleinschätzung der Märkte, sondern überwiegend an einer falschen Führungsphilosophie und falscher Personalauswahl.

Midland liegt in Michigan, ziemlich am Ende der Welt. Fast das halbe Jahr hindurch sind die Straßen wegen Schnee und Eis nicht befahrbar. Nach den regionalen Führungsgrundsätzen von

Dow in Midland wäre auch nicht ein einziges Chemieunternehmen außerhalb der USA zu führen. So wie es ein Irrtum ist, wenn man an der Ruhr glaubt, nach der Unternehmensphilosophie eines Montanunternehmens ein Küstenstahlwerk errichten und betreiben zu können.

Je mehr Lehrgeld ein Unternehmen bei derlei Expeditionen gezahlt hat, desto größer ist die Chance auf Erfolg. Das ist der Fall bei Dow. Bei allem, was sie bei BSL in Schkopau und Böhlen angepackt haben, waren die Amerikaner fehlerfrei. Es entspricht der Unternehmenskultur von Dow, das kulturelle Umfeld des Gastlandes zu respektieren und sich auf die dortigen Bedingungen einzustellen. Wenn manche Westdeutschen in den neuen Bundesländern nicht wie Kolonisatoren aufgetreten wären, sondern ähnlich auf die Verhältnisse reagiert hätten wie die Leute von Dow Chemical Midland, wären uns viele Probleme beim Zusammenwachsen unserer Nation erspart geblieben.

Deutschland vor dem neuen Jahrhundert

»Wir dürfen nicht dulden, daß die großen Tiere ständig die kleineren jagen und schließlich auffressen«, schrieb der Sozialdemokrat Heinrich Deist 1964 im *Vorwärts*. Der Staat müsse die »Belastungsfähigkeit der Wirtschaft erproben«, so der SPD-Linke Jochen Steffen Anfang der siebziger Jahre im Sog der Brandtschen Reformpolitik. Deutschland war auf dem Weg in den Staatssozialismus.

1982/83 versprach Helmut Kohl eine Wende. Eine gesellschaftliche Umkehr sollte stattfinden, auch und gerade im Geistig-Moralischen. Das Anspruchsdenken, die Haltung breiter Bevölkerungskreise, für alle Belange den Staat zu bemühen, sollte eingedämmt werden. Mit dem Wählervotum vom März 1983 erhielt die christlich-liberale Koalition nicht zuletzt den Auftrag, die aus dreizehn Jahren sozialdemokratischer Verteilungspolitik resultierenden Wucherungen zurückzuschneiden. Helmut Kohl hat diese Chance nutzlos verstreichen lassen.

Sechzehn Jahre später haben wir abermals einen Wechsel zu verzeichnen, der fundamental zu sein scheint. Die neue Qualität von Rot-Grün besteht meines Erachtens jedoch in erster Linie in einem nochmaligen Zuwachs an Inkompetenz. Nach dem, was Gerhard Schröder und seine Mannschaft in den ersten Monaten ihrer Tätigkeit präsentiert haben, erfüllt mich die Perspektive, daß uns diese Koalition ins nächste Jahrtausend führen wird, mit tiefer Sorge.

Von Willy Brandt und Helmut Schmidt über Helmut Kohl zu Gerhard Schröder: die Probleme, mit denen unser Land zu kämpfen hat, sind strukturell noch immer die gleichen wie vor dreißig Jahren. Nur haben sie sich dramatisch verschärft. Fehlentwicklungen, die vor einem Vierteljahrhundert noch mit einigen wenigen Strichen im Ansatz zu verhindern gewesen wären, haben inzwischen bedrohliche Ausmaße erreicht. Der Heilungsprozeß ist heute aufwendiger und teurer als zuvor. Von der rot-grünen Regierung ist ein sinnvolles Konzept zur Beendigung der Misere allerdings am wenigsten zu erwarten.

Ich pflege weder grundsätzliche Vorbehalte gegen die SPD als Regierungspartei, noch störe ich mich an der Person des Kanzlers, im Gegenteil. Im direkten Vergleich wirkt Gerhard Schröder heute zweifellos mobiler als Helmut Kohl. Obwohl er der Kanzler der Sozialdemokraten ist, scheint er sozialistischen Utopien, denen er noch in seiner Zeit als Juso-Vorsitzender anhing, längst abgeschworen zu haben. Kohl blieb auch als Kanzler immer in der katholischen Soziallehre verankert, deren unsubstantielle Forderungen nach sozialer Gerechtigkeit wenig praktikabel und für die Interessen der deutschen Wirtschaft mitunter höchst hinderlich waren. Schröder scheint demgegenüber geradezu unbefangen. Seine scheinbare innere Unabhängigkeit gegenüber jeder historisch begründeten Bindung, besonders in wirtschaftspolitischen Angelegenheiten, relativiert sich allerdings sofort angesichts des nach wie vor starken linken SPD-Flügels.

Konterkariert werden die möglicherweise guten Absichten des neuen Kanzlers auch durch einige Mitglieder seines Kabinetts. Auf der rot-grünen Regierungsbank sitzen Männer und Frauen, die sich in der Vergangenheit als Gegner unserer staatlichen Ordnung profiliert haben. Jedermann steht das Recht zu, seine Meinung zu ändern, und ich respektiere, daß jemand einen Reifeprozeß durchmacht. Wer 1968 in Berlin Steine geworfen und ein paar Jahre später den Mördern der RAF Sympathien bekundet hat, kann eine Generation später durchaus zu der Einsicht gelangen, daß dies die falschen Methoden der Auseinandersetzung waren.

Aber ob Männer wie Otto Schily oder Joschka Fischer auf der Regierungsbank Platz nehmen sollten, ist nicht nur davon abhängig, ob sie geläutert sind. Da sie für Ressorts von grenzüberschreitender Bedeutung Verantwortung tragen, läuft die Regierung Gefahr, daß ausländische Geheimdienste die Zuverlässigkeit dieser Ressorts bezweifeln und der Bundesrepublik Informationen vorenthalten. Aufgrund der über sie mit Sicherheit existierenden Dossiers halte ich Leute wie Schily oder Fischer deshalb für erpreßbar. Das ist kein Vorwurf, zumal Geheimdienste oft am Rande der Legalität und nach undurchschaubaren Methoden operieren. Aber daß die Deutschen als einzige wichtige Nation des westlichen Bündnisses weder von den Luftangriffen der USA auf den Irak Ende 1998 vorab informiert wurden noch die Hintergründe der Bombardierung der chinesischen Botschaft in Belgrad erfuhren, belegt meinen Verdacht, daß unsere Verbündeten fürchten, ihre Pläne könnten durch Indiskretionen der Deutschen bekannt werden. Das Vertrauen unserer internationalen Partner scheint zu schwinden.

Es ist hier nicht der Ort, mich über das heillose Durcheinander zu verbreiten, das die rot-grüne Koalition noch immer am liebsten unter Anlaufschwierigkeiten abtun würde. Angesichts des desolaten Zustands, in dem sich die Bundesrepublik Deutschland im Wahljahr 1998 befand, hätte auch ich jeden ernsthaften Vorschlag zu einer wirklichen und erfolgversprechenden Veränderung dem Weitermachen vorgezogen. Nur waren mir die Versprechungen der Sozialdemokraten zu wolkig. Seit Oktober haben wir es nun mit einem Regierungsstil des Sowohl-als-auch zu tun. Wird dieser Stil nicht bald geändert, dürften die Probleme unseres Landes noch wachsen. In so sensiblen Bereichen wie innere Sicherheit, Bildung, Gesundheit oder Altersvorsorge ist es bereits zu einer erheblichen Verunsicherung der Bürger gekommen. Ganz zu schweigen von den Steuern.

Die Sozialdemokraten konnten ihren Wählern offenbar glaubhaft machen, daß sie über das notwendige Instrumentarium zur Beseitigung des Hauptproblems, der Arbeitslosigkeit, verfügten. Aber nichts von dem, was seither geschehen ist, geht auch nur ansatzweise in diese Richtung. Unter dem Strich hat die Politik der rot-grünen Koalition bisher nur diejenigen entlastet, die Arbeit haben. Arbeitslose und die unteren Einkommensgruppen zahlen ebenso drauf wie Sozialhilfeempfänger und Rentner, da die Abgaben der Ökosteuer in diesen Gruppen nicht durch Lohnsteuersenkung ausgeglichen werden können. Auch für das Gewerbe, die mittelständische Industrie und die Landwirtschaft kennt die Ökosteuer keine Ausnahmebestimmungen. Nicht einmal die Ehrlichkeit der Statistiken ist wiederhergestellt. Arbeitsbeschaffungsmaßnahmen zur Senkung der Arbeitslosenquote, Schattenhaushalte, Vermischung nationaler und internationaler Komponenten, alles, was uns in der Spätphase der Regierung Kohl so viel Verdruß bereitete, finden wir in den Verlautbarungen der neuen Regierung genauso wieder.

In der Ära Kohl gab es eine Reihe von gesetzlichen Bestimmungen, insbesondere im Bereich der Steuergesetzgebung, die unseriösen Praktiken Vorschub geleistet haben. In der Bevölkerung mußte der Eindruck entstehen, daß der populäre Buchtitel von Ulrich Wickert so falsch nicht war: »Der Ehrliche ist der Dumme«. Der Ehrliche zahlt Steuern. Der andere mit gleich hohem Einkommen zahlt, weil er clever und skrupellos ist, keine Steuern. Schulden zu machen, Offenbarungseide zu leisten, die Gläubiger ins Nichts zu entlassen und an der nächsten Ecke das nächste Abschreibungsprojekt zu eröffnen: in den letzten zehn Jahren schien das die Masche der Erfolgreichen zu sein. Das allgemeine Unbehagen über diese Entwicklung war groß. Zwar haben die meisten ein gewisses Verständnis dafür, daß sich die einen geschickter anstellen als die anderen. Der Zynismus der letzten Jahre ging aber deutlich zu weit. Der Bürger war empört, daß der Staat dem Spekulantentum offenbar tatenlos zusah, und hat deshalb gern gehört, daß die Sozialdemokraten hier Änderungen in Aussicht stellten.

Es gehört zu den elementaren Überlebensregeln der politischen Klasse, möglichst breiten Bevölkerungskreisen möglichst vieles zu versprechen. Auf diese Weise glauben sich die Politiker die Unterstützung mächtiger Wählergruppen sichern und bis zu den nächsten Wahlen erhalten zu können. Was die Großzügigkeit ihrer Wahlversprechen angeht, stehen sich die Parteien in nichts nach. Eine vernünftige Politik muß die verschiedenen Ansprüche und deren mögliche Gewährung aber im Zusammenhang sehen und in ihren Konsequenzen bedenken. Die Koordinierung der sich widersprechenden Forderungen setzt zweierlei voraus: einen Maßstab und das erklärte Ziel, nach diesem Maßstab zu handeln.

Eine Koordinierung nach der Maxime »soziale Gerechtigkeit« – die Lieblingsparole der Sozialdemokraten, die in den siebziger Jahren noch mit dem Zusatz »gesellschaftlicher Fortschritt« garniert wurde – ist eben keine Koordinierung. Wer nach dieser Devise Politik betreibt, weicht aus auf den Weg des geringsten Widerstands. In diesem Punkt unterscheiden sich Politiker der konservativ-bürgerlichen Parteien wohl am stärksten von denen der SPD. Statt zu fragen, wieviel Geld im Staatshaushalt ist, und anschließend zu überlegen, wie man dieses Geld sinnvoll einsetzt, stellt der Sozialdemokrat zunächst eine Liste aller Projekte zusammen, die er fördern will, und kümmert sich erst danach um die Frage, wo das Geld herkommen soll. Der eine verfährt nach dem Prinzip der Wertschöpfung, der andere nach dem Prinzip der Abschöpfung. Sozialdemokraten haben dafür das schöne Wort Umverteilung erfunden: Durch Umverteilung wollen sie soziale Gerechtigkeit herstellen.

Meine Vorstellung von sozialer Gerechtigkeit ist eine andere. Ich halte schon den Begriff selbst für fragwürdig und ziehe es vor, von sozialer Zufriedenheit zu sprechen. Die Menschen sollen mit den vom Staat vorgegebenen Rahmenbedingungen zufrieden sein. Jeder muß seine Chance haben, niemand darf aufgrund seiner sozialen Herkunft benachteiligt werden. Das ist in meinen Augen für die Mehrheit der Bevölkerung konsensfähig. Alles, was an sozialen Forderungen darüber hinausgeht, halte ich für problematisch.

Soziale Gerechtigkeit ist schon deshalb nicht herzustellen, weil die Menschen von Natur aus nun einmal verschieden sind. Fleiß, Verantwortungsgefühl, Ehrgeiz sind keine Eigenschaften, die von den jeweiligen politischen und gesellschaftlichen Verhältnissen abhängen. Sie können auch nicht erfolgreich verordnet werden. Ob sich einer mit dem, was er hat, begnügt, oder ob er weiterkommen will, ist in erster Linie eine Frage des Charakters. Als die Lohntüte noch jeweils freitags ausgehändigt wurde, waren die Dinge transparenter. Man konnte unterscheiden, wer mit dem Geld in die Eckkneipe zog und wer nach Hause ging und seinen Lohn ablieferte. Was dem einen Kummer bereitete – eine große Kinderschar bei knappem Lohn –, erfüllte den anderen mit Stolz. Jede Mark, die übrigblieb, wurde aufs Sparkonto gelegt, damit es die Kinder später einmal leichter hätten.

Kurioserweise hatte ich eine meiner ersten größeren Auseinandersetzungen über den Begriff der sozialen Gerechtigkeit mit Franz Josef Strauß. Es ging um das Thema Kindergeld, das seither immer wieder zum Zankapfel der Sozialpolitik wurde. Strauß hatte als Finanzminister der Großen Koalition den Kinderermäßigungssatz im Steuersystem durch direkte Kindergeldzahlungen ersetzt. Es sei nicht länger hinnehmbar, so das Argument, daß der Besserverdienende einen größeren Vorteil aus Kinderreichtum ziehe als der weniger gut Verdienende.

Die neue Regelung laufe darauf hinaus, sagte ich zu Strauß, daß Kindergeld in Zukunft als soziale Hilfeleistung angesehen werde. Kinder würden auf diese Weise zu einem Einkommensfaktor. Ich würde mich deshalb weigern, Kindergeld zu beantragen. »Sie sind ein antiquierter frühkapitalistischer Unternehmer«, polterte Strauß. Was mich aber am meisten verblüffte, waren seine Ausführungen zum Gleichheitsgrundsatz: Da es dem sozial Schwachen nicht zuzumuten sei, offenzulegen, daß er sozial schwach ist, sei das Gleichheitsgebot des Grundgesetzes nur gewährleistet, wenn alle ohne Unterschied das gleiche Kindergeld erhielten.

Hier hat eine Verkehrung des Denkens stattgefunden, die sämtliche Diskussionen zur Sozialpolitik bis heute bestimmt. Der Gesetzgeber orientiert sich grundsätzlich an denen, die auf der sozialen Leiter unten stehen. Dies hat im Laufe der Jahre dazu geführt, daß die Herkunft aus kleinen Verhältnissen fast schon als Privileg gilt. Diejenigen aber, die sich einen gewissen Wohlstand erarbeitet haben, sehen sich grundsätzlicher Kritik ausgesetzt und werden mit Mißtrauen beobachtet. Wie oft mußten meine Kinder hören: Dein Vater hat's doch.

Soziale Gerechtigkeit ist ein nicht definierbarer, höchst subjektiver Begriff, der ins Reich der Ethik gehört, aber für die Politik vollkommen untauglich ist. Dennoch gelingt es Politikern von rechts wie links immer wieder, mit diesem Begriff Stimmung zu machen. Die Lehre von sozialer Gerechtigkeit führt zu Gleichheit. Verordnete Gleichheit aber ist die Alternative zu Freiheit. Besonders fatal wird die Diskussion, sobald die Forderung nach sozialer Gerechtigkeit in Zusammenhang gebracht wird mit dem Problem der Arbeitslosigkeit. Arbeit sei ein hohes Gut, und es sei die Pflicht des Staates, dafür zu sorgen, daß jeder Bürger Arbeit hat. Man erinnert sich, daß im Zuge der Wiedervereinigung von einigen Gruppierungen der ehemaligen DDR ernsthaft gefordert wurde, das Recht auf Arbeit als Grundrecht in der Verfassung zu verankern.

Ein Arbeitsloser steht heute in der Regel nicht auf der Straße; anders als sein Leidensgenosse in der großen Depression Ende der zwanziger Jahre ist er bei sparsamer Wirtschaftsführung in der Lage, seine Familie zu ernähren und im Winter zu heizen. Das moralische Unbehagen über die hohe Arbeitslosigkeit ist in meinen Augen ein abgeleitetes. Es handelt sich nicht primär und ausschließlich um ein Unbehagen der Arbeitslosen selbst. Mindestens genauso groß ist das Unbehagen derer, die Arbeit haben. Dahinter steckt nicht nur die Sorge, man selbst könnte seinen Arbeitsplatz eines Tages verlieren, sondern auch die Erkenntnis, daß ein hoher Sockel an Dauerarbeitslosen den inneren Frieden gefährdet und politischen Sprengstoff birgt.

Ich möchte kein Mißverständnis aufkommen lassen und sage deshalb klar und deutlich: Das Schicksal jedes Arbeitslosen bedrückt mich persönlich. Unabhängig von der Frage, ob er existentielle Sorgen hat oder nicht, hat ein Arbeitswilliger, der ohne Arbeit ist, Anspruch auf unser soziales Mitgefühl. Damit meine ich nicht nur das Mitleiden im christlichen Sinn. Es ist für mich auch aus gesellschaftspolitischen Gründen nicht hinnehmbar, daß jemand, der Schule, Prüfungen, Ausbildung abgeschlossen hat und sich dann in der Praxis einige Jahre qualifizieren konnte, im Alter von Ende dreißig oder Ende vierzig in die Dauerarbeitslosigkeit fällt. Aber so unerträglich dies als Einzelschicksal ist, so ist schon die Möglichkeit eines solchen Schicksals einer freiheitlichen Ordnung immanent. Die Alternative ist der sozialistisch-kommunistische Lenkungsstaat.

Eine funktionierende Marktwirtschaft ist in meinen Augen noch immer der beste Garant des sozialen Friedens. Sie setzt nämlich eine sittliche Qualität bei denen voraus, die diesen Markt gestalten. Wer diese Qualität nicht mitbringt, ist nicht berechtigt, am Markt teilzuhaben. Der Markt reagiert sensibel auf Menschen, denen es an sozialer Verantwortung fehlt, und entwickelt erstaunliche Selbstreinigungskräfte. Ich erinnere mich an die sechziger und siebziger Jahre. Unternehmensleiter, bei denen dieser Aspekt nicht erkennbar war, konnten schnell ins Abseits geraten. Sie erhielten keine Einladungen mehr und wurden gemieden. So wie ein Arbeiter gern bei Daimler oder Bosch arbeitete, weil er sich dort sozial gut aufgehoben fühlte, so gab es auch auf Arbeitgeberseite ein ausgeprägtes Sensorium für die Sozialpflichtigkeit des Unternehmers. Wenn sich einer nicht um seine Leute kümmerte, galt er auch in anderer Hinsicht als wenig solide. Das wurde nicht öffentlich gemacht, aber hinter vorgehaltener Hand und im gesellschaftlichen Raum war er Persona non grata. Aus dem ruppigen Auftreten mancher Manager in der Öffentlichkeit sollte man allerdings keine Rückschlüsse auf ihre soziale Einstellung ziehen.

Es herrscht allgemeine Übereinstimmung, daß die Beseitigung der hohen Arbeitslosigkeit heute das Kernproblem sozialpolitischer Verantwortung in Deutschland darstellt. Die Lösung dieser Frage ist in der Tat das Maß, an dem alles andere zu messen ist und an dem sich jeder messen lassen muß, der Verantwortung trägt – ob in der Politik oder in der Wirtschaft. Aber so, wie die Politik in Deutschland das Problem angeht, wird es sich nicht lösen lassen.

Seit etwa dreißig Jahren leidet die deutsche Wirtschaft darunter, daß Politiker und Parteien mit Wahlgeschenken locken, die immer öfter einer Arbeitsplatzgarantie gleichkommen. Nicht konkurrenzfähige Unternehmen und ganze Branchen, die volkswirtschaftlich unproduktiv sind, werden auf diese Weise künstlich am Leben erhalten. Das beste Beispiel ist der deutsche Steinkohlebergbau, der seit über einem Vierteljahrhundert international nicht mehr wettbewerbsfähig ist. Aus Angst vor dem Verlust von Wählerstimmen hat man die Bergarbeiter immer aufs neue in unverantwortlicher Weise subventioniert, so daß inzwischen Beträge in dreistelliger Milliardenhöhe aufgelaufen sind. Über viele Jahre war die freie Einfuhr von Steinkohle aus aller Welt aufgrund höchst restriktiver Importquoten so gut wie verboten. Das hat zu einer erheblichen Benachteiligung der deutschen Stahlindustrie als Hauptabnehmer der Steinkohle geführt. Dieses Beispiel läßt sich auf viele andere Branchen übertragen.

In allen Fällen gilt das gleiche: Wenn der Staat Wirtschaftspolitik betreibt, schielt er auf Wählerstimmen, ohne dabei die Interessen und die Leistungsfähigkeit der Wirtschaft angemessen zu berücksichtigen. Um die Wahlversprechen einigermaßen erfüllen zu können, werden der gewerblichen Wirtschaft Lasten auferlegt, die sie beim besten Willen nicht erbringen kann, ohne ihren unternehmerischen Auftrag zu verleugnen. Widerstand der Wirtschaft gegen staatliche Unzumutbarkeiten wird von den Politikern dann schnell als generelle Verweigerung gedeutet.

Ich habe in diesem Buch wiederholt meine Überzeugung zum

Ausdruck gebracht, daß die hohe Arbeitslosigkeit auf Dauer nur dann wirksam zu beseitigen ist, wenn der Staat jene Rahmenbedingungen schafft, die dem Unternehmer die Einstellung von Leuten lukrativ erscheinen lassen. Erst wenn der Inhaber oder der Vertreter des Kapitals sich von der Beschäftigung eines Menschen einen Vorteil verspricht, werden die Arbeitslosenzahlen deutlich nach unten gehen. Am Tisch, an dem das »Bündnis für Arbeit« diskutiert wird, sitzt kein einziger unabhängiger Unternehmer, der auch nur einen Mann von der Straße wegbringt. Staat, Gewerkschaften und Verbände treiben hier Philosophie und haben über allen Grundsatzdiskursen die Praxis aus dem Auge verloren.

So scheint den Teilnehmern am Runden Tisch verborgen geblieben zu sein, daß der Standortwettbewerb durch das Zusammenrücken der EU-Staaten nicht an Bedeutung verloren hat, sondern im Gegenteil noch verschärft wurde. Investitionen, insbesondere der mittelständischen Wirtschaft, werden zunehmend bei unseren Nachbarn getätigt. Jede Investition zieht bekanntlich die Beschäftigung von Arbeitskräften nach sich. Für mich liegt hier der einzig erfolgversprechende Einstieg in eine dauerhafte Lösung des Arbeitslosenproblems. Der Staat muß endlich alles tun, um auch bei uns Anreize für eine Erweiterung unternehmerischen Handelns auf breiter Basis zu schaffen und die entsprechenden Hindernisse abzubauen.

Bei den ökonomischen Grundrechenarten haben wir es mit den primitivsten Entscheidungen zu tun, die sich denken lassen und deren Ablauf auch ein Politiker kennen sollte. Ein wesentliches Motiv, sich selbständig zu machen, ist die Unabhängigkeit, die Vorstellung, keinen Chef zu haben. Dazu brauche ich Geld und eine Idee. Sodann muß ich die Chance haben, alsbald erfolgreicher zu sein, als wenn ich mich nicht selbständig gemacht hätte. Im Prinzip heißt das nichts anderes, als das Produkt, das ich herstelle oder vertreibe, teurer verkaufen zu können, als ich es herstelle oder einkaufe. Das Risiko, daß ich auf Lager produziere und für das Produkt keine Abnehmer finde, muß minimiert werden. Das Umfeld muß also so beschaffen sein, daß es mir Spaß macht, selbständig zu sein, weil ich die Chance zum Erfolg habe. Unternehmer wird nur, wer von Hause aus optimistisch ist und sein Geschäft mit kalkuliertem Risiko angeht. Ein Unternehmer, der sein Unternehmen oder sein Produkt schlechtredet, ist mir noch nicht begegnet.

Ein Unternehmer, der investieren will, braucht in erster Linie Sicherheit, was die äußeren Faktoren betrifft. Mit welchen Steuern muß er rechnen, welche Abschreibungsfristen gelten, wie hoch sind die Arbeitskosten? Hier herrscht in Deutschland seit einiger Zeit vollkommene Unsicherheit. Meist kommt die Regierung über konkurrierende Vorschläge und Gesetzentwürfe nicht hinaus. Wird doch einmal ein Gesetz verabschiedet, muß monatelang nachgebessert werden. Ein Unternehmer, der heute eine Fabrikhalle für die Produktion von Kochtöpfen errichten will und mit vier Jahren Abschreibung kalkuliert, muß seinen Betrieb nach zwei Jahren möglicherweise schließen, weil Herr Trittin das Kochen mit Strom und Gas wegen Energieverschwendung einschränkt.

In der Diskussion über die Energiesteuer wird die ganze Widersprüchlichkeit der Koalition deutlich. Der eine Teil der Regierung erklärt, die Energiesteuer werde erhoben, um die Menschen zu einem sparsamen Verbrauch zu bringen. Der andere Teil der Regierung sagt, man benötige die Steuern zur Gegenfinanzierung der Lohnnebenkosten im Rentenbereich. Eines von beiden ist falsch, denn ein geringerer Energieverbrauch führt selbstverständlich zu einem geringeren Energiesteueraufkommen. Wenn der Staat die Energiesteuer braucht, kann er den Verbrauch nicht einschränken wollen.

Auch was die gerechte Verteilung der Energiesteuer betrifft, habe ich meine Zweifel. Die drei Großen der deutschen Chemie erzielen mehr als fünfzig Prozent ihrer Wertschöpfung im Ausland, beschäftigen mehr als fünfzig Prozent ihrer Belegschaft im Ausland und weisen enorme Dividendensteigerungen aus. Das erste aber, was die Regierung tut, ist, diesen Konzernen die neue Energiesteuer weitestgehend zu erlassen. Bei den kleinen und mittleren Betrieben schlägt sie dagegen voll durch. Wo bleibt da die Ausgewogenheit?

Das grüne Dilemma auf der Regierungsbank läßt sich einfach erklären. Eine Partei, die vor zwanzig Jahren mit nichts anderem angetreten ist als mit der Forderung nach Stillegung sämtlicher Kernkraftwerke, begeht Wählerbetrug, wenn sie, endlich an der Macht, diese Forderung nicht umsetzt und alle Reaktoren abstellt. Den Grünen dürften jedoch genügend Erkenntnisse darüber vorliegen, daß kaum einer ihrer Wähler bereit ist, seinen persönlichen Energiebedarf freiwillig und nachhaltig einzuschränken. Also werden Kompromisse ausgehandelt, die darüber hinwegtäuschen sollen, daß zur Beseitigung der einen Energiequelle eine andere an deren Stelle treten muß.

Obwohl die Entwicklung alternativer Energien ein gesellschaftliches Muß ist, wird sie nicht angesprochen. Verschiedene Techniken sind wissenschaftlich weit vorangetrieben und zum Teil bis zur Serienreife entwickelt. Sie sind nur noch nicht wirtschaftlich. Der Strom, der dann aus der Steckdose käme, wäre um vieles teurer als der gegenwärtig produzierte. Die Frage nach bezahlbaren Alternativen aber ist für die Grünen ein rotes Tuch, sie wird als Agitation der Kraftwerksbetreiber abgetan, die damit angeblich nur von ihren eigenen Problemen ablenken wollen.

Dabei braucht, was technisch-wissenschaftlich möglich ist, nur politisch durchgesetzt zu werden. Die Regierung könnte zum Beispiel festlegen, daß ihr das Abschalten der Kernkraftwerke und das Ersetzen durch Alternativenergie pro Kilowattstunde drei Pfennig wert ist. Wenn auf diese Weise ein Teil der gewerblichen Wirtschaft ruiniert wird, ist dann allerdings auch das Sache der Politik. Auch wenn Arbeitsplätze in Gundremmingen oder Biblis nicht ohne weiteres in die Plantagen im afrikanischen Urwald verlegt werden können, ist dies Sache der Politik. Wenn die Kraftwerksbetreiber bei unseren Nachbarn, die nur darauf warten, daß wir abschalten, dann billiger anbieten, als wir bisher produzieren, muß ebenfalls die Politik dafür einstehen. Es ist ihre Angelegenheit, die Bevölkerung der Bundesrepublik zu alternativer Energie zu erziehen. Die Politik muß nur sagen, daß sie es will.

Aufgrund ihrer Herkunft aus der Anti-Atomkraft-, Ökologie- und Friedensbewegung haben viele der heutigen Amtsträger starke ideologische Vorbehalte gegen jede Form des technischen Fortschritts. Dieser ist aber der entscheidende Faktor für Arbeit und Wohlstand. Ende des vorigen Jahrhunderts beruhte das Wirtschaftswachstum in den Industrieländern noch zu achtzig Prozent auf Kapital und Arbeit und nur zu zwanzig Prozent auf technischem Fortschritt. Heute ist das Verhältnis in etwa umgekehrt. Da sich die Produktion immer stärker von den Industrieländern in die Länder der Dritten Welt verlagert, weil dort ökonomisch effizienter hergestellt werden kann, müssen die durchweg rohstoffarmen Industrieländer diese Produktionsabwanderung durch neue, rohstoffarme Produktionen ersetzen. Wachstum ist dabei allein durch Nutzung des technischen Fortschritts zu erzielen. Wer sich aus ideologischen Gründen gegen diese Gesetzmäßigkeit sperrt, riskiert am Ende auch politische Konflikte mit den Ländern der Dritten Welt.

Dennoch wird in der deutschen Öffentlichkeit seit Jahren immer wieder vor jeder Form des technischen Fortschritts gewarnt. Es ist interessant, festzustellen, daß einige der Erfindungen im Bereich neuer Technologien, die in jüngster Zeit in Europa und den USA gemacht wurden, jungen Deutschstämmigen zu verdanken sind, die bei uns einfach nicht weiterkamen. Deutschland, so urteilen sie, sei als Standort in jeder Hinsicht untauglich. In der Vorstellung vieler Menschen hierzulande führe eine technische Neuerung nur zu weiterem Arbeitsplatzabbau. Verzicht auf technischen Fortschritt bedeutet im Klartext: weniger Wohlstand, weniger Arbeitsplätze. Sachlich und objektiv aufzuklären über die Vorteile des technischen Fortschritts ist in meinen Augen deshalb nicht nur ein Gebot der wirtschaftlichen Vernunft, sondern auch ein sittliches Anliegen.

Statt Sicherheit zu schaffen und langfristige Rahmenbedingungen für unternehmerisches Tun festzulegen, versucht die Regierung Schröder auf allen Gebieten einzugreifen. Der Weg zum Staatsdirigismus kann auch in kleinen Schritten gegangen werden. Die Anzeichen mehren sich, daß die rot-grüne Regierung in die gleichen Fehler verfällt, die schon die Wirtschaftspolitik der sozialliberalen Koalition der siebziger Jahre lähmten: zuviel Obrigkeitsstaat, zuviel Administration. Selbst staatliche Beschäftigungsprogramme à la Keynes, mit denen schon in der Ära Schmidt vergeblich die Arbeitslosenquote gedrückt werden sollte, scheinen wieder Konjunktur zu haben.

Der Keynesianismus – Beschäftigungspolitik durch Anregung der Nachfrage – ist längst überholt. Schon der »New Deal« der dreißiger Jahre, der die Amerikaner mit einem gewaltigen Schub nach vorn brachte, war unter wirtschaftlichen Gesichtspunkten und mit Blick auf den Arbeitsmarkt langfristig unergiebig. Erst mit dem Aufrüstungsprogramm und dem Kriegseintritt der USA ging die hohe Arbeitslosenquote deutlich zurück. »In Demokratien mit kapitalistischer Wirtschaftsordnung«, so hat Keynes selbst eingeräumt, »dürfte es unmöglich sein, Staatsausgaben jenes Umfangs zu finanzieren, der nötig ist, um meine Theorie politisch zu bestätigen – es sei denn zu Kriegszwecken.«

Bei seinen späteren Untersuchungen zur konsumorientierten Einkommensgestaltung ging Keynes von der an sich richtigen Erkenntnis aus, daß hohe Löhne und Gehälter Kaufkraft schöpfen. Dabei hat er freilich nur ungenügend berücksichtigt, daß hohe Löhne und Gehälter auch die Produktkosten in die Höhe treiben und Schwarzarbeit und Schattenwirtschaft begünstigen. Ein Unternehmer, der die Löhne nicht zahlen kann, schmeißt die Leute raus.

Das Bündel der seit den Zeiten der sozialliberalen Koalition getroffenen staatlichen Maßnahmen zur Eindämmung des persönlichen Leistungswillens und zur Einengung der privaten Entscheidungsbefugnisse hat im Verbund mit Lohnkostenexplosionen und volkswirtschaftlich ungünstigen Konstellationen zum Investitionskollaps geführt. In den siebziger Jahren habe ich in einer Reihe von öffentlichen Vorträgen vor dieser Entwicklung gewarnt. Fünfundzwanzig Jahre später sind meine Forderungen um nichts weniger aktuell. Durch Schaffung langfristiger Rahmenbedingungen und eines wirtschaftsfreundlichen Klimas muß der Staat den Unternehmern ihren Handlungsspielraum zurückgeben. An dieser Grundeinsicht hat sich nichts geändert.

Die notwendigen Maßnahmen lassen sich in drei Hauptpunkten zusammenfassen.

Erstens müssen die investitionshemmenden und teilweise substanzaufzehrenden Kosten gesenkt werden. Dies erfordert von den Tarifpartnern Zurückhaltung in der Lohnpolitik, das heißt konkret, die Zunahme der Reallöhne muß deutlich unter den Produktivitätszuwächsen liegen. Der Staat seinerseits muß zur Senkung der Lohnnebenkosten beitragen; er muß die Unternehmensteuern absenken und die parafiskalischen Abgaben durchforsten. Nicht zuletzt muß auch die Besteuerung von Einkommen deutlich nach unten korrigiert werden.

Zweitens müssen die Subventionen abgebaut werden. Ob es sich bei den staatlichen Zuschüssen um direkte Zahlungen oder um einen Ausgleich durch Preisgarantie oder um Steuererleichterungen handelt: im Saldo ist es für die staatliche Bilanz völlig gleichgültig, auf welche Weise das Einnahmeminus zustande kommt. Bereits Mitte der siebziger Jahre war das Maß überschritten. Das Argument, daß Subventionen zur sozialen Verträglichkeit von wirtschaftspolitisch notwendigen Maßnahmen beitrügen und Arbeitsplätze sicherten, hatte sich bald selbst überlebt. Seither ist die Ankündigung des Subventionsabbaus in Mode gekommen, ohne daß den hehren Versprechungen Taten folgten. Immer fand sich eine andere Lobby, die protestierte, und keiner der Abgeordneten des Bundestages ist in dieser Hinsicht unabhängig genug.

Der erste Minister, der ankündigte, den Großteil der Subventionen innerhalb einer Legislaturperiode streichen zu wollen, war Jürgen Möllemann. Auch die seit Oktober 1998 amtierende Regierung hat es sich zum Ziel gesetzt, den Subventionsdschungel zu durchforsten. Wirtschaftsminister Müller hat die Unternehmer aufgefordert, Streichungslisten vorzulegen. Müller kommt aus der gewerblichen Wirtschaft und müßte wissen, daß auch einem Unternehmer das Hemd näher ist als der Rock. Es gibt keine Solidargemeinschaft unter Mitbewerbern, in der Wirtschaft so wenig wie in der Politik. Jeder achtet darauf, daß ein anderer nicht mehr erhält als er selbst.

Ich würde das Thema Subventionen nicht Ressort für Ressort – und das heißt immer auch Lobby für Lobby – angehen, sondern die viel radikalere Frage stellen: Warum kann man nicht der gewerblichen Wirtschaft insgesamt zumuten, ihren Besitzstand aufzugeben? Mit anderen Worten: Die unter den besonderen gesellschaftlichen Bedingungen der sechziger Jahre geschaffene und seither unverändert praktizierte Subventionspolitik sollte grundsätzlich in Frage gestellt werden. Jede Subvention ist ihrem Wesen nach ungerecht. Nicht nur, weil die Zahlung an den einen eine Benachteiligung für den anderen bedeutet, sondern auch, weil oft der, der am lautesten schreit, am meisten erhält. Auch sollte man nicht übersehen, daß Subventionen in höchstem Maße wettbewerbsverzerrend sind.

Wir benötigen eine konzertierte Aktion für den Kassensturz: Alle Subventionen werden gestrichen. Was es im Saldo bringt, wenn alle mit einem Schlag auf alle Subventionen verzichten müssen, diese Rechnung ist bis heute nicht aufgemacht. Wird der Betrag auf sämtliche Steuern umgelegt, die die gewerbliche Wirtschaft zahlt, und deren Steuerlast um die entsprechende Summe gesenkt, addiert sich das Ganze für die Wirtschaft unter dem Strich auf Null. Das Geld für die eingesparten Subventionen wird dann direkt und in voller Höhe investiert.

In einzelnen Bereichen wird das Ende der Subventionen sicherlich zu Zusammenbrüchen führen. Hier ist die Politik gefordert, durch Austausch von Arbeitsplätzen, Umschulungen oder Ruhestandsregelungen eine Durststrecke zu überwinden. Dafür wird in anderen Branchen der Sekundäreffekt aus den steuerlichen Entlastungen neue Arbeitsplätze schaffen, weil die Kosten für die Arbeitsplätze insgesamt billiger werden.

Ein solches Modell läßt sich natürlich nur dann verwirklichen, wenn Politik und Wirtschaft Hand in Hand gehen. Das gegenseitige Mißtrauen ist groß. Freiwillig wird die Wirtschaft nicht in Vorleistung treten und auch nur eine ihrer Positionen räumen. Wenn der Staat jedoch zusagt, alle durch Streichung der Subventionen auflaufenden Nettobeträge als Steuerentlastungen in vollem Umfang weiterzureichen, wird sich die gewerbliche Wirtschaft auf einen Kassensturz einlassen.

Drittens muß durch Abbau bürokratischer und unproduktiver Beschäftigungen der unternehmerische Gestaltungsraum erweitert werden. In den Jahren des Wiederaufbaus nach dem Krieg verstanden sich die Behörden vornehmlich als Dienstleister des Wiederaufbaus. Dieses System war effizient. Seit den siebziger Jahren hat sich jedoch das Kooptationsprinzip durchgesetzt. Seither entscheidet der einzelne Dienststellenleiter, ob er zusätzliche Stellen braucht. Durch Anhäufung der Vorgänge auf seinem Tisch kann er nachweisen, daß die ihm zur Verfügung stehenden Planstellen nicht ausreichen. Die Anzahl der Vorgänge läßt sich erhöhen, indem zusätzliche Kompetenzen geschaffen werden. Die Erfindung neuer Kompetenzen ist inzwischen zu einer Frage der Überlebenstechnik geworden.

Im privaten Bereich kann kein Anbieter Dienstleistungen durchsetzen, die den Auftraggeber oder Geschäftspartner behindern – er bekäme keinen einzigen Auftrag mehr. Der Bürger aber, der einen Behördengang erledigen muß, kann nicht zur Konkurrenz gehen. Dabei werden ihm, weil die Beamten mit sich selbst beschäftigt sind, allerlei zusätzliche Aufgaben aufgebürdet, deren Erledigung einen neuen Behördengang erfordert. Der Beamte seinerseits klagt, daß die Dienststelle personell unterbesetzt ist, beantragt neue Planstellen und vergrößert auf diese Weise das Mißverhältnis zwischen Leistung und Erfolg ins Unendliche. Es ist längst an der Zeit, für Ressort- und Amtsleiter ein Bonussystem einzuführen, nach dem jede Verkleinerung des Apparats belohnt wird.

Während die mittelständische Wirtschaft in dem von den Behörden ausgestoßenen Papierwust längst den Überblick verloren hat, werden in größeren Unternehmen übermäßig viele Kräfte gebunden, nur um die jeweils neuen Gesetze und Verordnungen zu verarbeiten und anzuwenden. Unternehmerische Initiativen ersticken hier wie dort in einer ausufernden Bürokratie.

Dies ist, in Kürze, der Maßnahmenkatalog, den ich zur Belebung der deutschen Wirtschaft und damit zur Schaffung von Arbeitsplätzen für notwendig erachte. Er geht im wesentlichen auf Erkenntnisse der siebziger Jahre zurück, als die Grundübel ihren Anfang nahmen. Seither haben sich drei verschiedene Koalitionen vergeblich an der Zurückführung dieser Probleme versucht: eine sozial-liberale, eine christlich-liberale und eine rot-grüne. Ich betone das deshalb, weil ich nicht den Eindruck erwecken möchte, meine Kritik auf diesen letzten Seiten richte sich in erster Linie oder gar ausschließlich gegen die derzeit amtierende Bundesregierung. Deren Rezepte halte ich angesichts der Dimensionen, die die Krise angenommen hat, allerdings nicht nur für wirkungslos, sondern für eine zusätzliche Gefährdung.

Was die Zurücknahme staatlicher Restriktionen bei gleichzeitiger Schaffung neuer Leistungsanreize angeht, so können wir einiges bei unseren Nachbarn lernen. Zwei Länder, deren Sozialstandard immer als vorbildlich in Europa galt und die in vielem mit der Bundesrepublik vergleichbar sind, nämlich die Niederlande und Schweden, haben hier Vorbildliches zuwege gebracht. Könnte sich auch die Bundesregierung dazu entschließen, statt auf Paragraphen auf die Kreativität von Unternehmern zu vertrauen, käme die Volkswirtschaft sehr schnell wieder in Fahrt.

Durch ein paar Spekulanten und Hasardeure wurde der Ruf des freien Unternehmertums in den letzten Jahren zweifellos in Mitleidenschaft gezogen. In ungeschickten öffentlichen Auftritten haben zuletzt auch einige Topmanager den Eindruck fehlender Bescheidenheit vermittelt. Dies alles darf jedoch nicht zu der Schlußfolgerung führen, ohne staatliche Kontrolle wäre die Bundesrepublik Deutschland längst in den rohen Kapitalismus des 19. Jahrhunderts zurückgefallen.

Der Staat muß für unternehmensfreundliche, investitionsfördernde Vorgaben sorgen und verläßliche Rahmenbedingungen herstellen. Alle anderen ökonomischen Weichenstellungen sollte er den Unternehmern überlassen. Statt zu versuchen, die natürliche Ungleichheit der Menschen durch Gesetze zu nivellieren, sollte der Staat seinen Bürgern mehr Vertrauen entgegenbringen und ihnen mehr Freiheit in ihrer Lebensgestaltung einräumen. Der Kreis derer, die die Wahrnehmung von Verantwortung als eine persönliche Bereicherung empfinden, ist noch immer groß. Das gilt auch und gerade für den Unternehmer. Um seiner Verantwortung gerecht werden zu können, muß er jedoch Rahmenbedingungen vorfinden, die ihm den Spaß am Unternehmertum nicht verderben. »Der Unternehmer ist der einzige Schöpfer von Wohlstand – vorausgesetzt, der Staat hindert ihn nicht daran«, schrieb der Nationalökonom Jean Baptiste Say, der die Lehre von Adam Smith in Frankreich populär machte, schon vor rund zweihundert Jahren.

Eine unternehmerische Leistung zu erbringen gehört für mich zu den aufregendsten Herausforderungen überhaupt. Deshalb bin ich voller Zuversicht, daß sich die Leistungsbereitschaft der gewerblichen Wirtschaft am Ende doch durchsetzen wird. Zu welchen Leistungen die deutsche Wirtschaft in der Lage ist, haben wir in den fünfziger und sechziger Jahren bewiesen.

Einen neuen Aufschwung wird es jedoch nur geben, wenn das Vertrauensverhältnis zwischen Staat und Wirtschaft wiederhergestellt werden kann. Ich habe auf den vorliegenden Seiten berichtet, wie dieses Verhältnis insbesondere im Sog der sogenannten Parteispendenaffäre zerstört wurde. Es ist Sache der Politik, endlich auf die Wirtschaft zuzugehen und den Unternehmern in Deutschland wieder mehr Vertrauen entgegenzubringen. Die Zeit drängt.

Personenregister

Bildnachweis

Lufthansa Bildarchiv 5; Ullstein Bildarchiv, Berlin 6, 10, 26. Alle anderen Fotos stammen aus dem Archiv des Autors.